Johannes Seiffert

Die größten
Täuschungen
der
Geschichte

edition berolina

eb edition berolina

ISBN 978-3-95841-044-2

1. Auflage
Alexanderstraße 1
10178 Berlin
Tel. 01805 / 30 99 99
FAX 01805 / 35 35 42
(0,14 € / Min., Mobil max. 0,42 € / Min.)

Umschlaggestaltung: BEBUG mbH, Berlin
Umschlagabbildung: Leinwandgemälde von Anton von Werner:
Kaiserproklamation in Versailles am 18. Januar 1871 mit
Otto von Bismarck (in weißer Uniform)
Druck und Bindung: GGP Media GmbH, Pößneck

www.buchredaktion.de

Inhalt

Vorwort

Dass die Welt nicht so ist, wie sie uns auf den ersten Blick erscheint, ist zweitausend Jahre nach Platons Höhlengleichnis fast eine Trivialität. Es dauerte aber andererseits erstaunlich lange, bis die Menschheit verstand, dass die Erde sich beispielsweise um die Sonne dreht und nicht umgekehrt (was man lange Zeit aufgrund des »Augenscheins« »naturgemäß« annahm). Kann man also davon ausgehen, dass es einen Unterschied gibt zwischen Anschein und Sein, zwischen Oberfläche und dem darunter Verborgenen, so eröffnet sich eine weite Wunderwelt, die sich – hat man das Netz an Täuschungen und Trugbildern, an Bluffs und Camouflagen einmal ansatzweise durchstoßen – häufig ganz anders darstellt als zuvor gedacht. Dass das Christentum samt anhängendem Papsttum auf einem großangelegten Lügengebäude basiert, dass »Heldengestalten« wie Luther, Friedrich »der Große« und Bismarck bei näherer Betrachtung ziemlich unschöne Zeitgenossen waren, oder wie im Falle »Wilhelm Tells« gar nicht existierten, vermag manchen zu schockieren. Was es aber nicht sollte! Denn wer sich mit der gebotenen Portion Skepsis daran macht, solche Phänomene kritisch zu hinterfragen, hat mehr vom Leben – außer er zieht eine Existenz in »selbstverschuldeter Unmündigkeit« (Kant) vor. In diesem Sinne wünsche ich Ihnen bei der Lektüre der folgenden Kapitel viel Vergnügen!

Berlin, Herbst 2016
Johannes Seiffert

*Abendland: Jener Teil der Welt, der westlich (bzw. östlich) des Morgenlandes liegt. Größtenteils bewohnt von **Christen,** einem mächtigen Unterstamm der Hypokriten, dessen wichtigste Gewerbe Mord und Betrug sind, von ihnen gern »Krieg« und »Handel« genannt. Dies sind auch die wichtigsten Gewerbe des Morgenlands.*

*[**Occident,** n. The part of the world lying west (or east) of the Orient. It is largely inhabited by **Christians,** a powerful subtribe of the Hypocrites, whose principal industries are murder and cheating, which they are pleased to call ›war‹ and ›commerce‹. These, also, are the principal industries of the Orient.]*
Ambrose Bierce – The Devil's Dictionary.

Christentum und Katholische Kirche

Ein Papst, der sich Prostituierte zu Dutzenden in den Palast bestellt? Der sie nackt in seinem Schlafzimmer tanzen lässt? Der mit ihnen die perversesten und brutalsten Orgien feiert? Dessen Körper am Ende seines Lebens von Geschlechtskrankheiten und Völlerei zu einer stinkenden unförmigen Fleischmasse angeschwollen ist, dem aber dennoch weiterhin Huren zugeführt werden müssen? Ein Papst, der die eigenen Kinder zu hohen Würdenträgern im Vatikan ernennt? Ein Papst, der an der Spitze eines Söldnerheeres in den Krieg zieht? Ein Papst, der Millionen dafür ausgibt, zusammen mit Geheimdiensten Regierungen und ein gesamtes weltpolitisches Bündnissystem zu stürzen, und der sich dabei auf das zu Zehntausenden zählende Heer der »Geistlichen« vor Ort stützen kann?

Unvorstellbar, meinen Sie? Und doch nur allzu reale Beispiele aus der Geschichte des Christentums während der letzten zwei Jahrtausende. Speziell die Katholische Kirche machte dabei unrühmlich auf sich aufmerksam. Die Päpste standen und stehen einer Institution vor, die auf einem Lügengebäude aufgebaut ist, auf großangelegten Täuschungen, auf gefälschten Dokumenten und »redigierten« Texten in der sogenannten Bibel. Die Figur des historischen Jesus – falls es ihn jemals wirklich gab – ist bis zur Unkenntlichkeit entstellt, seine zentralen Thesen geradezu ins Gegenteil verkehrt worden. Liebe! Demut! Armut! Gerechtigkeit! Solidarität! – Wenn man sich diese urchristlichen Ideale vor Augen führt, wird der eklatante Widerspruch dazu, in dem das institutionalisierte Christentum, in dem die heutige Amtskirche mit dem Papst an der Spitze steht, umso deutlicher. Mit dem Sieg des heidenchristlichen »Apostel« »Paulus« über die judenchristlichen Gemeinschaften in und um Jerusalem hatte diese Entwicklung begonnen, die hin zu einer immer stärkeren Hierarchisierung und Institutionalisierung der Katholischen Kirche führte.

Was wir heute unter diesem Namen vor uns haben, ist eine straff durchorganisierte, weltumspannende, nach wie vor mächtige Kultgemeinschaft, deren führende Mitglieder einer abstrusen Ideologie anhängen, und nicht zuletzt einer völlig verqueren Sexualmoral. Im Namen dieser »katholischen« Sexualmoral (Keuschheit! Körperfeindlichkeit! Zölibat!) verbietet der jeweilige Papst beispielsweise regelmäßig den Gebrauch von Kondomen (weil die Sexualität von der reinen Fortpflanzungsvereinigung hin zu einer lustbetonten Freizeitbeschäftigung verschiebend) selbst in Gegenden mit den höchsten Aids-Raten dieser Welt, sprich: Er macht sich des Völkermordes schuldig.

Wer sich nun die Mühe macht, die historischen Funda-

mente der Katholischen Kirche und des Papsttums zu er-
gründen, stößt schnell auf Sackgassen, auf historische
Nebelfelder, zu Deutsch: auf heiße Luft, auf Lügen. Gräbt
man tief genug, stellt sich heraus, dass für den Katholizismus, das Papsttum, ja, selbst die Figur Jesu Christi keinerlei belastbare historische Fakten vorhanden sind, die aus
reichen würden, um sie zweifelsfrei zu legitimieren.
Anders ausgedrückt: Kirche, Papsttum und Zentralgestalt
basieren offenbar auf historischen Phantasieprodukten,
die sich im Laufe der Jahrhunderte und Jahrtausende im
Denken der Gläubigen und Interessenvertreter zu Tatsachen verdichteten. Aber eben erst im Nachhinein.

Egal ob es sich um die wesentlichen Zutaten des katholischen Glaubens handelt, um die Nomenklatur der Insig-
nien und Ämter, oder um die Zentralgestalt Jesu Christi
selbst: Nüchtern betrachtet, ist gerade »Jesus« und die um
ihn herum erzeugte Amtskirche eine Akkumulation von
klassischen antiken *Topoi*, von damals im Umlauf befindlichen Retter-Klischees wurden in der mutmaßlich fiktiven Figur Jesus die gängigsten damals berühmten Eigenschaften von gottähnlichen mythologischen Gestalten
versammelt: von Mithras, Zarathustra, Dionysos und
Buddha. Indem man das beste von allen konkurrierenden
Kulten übernahm, trachtete der innere Zirkel der Chris-
tenkirche (die vatikanische Kurie) danach, alle anderen
Religionen aus dem Feld zu schlagen und allein siegreich
auf dem Spielfeld zu bleiben. Und es gelang. Spirituell beziehungsweise ideologisch-marketingmäßig durch die
Übernahme der bekanntesten Merkmale konkurrierender
Kulte, aber auch ganz banal praktisch durch die Überbau-
ung der berühmtesten Kultstätten konkurrierender Bewegungen mit katholischen Kirchen. Indem man bei anderen
Kulten raubte und plünderte, requirierte, was passte und
zur Überhöhung der eigenen Führergestalt »Jesus« dienen

konnte, indem man also frech usurpierte, was andere Kulte eigenständig an Erfolgsrezepten entwickelt hatten, überholte man die übrigen Kulte und setzte sich für anderthalb Jahrtausende nahezu unangefochten an die Spitze der entwickelten Welt.

Das wäre alles im Sinne der Gedankenfreiheit zu tolerieren, hätte es nicht in einer frühen Phase der Kirchengeschichte eine fatale Entscheidung gegeben: den Zölibat für die Priester dieses Kultes einzuführen, die Ehelosigkeit, das Sex-Verbot. Wie es die Logik gebietet und die Erfahrung lehrt, führt ein solcher Zwang naturgemäß zu sexualkriminellen Fehlentwicklungen, Grenzüberschreitungen, Gebotsübertretungen, Missbrauch, Leid und Tod. Homosexualität, Pädophilie und Präferenzstörungen wurden und werden offenbar durch den Zölibat begünstigt beziehungsweise verstärkt. Und gerade die obersten Anführer des Christenkultes namens Katholische Kirche, die Päpste, agierten an führender Stelle dabei als teilweise krankhafte Sex-Maniacs, die für die eigene körperliche Lust vor kaum einem Verbrechen zurückschreckten. Der Begriff *Pornokratie*, den man als auf das heutige Zeitalter der allgegenwärtigen, kostenlos zugänglichen Pornographie gemünzt glauben könnte, wurde eigens für einen bestimmten Abschnitt der Papstgeschichte geprägt, als die Exzesse überhand nahmen.

Gerade in den letzten Jahren wurden weltweit Missbrauchsfälle im Rahmen der von den Päpsten geleiteten Katholischen Kirche bekannt, die alles bisher Dagewesene in den Schatten stellen. Dieses Phänomen ist nicht auf Deutschland beschränkt, sondern in allen Weltregionen aufgetreten, es handelt sich mithin also offenbar um ein strukturelles Problem des Katholischen Kultes. Dieser Faktor lenkt den Blick auf ein gern unterschlagenes, unterdrücktes Element der Kirchengeschichte, der offiziell unterdrückten und verabscheuten Sexualität der Kirchenvertreter von der Basis bis an die Spitze. Es gab aber auch andere Abweichungen von der reinen Lehre, sprich: Fälle, in denen sich Amtsinhaber über die eigentlich mit ihrem Amt verbundenen Enthaltsamkeitsregeln hinwegsetzten und Reichtümer aufhäuften, Kriege führten, Verbrechen begingen oder Verbrechen deckten oder gar initiierten.

Es ist naheliegend anzunehmen, dass der historische Jesus, falls es ihn gegeben haben sollte, der Katholischen Amtskirche, wie sie sich in der Spätantike und im frühen Mittelalter um das Zentrum Rom herum entwickelte, heutzutage in diametraler Gegnerschaft gegenüberstehen würde. Dass er über die nicht zuletzt von den obersten Chefs dieser Bewegung, den Päpsten, in seinem Namen begangenen Verbrechen entsetzt und deprimiert sein würde. Dass er, ähnlich wie damals gegen die Pharisäer, heute unter Einsatz all seiner Kräfte, ja, seines Lebens gegen die in äußerlicher, kalter Pracht erstarrte, einem sinnentleerten Pomp verpflichtete Katholische Kirche kämpfen würde, dass er ihre zu Götzenanbetern degenerierten »Priester« mit der Peitsche aus den »Kirchen« hinausjagen würde. Dass er die in seinem Namen betriebene Bewegung voller Abscheu verdammen würde, dass er ihre Millionenetats, ihren Milliardenbesitz, von denen nur Bruchteile bei den Armen und Bedürftigen ankommen, geißeln, dass er nicht zuletzt Einrichtungen wie die seit dem »Reichskonkordat« 1933 (!) aus dem Haushalt des Verteidigungsministeriums (!) bezahlten Militärbischöfe beider Konfessionen, die den Soldaten bei ihrem mörderischen Tun geistlichen Beistand leisten sollen, als geradezu absurd, als diametral entgegengesetzt zu seinem eigenen Tun, zu seinen eigenen Wirkungsabsichten der Nächstenliebe und des Altruismus empfinden würde.

Kaum ein größerer Gegensatz ist denkbar als zwischen

den mutmaßlichen urchristlichen Idealen und beispielsweise den jeweiligen Wahlveranstaltungen zur Neuwahl des obersten Kultbosses, wenn die in kostbare Roben gewandeten »Würdenträger« in prachtvollen Gemächern lustwandeln, in Luxuslimousinen hin- und herkutschiert, von zahllosen Köchen aufwendigst versorgt, von unzähligen »Nonnen« umhegt werden. Sie alle leben auch selbst in Palästen, werden von Bediensteten versorgt, verfügen über prachtvolle Sommerresidenzen (im Falle des Papstes der riesige Palast in Castel Gandolfo östlich von Rom). Wie konnte es so weit kommen? Das Werk des Kirchenhistorikers und Kirchenkritikers Karlheinz Deschner gibt eine Antwort darauf, angefangen von *Abermals krähte der Hahn* (1958) bis zu seinem Opus magnum, der 2013 abgeschlossenen vielbändigen *Kriminalgeschichte des Christentums*. Ihm gebührt das Verdienst, diese Sachverhalte umfassend aufgedeckt zu haben.

Auf einer erweiterten Basis kann man die Kritik an der Katholischen Amtskirche aber ausweiten auf das gesamte Christentum, also die größte Religionsgemeinschaft der Erde, mit über zwei Milliarden Gefolgschaftsmitgliedern. Von den Kreuzzügen über die »Eroberung« Nord- und Südamerikas mit dem »Holocaust« an der indianischen Urbevölkerung, über die Kolonialisierung Afrikas und Asiens bis hin zu heutigen Kriegen, die auch – gegen den Islamismus, also für das Christentum – geführt werden: Die Geschichte des Christentums ist eine blutige. Vorzuwerfen ist ihr ein Kult der Gewalt, Korruption, Aberglaube und Scheinheiligkeit.

Schon in frühchristlichen Zeiten wurde solche Kritik laut, etwa in dem Werk *Gegen die Christen* (Κατὰ Χριστιανῶν) des neoplatonischen Philosophen Porphyrios (auch Malik genannt). Darin nennt er Argumente, die teilweise heute noch in der Kritik des Christentums eine Rolle spielen. So wandte er sich gegen die Wahrnehmung der Bibel als göttliche Offenbarung und nannte die christliche Lehre »vernunftwidrig«. Er legte dar, dass die allegorische Bibelexegese dem Zweck diene, Widersprüche und Unstimmigkeiten zu vertuschen, die sich bei einem wörtlichen Verständnis ergeben. Zudem kritisierte er die Herangehensweise der Christen, Stellen des Alten Testaments als Prophezeiungen für das künftige Wirken Christi zu deuten, um so die Identität von Christus mit dem »Messias« nachzuweisen. Porphyrios bestritt auch die Behauptung christlicher Autoren, im Buch Daniel sei das Wirken Christi und die Zerstörung des Tempels in Jerusalem angekündigt worden. Zudem arbeitete er die Darstellungsunterschiede der Heilsgeschichte in den vier Evangelien heraus.

Nach der Welle der Kirchenkritik im Zusammenhang mit der Entstehung des Protestantismus war dann das Zeitalter der Aufklärung der erste Höhepunkt der Kritik am christlichen Glauben. Voltaire, David Hume, Thomas Paine und der Baron von Holbach sind hier zu nennen. Sie bestritten vor allem die historische Stichhaltigkeit der Bibelerzählungen und klagten die verbreitete Korruption innerhalb der christlichen Hierarchien an.

Immanuel Kant formulierte die erste systematische und umfassende Kritik der christlichen Theologie und widerlegte dabei die von Kirchenseite vorgebrachten Argumente für die Existenz Gottes. Ähnliches passierte während der Französischen Revolution, als eine neuentstandene Welle des Säkularismus, der Befreiung der Welt von kirchlichen Autoritäten und ihrem Einfluss durch Europa schwappte. Tausende Priester wurden entlassen, Kirchen geschlossen und Kircheneigentum verstaatlicht (das war schon eine der Haupttriebfedern für den Erfolg des Protestantismus unter Luther gewesen, dass er es den beteiligten weltlichen Fürsten ermöglichte, sich an kirchlichen Besitztümern, vor allem den Grundstücken und dem Großgrundbesitz, zu bereichern).

Im 19. Jahrhundert wurde die Kritik des Christentums vor allem von liberalen und linken Philosophen wie John Stuart Mill und Karl Marx getragen, welche die christliche Doktrin als konservativ und antidemokratisch kritisierten. Friedrich Nietzsche formulierte, das Christentum fördere eine Sklavenmentalität und unterdrücke die freie Entwicklung des menschlichen Willens. Die Russische und die Chinesische Revolution sowie weitere revolutionäre Bewegungen der Gegenwart führten zur Befreiung der betroffenen Gegenden von christlichen Organisationen und der christlichen Ideologie.

Im Kern geht es bei der Kritik des Christentums beispielsweise um eine kritische Analyse des Inhalts der Bibel. Seit dem 18. Jahrhundert begannen Wissenschaftler, auf die Bibel dieselben Methoden der kritischen Exegese anzuwenden, die auch auf anderen Gebieten der Geschichtswissenschaft angewandt worden waren. Es lassen sich dabei vier Hauptrichtungen unterscheiden: die Analyse der literarischen Vorläufer für bestimmte Bibelpassagen aus anderen Glaubensrichtungen und Weltgegenden; die Analyse der historischen Situation, in der die Bibeltexte abgefasst wurden; eine Analyse der Methoden, die die Autoren der Bibel anwendeten, um ihre Texte zu verfassen; und schließlich eine Analyse des Wortlauts der Bibel im Hinblick auf Textreinheit und Verständnis.

Ein wesentlicher Punkt der Kritik am Christentum betrifft die nicht eingetroffenen Prophezeiungen. Insbesondere das bereits im Alten Testament angekündigte Eintreffen des Messias hat Auseinandersetzungen hervorgerufen, ob diese durch Jesus erfüllt wurden oder nicht. Wichtig ist dabei, dass die Bibeltexte im Neuen Testament, die dies belegen sollen, häufig an den Wortlaut der Prophezeiungen ganz offensichtlich angepasst wurden, um eine Übereinstimmung zu erzielen (siehe unten Bibelkritik). Auf besonders intensive Kritik stieß die Verbindung von Katholizismus, Orthodoxie und Protestantismus mit dem Kolonialismus, da sie die Religionen der Kolonisatoren waren und die kirchlichen Organisationen den Kolonialismus lautstark und direkt unterstützten (statt ihn als den Prinzipien der Nächstenliebe etc. widersprechend zu bekämpfen). Ähnliches gilt für die Sklaverei. Sklaverei wird in der Bibel (sowohl im Alten wie im Neuen Testament) mehrfach erwähnt – und nirgendwo problematisiert, die Sklavenhaltung also sanktioniert. Bis in die frühe Neuzeit wurde das als offizielle christliche Position zur Sklaverei akzeptiert und verbreitet. Ab 1452, als Papst Nikolaus V. die erbliche Sklaverei gefangener Muslime guthieß und alle Nichtchristen zu »Feinden Christi« erklärte, intensivierte sich dies noch. Erst im 17. Jahrhundert regte sich – zunächst in den Kreisen der Quäker, Mennoniten und Amischen – Kritik an der Unterstützung der Sklaverei durch die Kirchen. Heutzutage verurteilen alle offiziellen christlichen Glaubensrichtungen die Sklaverei als unvereinbar mit den christlichen Glaubensprinzipien.

Ein dunkles Kapitel betrifft auch das Verhältnis des Christentums zum weiblichen Geschlecht. Von feministischer Seite wird bemängelt, dass es sich um einen männlichen Gott, durchweg männliche Propheten, männliche Priester und männerorientierte Erzählungen in der Bibel handle. Während die urchristliche Gemeinde noch weibliche Priester kannte, wurden diese durch die paulinischen »Reformen« und die späteren Amtskirchen bis zum Aufkommen des Protestantismus aus den Kirchen ausgeschlossen. In der Kirchengeschichte wurden Bewegungen, die eine prominentere Rolle von Frauen in der Kirche vorsahen, einfach als »häretisch« erklärt und bekämpft. Jesus selbst hat in den überlieferten Zeugnissen Frauen durchweg mit Respekt und als gleichberechtigt behandelt.

Christliche Kirchen sind auch für viele Kriege und Massaker verantwortlich, die in ihrem Namen begangen wurden oder die sie unterstützten beziehungsweise als gerechtfertigt verteidigten. Die theoretische Begründung dafür – in der Bibel beziehungsweise in den jesuanischen Worten nicht zu finden – wurde dann in der »Theorie des gerechten Krieges« (*bellum iustum*) gefunden, die schon frühzeitig entwickelt worden war. Während Jesus selbst Gewaltverzicht predigte und jegliche Gewalt verurteilte, ließ sich das Christentum (als Staatsreligion seit dem 4. Jahrhundert) zur Rechtfertigung nahezu jeden Krieges instrumentalisieren, den ein christlicher Herrscher vom Zaun zu brechen gedachte. Ab dem Konzil von Arles (314 unserer Zeit) kehrte sich das ursprüngliche jesuanische Gewaltverbot sogar ins Gegenteil um, als erstmals Deserteure aus der Armee des Kaisers automatisch aus der Kirche ausgeschlossen wurden. Kirchenführer befanden nun, der Staat habe die Pflicht, Krieg zu führen, wenn er angegriffen wurde, an der militärischen Bestrafung von Häretikern und Barbaren (Ungläubigen) müssten Christen sogar teilnehmen, wollten sie ihrer Mitgliedschaft in der Kirche nicht verlustig gehen. Wenig später wurde der christliche Glaube sogar Aufnahmebedingung für Freiwillige, die in die Armee eintreten wollten. Und schließlich – darauf wurde immer wieder gern verwiesen – belege das Alte Testament, dass Kriege im Namen Gottes und auf Befehl Gottes schon damals geführt worden seien.

Im Mittelalter wurden dann Missionskriege (!) militärisch geführt, um andere Völker oder Volksgruppen dem Christentum zuzuführen. Das blieb dann auch die Haltung der christlichen Kirchen weltweit, die im Zweifelsfall immer für den Krieg plädierten, wenn der Staat, in dem sie angesiedelt waren, ihn begann oder sich verteidigte. Selbst für Hitlers totalitäre Diktatur und seine Angriffskriege gegen die restliche Welt fanden sich Kirchenführer, die das begrüßten und befürworteten (bis hin zu Kardinälen). Auch der Vietnamkrieg der USA fand die Unterstützung hoher amerikanischer Kirchenführer. Im neuen Zeitalter – nach dem Zusammenbruch der Sowjetunion – hat die USA als Mittel zum Zweck die Doktrin der »Responsibility to Protect« (R2P) verkündet. Das ist die neue Allzweckwaffe, die allumfassend, jederzeit einsetzbare Begründung, jedes noch so nahe oder entfernte Land mit Krieg zu überziehen. Natürlich im Namen der »Menschenrechte«, von »Demokratie« und »Freiheit« und »Minderheitenschutz«. Dass bei diesen Kriegszügen dann Tausende, häufig sogar Hunderttausende Unschuldiger sterben (Irak, Afghanistan) spielt nicht die geringste Rolle. Willkommen in der Neuen Weltordnung.

Insbesondere die Inquisition, die Verheerungen der Kreuzzüge, Religionskriege (wie der Dreißigjährige Krieg) und ein in kirchlich-christlichen Kreisen über viele Jahrhunderte (teilweise bis heute) verbreiteter Antisemitismus werden als die düstersten Beispiele von Verbrechen im Namen des Christentums aufgelistet. Dazu zählen natürlich auch die vielen kriegführenden Päpste, die Unterstützung der Todesstrafe, die Propagierung körperlicher Bestrafungen, die Unterstützung und Verteidigung der Sklaverei und des weltweiten Kolonialismus im Namen der Mission »Ungläubiger« für die Christenheit, die systematische Gewalt gegen Frauen, die Aufrechterhaltung von Armut, Rassismus und Sexismus. Seit ihrer Erhebung zur Staatsreligion unter Kaiser Konstantin wurde aus der christlichen Minderheitenreligion eine offizielle Institution, dafür wurden sodann die bisher dominanten heidnischen Brauchtümer und Glaubensrichtungen verfolgt und ausgelöscht. Natürlich wird von christlicher Seite vorgebracht, das fehlerhafte Handeln einzelner Christen könne nicht der Religion an sich angelastet werden. Dem steht jedoch die Tatsache entgegen, dass die meisten dieser Untaten von eben den christlichen Anführern ganz offiziell, also im Namen der Religion, gutgeheißen wurden.

Basis des Christentums ist die Bibel, die als schriftgewordenes Wort Gottes gilt und der rechtsverbindliche Aussagekraft zugeschrieben wird. Nichts könnte weiter entfernt von der Wahrheit sein, nichts könnte eine größere Lüge sein. Die Bibel, wie sie heute verbreitet wird, ist eine Schriftensammlung, mit normativer Stellung für Judentum und Christentum. Denn es gibt keine Originalfassung, es gibt keine Ur-Bibel. Was wir haben, sind Dutzende von Fassungen für das Alte und Neue Testament, die ihrerseits wieder auf ältere, verlorene Textfassungen zurückgehen. Alle diese Textfassungen unterscheiden sich und sind in einem Akt der Willkür zu einem bestimmten Zeitpunkt von der Katholischen Kirche beziehungsweise von Luther (für den Protestantismus) in einem bestimmten Wortlaut für endgültig, für kanonisch erklärt worden.

Die heute verwendeten Bibelfassungen setzten sich aus sehr unterschiedlichen Teilen zusammen. So etwa aus der im Lauf der Geschichte des jüdischen Volkes in vorchristlicher Zeit entstandenen Sammlung der dreiteiligen Tanach-Schriften, bestehend aus der Tora, den Prophetenerzählungen und den Schriften. Diese wurde im vorchristlichen Jahrtausend kanonisiert, das heißt, in ihrer Zusammenstellung und in ihrem Wortlaut als verbindlich anerkannt. Das Christentum übernahm in den ersten Jahrhunderten unserer Zeit nach und nach die Schriften des Tanach und stellte sie schließlich in der kanonisch gewordenen zweiteiligen Bibel als Altes Testament dem Neuen Testament mit den im Lauf von mehreren Jahrhunderten entstandenen (und durchweg von Menschen verfassten) Darstellungen des Lebens und der Lehre Christi voran. Später wurde der Kanon, also Einzelteile und Abfolge der biblischen Schriften, noch teilweise modifiziert. Bei der Bibel handelt es sich also – das sei an dieser Stelle nochmals betont – um Menschenwerk, um von Menschen verfasste Schriften, die über den Zeitraum von vielen Hundert Jahren entstanden sind. Die zweiteilige christliche Bibel ist das heutzutage am häufigsten gedruckte Buch der Welt. Der Islam dagegen bezeichnet die jüdisch-christliche Bibel als Offenbarung Allahs (Gottes), die von christlicher Seite teilweise verfälscht wurde.

Schaut man sich die Details der Entstehungsgeschichte an, so erkennt man, dass hinter allen bekannten Textfassungen der Bibel und ihrer Einzelschriften jeweils mehrere Autoren standen. Eine gemeinsame, verbindliche Textversion ergab sich erst am Ende dieses Traditionsprozesses. Die bis heute gültige Fassung des Neuen Testaments wurde um das Jahr 400 unserer Zeit festgelegt und enthielt 27 griechische Einzelschriften. Sie entstanden vermutlich zwischen 70 und 100 unserer Zeit und sind überwiegend in der damaligen Umgangssprache, der griechischen Koine, geschrieben. Das Neue Testament besteht daher bis heute aus insgesamt acht Textblöcken, mit den vier Evangelien (Matthäusevangelium, Markusevangelium, Lukasevangelium, Johannesevangelium), der Apostelgeschichte, den drei Briefkonvoluten (Paulusbriefe, Katholische Briefe, Brief an die Hebräer) und der Offenbarung des Johannes. Die meisten christlichen Glaubensrichtungen sind der Überzeugung, dass der Bibeltext direkt von Gott stammt, die Autoren der Bibel daher im Kontakt mit dem Heiligen Geist standen. Auch noch im entwickelten Protestantismus galt (trotz vieler kritischer Ansätze zur katholischen Tradition) lange Zeit die Theorie der Verbalinspiration, also der direkten göttlichen Textvermittlung für die Bibel. Teilweise wurde der Bibeltext mit Gottes Offenbarung gleichgesetzt und seinem Wortlaut daher eine »Irrtumsfreiheit« zugesprochen. Als Gegenbewegung entstand seit der Aufklärung die historisch-kritische Methode der Theologie.

Für Katholiken verleiht das Lehramt des Papstes, der auch den Bibelkanon endgültig festgelegt habe, der Bibel ihre Autorität als Wort Gottes. Für sie steht die Überwindung der Erbsünde durch das Sühneopfer Christi und die individuellen menschlichen Bemühungen sowie Gottes Gnadenangebot als zentraler Inhalt der Bibel. Für Protestanten ist es einfacher. Für sie gilt im Anschluss an Martin Luther das Gnadengeschenk Jesu Christi ohne jedes eigene Zutun, sprich: Es bedarf keiner zusätzlichen menschlichen Bemühungen. In der Katholischen Kirche ist der Papst die maßgebende Autorität zur Schriftauslegung und wird die kirchliche Tradition als gleichrangig mit der Bibel angesehen. Die Evangelische Kirche lehnt das ab, da beides nicht biblisch begründet sei. Und während die Orthodoxen Kirchen von Beginn an Bibeln in der jeweiligen Landessprache verwendeten, blieb für die Katholische Kirche allein die lateinische (und damit für die meisten Gläubigen unverständliche) Vulgata (Textfassung) maßgebend. Frühe Übersetzungen der katholischen Bibeln in die Landessprache galten als Häresie und wurden von den kirchlichen Autoritäten verfolgt und bestraft. Erst der Protestantismus führte dann mit der Bibelübersetzung Luthers wieder zu einer Bibelfassung in Landessprache, die nicht von den Autoritäten bestraft wurde (da die Katholische Kirche im Amtsbereich des Protestantismus ihre Autorität verloren hatte). Heutzutage gibt es Gesamtübersetzungen in 511 Sprachen und Teilübersetzungen in 2.650 Sprachen.

Der Koran hat eine Reihe biblischer oder aus der Bibel-Entstehungszeit stammender Geschichten und Lehren übernommen und variiert, die Mohammed wahrscheinlich durch die Vermittlung der Syrischen Kirche kennengelernt hatte. Im Islam heißt die Tora daher *Taurat*, die Psalmen *Zabur* und das Evangelium *Indschil* und gelten als »Heilige Schriften«, die von Gott stammen, aber später von Menschen verändert, teils sogar verfälscht worden seien: Der Anspruch des Korans ist es, die endgültige Offenbarung Allahs wiederzugeben, die alle früheren Offenbarungen ersetzt und ihre Wahrheit wiederherstellt. Viele Bibelstellen werden als Prophezeiung der Ankunft Mohammeds und seiner Berufung zum »Siegel der Propheten« Gottes verstanden. Besonders Abraham, der »Freund Gottes«, ist für den Koran Vorbild des wahren Gläubigen. Ihm wurde auch im Koran ein Sohn verheißen, den er opfern sollte (Sure 37,99 – 113). Dabei beziehen Muslime diese Geschichte auf Ismael, den von der Magd Hagar geborenen ältesten Sohn Abrahams, der als Stammvater der Araber gilt. Abraham und Ismael sollen gemäß Koran auch die Kaaba als erstes Gotteshaus in Mekka gegründet haben. Von den Figuren des Neuen Testaments stellt der Koran Maria (*Maryam*), Johannes den Täufer und Jesus (*Isa bin Maryam*) besonders heraus. Letzterer habe die Aufgabe, das Volk Israel zum Gehorsam zu bringen und den Christen das Evangelium zu vermitteln. Er verkündet wie Mohammed Gottes kommendes Endgericht, aber nur als Mensch, der nicht gekreuzigt wurde. Seine Auferstehung wird nur angedeutet. Dagegen wird die jungfräuliche Geburt im Koran ebenso übernommen wie Jesus als der verheißene Messias (als Wort Gottes und als Mensch frei von Sünde). Als Gesandte Gottes sind die Propheten im

Koran moralische Autoritäten. Daher werden ihre in der Bibel geschilderten dunklen Seiten (zum Beispiel Davids Ehebruch und Mord) ausgeblendet.

Gegen das wörtliche Verständnis der Bibel als in allen Teilen valider historischer Bericht wendet sich seit der Neuzeit die historisch-kritische Exegese. Diese stellt den jeweiligen Inhalt in den Kontext seiner Entstehung, um so zu einer »sachgerechten« Auslegung der Bibel als Dokument ihrer Entstehungszeit zu kommen. Demgegenüber betrachten konservative Theologen die Bibeltexte nach wie vor generell, ohne Ausnahme als historische Berichte, die wörtlich zu verstehen seien. Einigkeit besteht konfessions- und richtungsübergreifend darin, die Texte als wertvolle Quellensammlung für die Erforschung ihrer jeweiligen Entstehungszeit zu verstehen. Davon unabhängig gibt es nach wie vor Glaubensbewegungen, die die Bibel als magisches Buch ansehen, mit dessen Hilfe wichtige Ereignisse in der Zukunft vorhergesagt werden könnten, oder die sich damit beschäftigen, einen vermeintlichen »Bibelcode« zu entschlüsseln, um an in der Bibel enthaltene geheime Botschaften zu gelangen. Bislang waren diese Versuche vergeblich.

Kritiker der Bibel wenden sich generell nicht gegen die Bibeltexte, wohl aber gegen Interpretation und Gebrauch, der innerhalb des Christentums von diesen Texten gemacht wird. Im Fokus steht dabei die These, die Bibel sei »von Gott inspiriert« (2. Timotheus 3,16; 2. Petrus 1,21), sie habe »Gott zum Urheber«, wie es bis heute im Katechismus der Katholischen Kirche vermittelt wird. Insofern ist Kritik an der Bibel heute Teil der Kirchenkritik oder Religionskritik. Kritiker wenden sich insbesondere gegen die Glaubwürdigkeit bestimmter Tatsachenbehauptungen in den biblischen Büchern: Diese stünden bekanntlich im Widerspruch zu den Ergebnissen naturwissenschaftlicher oder historischer Forschung. Zudem widersprechen sich die biblichen Aussagen an vielen Stellen. Daher wird teilweise Glaubwürdigkeit und Wert der Texte als Ganzes in Zweifel gezogen. Kritik gibt es außerdem an zahlreichen im Bibeltext vermittelten ethischen Vorstellungen, etwa hinsichtlich der Anwendung von Gewalt.

Generell gibt es einen Grundkonflikt zwischen Wissenschaft und Religion. Der Wahrheitsbegriff bei den Buchreligionen beruht auf göttlicher Offenbarung. Die heiligen Schriften als wichtigstes Zeugnis dieser Offenbarung enthalten diesem Verständnis zufolge die Wahrheit. Der Wahrheitsbegriff der Wissenschaft beruht dagegen auf Theorien und ihrer experimentellen Überprüfung. Teilweise wird versucht, diesen Widerspruch dadurch zu lösen, dass man von mehreren parallelen Wahrheiten ausgeht, die alle ihre Berechtigung haben sollen. Diese beiden verschiedenen Auffassungen von Wahrheit beziehungsweise Wahrheitsfindung kamen und kommen dann miteinander in Konflikt, wenn sie unterschiedliche Aussagen über das gleiche Thema machen. Bekannte historische Beispiele für diesen Konflikt sind die Kosmologie, die Ablösung des geozentrischen Weltbilds in der Tradition des Ptolemäus durch das heliozentrische Weltbild, das von Kopernikus, Galileo Galilei und weiteren Wissenschaftlern propagiert wurde, die Evolution, die Geologie (die Lehre von der Entstehung der Erde), die Anatomie und die Geschichtswissenschaft und die mit ihr zusammenhängende Archäologie.

Die Texte des Alten Testaments wurden teilweise viele Hundert Jahre nach den von ihnen überlieferten Ereignissen verfasst oder in ihre endgültige Fassung gebracht. Die Evangelien des Neuen Testaments und die Apostelgeschichte sind erst Jahrzehnte bis Jahrhunderte nach dem Tod Jesu in ihre heutige Form gebracht worden. Kritiker weisen darauf hin, dass manche Erzählungen im Alten Testament Mythen ohne Zusammenhang mit der historischen Wirklichkeit sind, dass die Darstellung tatsächlicher Ereignisse im Verlauf langer mündlicher Überlieferung durch Mythenbildung verfälscht worden sei, dass viele biblische Texte vom jeweiligen Autor geprägt seien und viele Schriften über große zeitliche Abstände hinweg von unterschiedlichen Autoren bearbeitet und ergänzt worden seien, zum Teil weit nach den jeweils beschriebenen Ereignissen. Daher könnten sie nur sehr eingeschränkt als tragfähige historische Berichte gewertet werden. Zudem gibt es Widersprüche in den geschichtlichen Ausführungen der Bibel, wie die widersprüchlichen Angaben zu den Vorfahren Jesu, ganz davon abgesehen, dass es auch nachweislich falsche historische Darstellungen in der Bibel gibt.

Für Bibelapologeten in der Tradition der Verbalinspiration ist die Frage nach den menschlichen Verfassern der einzelnen Bücher der Bibel bedeutungslos, da sie nur als »Werkzeug Gottes« fungierten. Für kritische Theologen steht schon die Autorschaft vieler Bücher in Frage, so etwa wird bestritten, dass Paulus der Autor der Pastoralbriefe ist. Da sich der Verfasser in den Briefen selbst als Paulus von Tarsus ausgibt, liegt somit hier eine absichtliche Täuschung vor, wie sie in der Kirchengeschichte oft angewendet wurde. Bibelkritiker sprechen hier von Betrug. Andererseits wurden solche Täuschungen für fromme Zwecke zeitweise als legitim betrachtet (*pia fraus* oder *frommer Betrug*), um die Gläubigen zum rechten Glauben (zurück-) zu bringen. Wie das Beispiel des Philosophen Kelsos (Celsus) zeigt, wurden schon in antiker Zeit solche Täuschungen durchschaut. Heute besteht wissenschaftliche Übereinstimmung darin, dass die Zusammenstellung der biblischen Schriften zum Biblischen Kanon (Kanonisierung) »Menschenwerk« war. Die Behauptung, dass die

Auswahl auf Gott selbst zurückgehe, wurde durch eine Untersuchung des über mehrere Jahrhunderte andauernden historischen Prozesses der Kanonisierung entkräftet. Bestimmte Lehren wurden durch Ausschluss aus dem Kanon diskreditiert.

Im Gegensatz zur behaupteten universellen Gültigkeit der Bibel steht auch die Tatsache, dass die alttestamentlichen Erzählungen sich weitgehend auf Einzelpersonen, das Volk Israel und dessen politische wie militärische Verwicklungen sowie auf die Region des heutigen Nahen Ostens konzentrieren. Auch Jesus selbst, obwohl als Sohn Gottes bezeichnet, war regional verankert: Er sprach keine der damaligen Kultursprachen. Zudem gibt es keine Hinweise dafür, dass er mit außerjüdischen Kultur-, Denk- und Lebensweisen vertraut war. Der Widerspruch wird eklatant durch die Darstellung im Alten Testament, Gott sei einerseits Erschaffer, Herrscher und Richter der gesamten Welt, andererseits habe er sein Volk ständig gegen andere Völker und Götter oder Götzen verteidigen müssen und ist daher als regionale Gottheit, als eine unter vielen zu verstehen. Aus der Perspektive des damaligen jüdischen Volkes ist die Darstellung ihres Gottes als »oberster Boss der Welt« natürlich verständlich und hat entscheidend zum Zusammenhalt und Überleben des Volkes beigetragen, sie wirkt aber aus globaler Perspektive unglaubwürdig.

Zentraler Bestandteil der Bibel ist die Sündenlehre. Der Mensch ist demzufolge seiner Natur nach sündig als Folge des ersten Sündenfalls im Paradies, sündigt daher weiter und entfernt sich so von Gott (Erbsünde). Der von der Bibel vermittelte Anspruch an den Menschen ist, dass er sich mit Gottes Hilfe von sündhaftem Denken und Handeln fernhalten soll, auch wenn er dieses Ziel zu seinen Lebzeiten nie ganz erreichen kann. Er wird zwangsläufig

(Tat-)Sünden begehen, für die er nach seinem Tod, am Jüngsten Tag, zur Rechenschaft gezogen wird. Erlösung ist durch die Gnade Gottes möglich, da Jesus Christus durch sein Opfer stellvertretend die Sünden der Menschheit am Kreuz gesühnt hat. Wer auf Jesus vertraut, wird gerettet. Daher ist es für Christen sinnvoll, ihr Leben auf Christus aufzubauen und durch die Kraft des »Heiligen Geistes« ein sündenfreies und frommes Leben zu führen. Das Leben von Christen ist also vom unablässigen, endlosen Kampf gegen die Sünde bestimmt.

Insbesondere diese Ausweglosigkeit und der Dauerkampf gegen angebliche Sünden hat logischerweise Kritik hervorgerufen. Diese entzündet sich an der angeblichen Unausweichlichkeit der Sünde. Der Mensch sei somit unentrinnbar von der göttlichen Erlösung abhängig. Die Bibel erzeugt damit eine Notlage, für die sie dann die wohlfeile Lösung anbietet. Aus Sicht der Kritiker existiert diese Notlage aber gar nicht, sondern wird dem Gläubigen nur eingeredet. Die Gläubigen werden dadurch, dass die religiösen Autoritäten mit Hilfe der Bibel festlegen, was Sünde ist, als auch die einzige Möglichkeit der Erlösung anbieten, in emotionaler Abhängigkeit gehalten, womit die Kirche sich ein besonders wirkungsvolles Instrument der Kontrolle und Herrschaft schuf. Eine logische Folge dieser Konstruktion war der von Luther besonders kritisierte Ablasshandel der Katholischen Kirche. Auch die in der Bibel (Altes Testament) vermittelte Vorstellung, man könne durch ein Opfer, gar ein Menschenopfer, einen Gott gnädig stimmen und so seine eigenen Interessen befördern, wird heutzutage als unmenschlich abgelehnt. Die im Neuen Testament überlieferte Konstruktion, dass ein liebender Vater-Gott seinen eigenen Sohn der Folterung und Hinrichtung ausliefert, gilt heutzutage als absurd. Auch der damit verbundene Erlösungseffekt macht die Sache nicht besser, zumal ein allmächtiger Gott unblutigere Mittel zur Erlösung hätte finden können und müssen.

Gott hätte zudem die Menschen von vornherein so schaffen können, dass sie der Sühne durch ein solches Opfer überhaupt nicht bedurft hätten. Die Erlösung des Menschen durch das Opfer des Gottessohnes vorab pauschal ist inkonsequent, wenn man ihm gleichzeitig das fromme und nicht-sündige Leben abverlangt, welches das Alte Testament schon vor Christi Kreuzigung forderte. Der Kreuzestod bringt somit keine wirklichen Vorteile – oder frühestens am Jüngsten Tag. Mit Hinweis auf das stellvertretende Leiden Christi wird dem Gläubigen angesichts seiner eigenen, unausweichlichen Sündhaftigkeit auch ein Schuldkomplex vermittelt, der ihn im Zweifelsfall das ganze Leben hindurch begleitet und seine psychische Entfaltung behindert. Insgesamt ist die Vorstellung von der Erbsünde und der prinzipiellen Sündhaftigkeit des Menschen eine widersprüchliche. Einerseits impliziert sie Schuld, andererseits aber kann bei einer Erblichkeit der Sündenhaftigkeit der Mensch hierfür schlecht verantwortlich gemacht werden. Zu bemängeln ist insbesondere, dass die in der Bibel definierte »Gerechtigkeit« mit heutigen Idealen wie Toleranz und Langmut inkompatibel ist. So wird die Bestrafung oder »Vernichtung« Andersgläubiger durch Gott im Alten Testament oder im Jüngsten Gericht als »gerecht« propagiert. Überhaupt zeichnet sich die Darstellung Gottes in der Bibel durch »Bipolarität« aus. Er lässt sich dieser Darstellung zufolge hauptsächlich von Zorn und Liebe leiten. Im Alten Testament liegt der Schwerpunkt beim strengen, strafenden und zornigen Gott, während im Neuen Testament die Liebe Gottes in den Vordergrund rückt. Berichte über positive Emotionen Gottes sind rar.

Heutige ethische Vorstellungen kollidieren mit denen

der Bibel. Nicht zuletzt das gehäufte Vorkommen göttlich angeordneter Verbrechen und Grausamkeiten disqualifiziert die Bibel als Quelle heute akzeptierbarer Ethik und Religiosität. Von Gott angeordnete Genozide und die Aufforderung des biblischen Gottes zu einer exzessiven Anwendung der Todesstrafe sind heute nicht mehr akzeptabel, wie auch die Aufforderung, ganze Völker auszurotten. Die zahllosen, im Namen des Christentums in der Vergangenheit, aber auch bis heute begangenen Verbrechen ließen sich so bequem rechtfertigen. Suboptimal ist auch das im Alten Testament vermittelte patriarchalische Weltbild. So ist das Priesteramt ausschließlich Männern vorbehalten, trägt Gott ausschließlich männliche Züge, werden Stammbäume über die männliche Linie angegeben, fehlen bei der Nachkommenschaft Informationen zu den Müttern, werden Töchter üblicherweise übergangen, kann der Mann mehrere Frauen und Nebenfrauen haben, aber nicht umgekehrt, werden Töchter als Eigentum der Väter, Ehefrauen als Eigentum der Ehemänner betrachtet, ist die Frau nach der Geburt einer Tochter doppelt so lange unrein wie nach der Geburt eines Sohnes, fasst eine Frau im Streit einem Mann an die Geschlechtsteile, soll ihr die Hand abgehackt werden – ein entsprechendes umgekehrtes Gebot fehlt. Frauen werden generell als schwächer und unzuverlässiger dargestellt, Verräter sind oft weiblich, und die Erschaffung der Frau aus der Rippe des Mannes ist eine Umkehrung der biologischen Verhältnisse, die Frau wurde deshalb auch als dem Mann untergeordnet betrachtet. Als Ausnahmen gibt es einige wenige Frauen, die als positive Heldinnen geschildert werden, so Deborah, Rut und Ester. Angesichts der Versuche, die streng patriarchalische Haltung mit der allgemeinen Ordnung in der Antike zu erklären, muss festgehalten werden, dass es auch damals schon Gesellschaften gab, in denen Frauen ein wesentlich größeres Ausmaß an persönlicher Freiheit und Gleichberechtigung genossen, beispielsweise im Palästina benachbarten Ägypten.

Ob es sich bei der deutlich patriarchalischen Ausrichtung der Bibel um den Beleg für eine Art »Weiblichkeitsneid« der biblischen Autoren in Analogie zum von Freud formulierten (allerdings in der Zwischenzeit als haltlos anerkannten) »Penisneid« der Frau handelt, ist noch in der Diskussion. In der Genesis wird jedenfalls konsequent das Wort *adam* dazu benutzt, um den Menschen zu bezeichnen. Erst in späteren Bibeltexten wird dann zwischen *isch* (Mann) und *ischah* (Frau) unterschieden. Der Sündenfall wird psychologisch wiederum als verwandt mit dem Ödipuskonflikt betrachtet, da der Sohn einerseits wie der Vater sein soll, andererseits die Verbote des Vaters ihn genau daran hindern. Im Neuen Testament dagegen liegt ein anderes Frauenbild vor, zumindest in den jesuanischen Zeugnissen. Diese werden dann allerdings durch die paulinischen Ergüsse wieder in konservativer (patriarchalischer) Hinsicht korrigiert und entkräftet. So legt Paulus die Schöpfungsgeschichte bewusst patriarchalisch aus und vertritt generell eine Haltung, die an der jüdischen Tradition orientiert ist. Kirchenkritiker verweisen demgemäß immer wieder auf den eklatanten Widerspruch der Haltungen von Jesus und Paulus. In der weiteren Kirchengeschichte setzte sich die paulinische, frauenfeindliche Tradition durch und hält bis heute an. Paulus übertrifft in seinen Äußerungen teilweise noch die Strenge der jüdischen Tradition.

Der generellen Frauenfeindlichkeit weiter Teile der Bibel und der Kirche bis heute widerspricht auch nicht die prominente Rolle, die Maria sowohl in der Bibel als auch in der kirchlichen Vermittlung einnimmt. Im Gegenteil. Denn Maria steht nicht für ein fortschrittliches, modernes, autonomes Frauenbild – der im 19. Jahrhundert entwickelte Marienkult dreht sich stattdessen um ein äußerst traditionelles, geschlechtsloses Frauenbild, konzentriert in der in diesem Zuge völlig übertriebenen Rolle der Jesusmutter Maria, die wie ein autonomer, heidnischer Götze für allerlei Gnadenerweise stehen soll (bei schrankenloser Verehrung beziehungsweise Unterwürfigkeit der Gläubigen, die damit wieder in die hierarchische, patriarchalische Ordnung von Kirche und Staat eingezwängt werden). Die Katholische Kirche hat diesen kirchenstärkenden »Aberglauben« nach Kräften gefördert und verstärkt, bis hin zur Verkündung der »unbefleckten« (sprich asexuellen) Empfängnis (1854) und der leiblichen Himmelfahrt Mariens (1950), in Analogie zu Jesus Christus. Insgesamt wirkt sich das von der Kirche vermittelte patriarchalische Weltbild der Bibel (mit Ausnahme der jesuanischen Äußerungen, die aber mittlerweile nahezu wirkungslos geworden sind) bis heute auf die christlichen Gesellschaften aus.

Ganz besonderer Tobak ist der in der Bibel vertretene Kult der Gewalt gegen Sachen, Personen und Völker. Diese tritt – hauptsächlich, aber nicht nur im Alten Testament – in vielfältiger Gestalt auf, so im Kult als Opfer, als gewaltsame Vergeltung, als Bannkrieg zwischen Kleingruppen, als Blutrache, Todesstrafe, Körperstrafe, Mord, Folter, Körperverletzung, Vergewaltigung, Nötigung, als Ausbeutung, Unterdrückung, Enteignung, Entrechtung. Speziell das Verhältnis von Gottes Gewalt zu der des Menschen zieht sich als Generalthema durch die ganze Bibel. Gewalt ist ein integraler Bestandteil des biblischen Gottesbildes. Wird an die Bibel als Heilige Schrift geglaubt und werden ihre Texte als normativ für gegenwärtiges Handeln herangezogen, dienen sie oft dazu, gewaltsames Handeln zu rechtfertigen. Die angebliche Ablösung der »Gewaltethik« des Alten durch die »Liebesethik« des Neuen Testaments ist exegetisch unhaltbar. Das Gegenteil ist der Fall.

Die Geschichte der Gewalt beginnt mit dem Ungehorsam Adams und Evas und Gottes Reaktion darauf, der Vertreibung aus dem Paradies. Direkt darauf folgt der Brudermord als Archetyp zwischenmenschlicher Gewalt (Kain und Abel), die sich zum Völkermord, ja, zum Lebensmord an sich steigert: als »Gott« das von ihm erschaffene Leben in der Sintflut fast komplett vernichtet. Vergeltung wird so zum »Grundgesetz« der Schöpfung. Die Städte Sodom und Gomorra werden in Gottes Auftrag »vom Angesicht der Erde ausradiert« (man denkt unwillkürlich an die Pläne Hitlers für Leningrad und Moskau, die er dem Vergessen anheimgeben wollte). Beide Städte gelten als sprichwörtliches Beispiel für menschliche Niedertracht, die sich in sexuellen Perversionen und Vergewaltigungen zeigt, womit sie »notwendigerweise« das »vernichtende Gericht Gottes« auf sich ziehen.

Das ägyptische Heer des Pharao wird bei der Verfolgung der Hebräer im Roten Meer ersäuft, der Tod vieler Tausend ägyptischer Soldaten als »herrliche Tat« gepriesen. Israels Gott zeigt sich damit als nationaler Kriegsgott Israels, der ein Volk rettet, während er das andere vernichtet. Bei äußerer Existenzbedrohung sorgt der »israelische« Gott dafür, dass ein fähiger Heerführer gewählt wird, der die Zwölf Stämme Israels in die Schlacht führt und »natürlich« über andere Völker (und andere Götter) siegen lässt – es geht also auch um einen Wettstreit »im Olymp«, wer der mächtigste Gott ist. Dass dies ausgerechnet der »israelisch«-christliche Gott sein soll, ist dabei keineswegs »gottgegeben«, sondern von Menschen so postuliert (mangels Gottesbeweis). Kriegerische Gewalt wird somit in der Bibel legitimiert, der »gerechte Krieg« als Kategorie eingeführt und die Tradition des »Heiligen Krieges« begründet. Fremde Nachbarvölker Israels werden »natürlich« im Auftrag Gottes bei der israelischen Landnahme ausgerottet, Frauen und Kinder nicht verschont. Mittlerweile wird die biblische Darstellung der Eroberung Kanaans als Rückprojektion nach den Eroberungsfeldzügen Davids angesehen, weil der Ansiedlungsprozess in der Realität lange Zeit als friedliches Einsickern der Halbnomaden geschah und die Stadtstaaten Kanaans zunächst weiterexistierten. Wenn »Gott« dann zur Ausrottung der Amalekiter aufruft, wird dies als Kampf gegen die Übernahme ihrer Kulte gedeutet. Verbrechen von Heldengestalten wie König David (Ermordung Uriahs, um dessen Witwe zu heiraten) werden zwar formal mit kritischer Intention überliefert, festigen jedoch entgegen der Absicht eher das Bild des allmächtigen, über den Gesetzen und über den Frauen stehenden Mannes.

Obwohl es sich also um einen »Nationalgott« Israels handelt, wird Gott dennoch ambitioniert als »Herr aller Herren und König aller Könige« bezeichnet, der alle Gewalt innehat. Die Regierungsgewalt wird den Menschen übertragen, die sich die Erde untertan machen sollen, was heute ebenfalls im Sinne der Ökologie kritisch gesehen wird. Nicht zuletzt sorgte der ultrakonservative, antijesuanische Paulus dafür, dass Christen sich treu und brav an die vorgegebene staatliche Ordnung halten sollen, was noch im Nationalsozialismus als Argument dafür benutzt wurde, keinen Widerstand gegen das absolutistische Terrorregime von Hitler & Co. zu leisten. Schließlich hatte Paulus sich nicht entblödet zu formulieren, dass alle staatliche Gewalt von Gott stamme, jede sei von Gott eingesetzt. Wer sich der staatlichen Gewalt widersetze, stelle sich gegen die Ordnung Gottes, und wer sich ihm entgegenstelle, werde dem Gericht verfallen.

Es ist eine der wegweisenden Errungenschaften der Neuzeit, im Gefolge der Französischen Revolution die Trennung von Staat und Kirche in Gang gesetzt zu haben, obwohl dieser Prozess noch lange nicht abgeschlossen ist. So ist nicht einzusehen, warum in staatlichen Schulen christlicher Religionsunterricht Pflichtfach ist oder warum der Staat, etwa in der BRD, für die Kirche Steuern erhebt (Kirchensteuer) und dieser nahezu ohne Abzug überweist, und nicht zuletzt sollte das aus der Zeit der Säkularisierung, der Beschlagnahmung von Kirchengütern durch den Staat unter Napoleon, stammende Abkommen, dass der Staat für die bauliche Unterhaltung der Kirchengebäude zuständig ist, und den Kirchen hierfür Jahr für Jahr Hunderte Millionen Euro überweist, endlich beendet werden. Die Kirchen sind nach wie vor Großgrundbesitzer in der BRD und anderswo und sollten ihren milliardenschweren kirchlichen Besitz endlich für soziale Zwecke nutzen, statt einfach Profitvermehrung zu betreiben. Dazu gehört auch, dass in kirchlichen Sozialeinrichtungen endlich so normale Dinge wie Betriebsräte gesetzlich durchgesetzt werden müssten (was bis jetzt verboten ist, dank des Konkordats, das Hitler 1933 zur Durchsetzung seiner Herrschaft mit der Kirche schloss und in dem er viele Wohltaten verpackte, zum Dank dafür, dass ihn die Kirche als »rechtmäßigen« Herrscher anerkannte und seinem unchristlichen Terrorregime keinen Widerstand entgegensetzte, was sich aus dem grenzenlosen Antikommunismus der Kirche speiste, die sich hier auf einer Linie mit Hitler, hier gemeinsame Ziele mit ihm sah und umsetzte). In Religionsgemeinschaften wie den Mennoniten, den Amischen oder den Bibelforschern (unter anderem Zeugen Jehovas, Wachtturm-Gesellschaft) wurde schon früh der Gewaltverzicht und die Verweigerung des Kriegsdienstes konsequent befolgt. Daher wurden diese Religionsgemeinschaften in Zeiten der Gewaltherrschaft wie unter Hitler immer wieder verfolgt und ausgegrenzt.

Nero

Eines der tragischsten Opfer von Lügenmärchen, die über ihn erzählt wurden, und Täuschung der Nachwelt über seine vermeintlich durch und durch verderbte, perverse Natur ist der römische Kaiser Nero, mit vollem Namen Nero Claudius Caesar Augustus Germanicus (37–68), der im Alter von nur 30 Jahren starb. Mit 17 Jahren Kaiser geworden, herrschte er von 54 bis 68 unserer Zeitrechnung über das Römische Reich als letzter Kaiser der julisch-claudischen Dynastie. Unter Kaiser Caligula (ebenfalls in den Horrorgeschichten der Nachwelt als »perverses Schwein« vermittelt worden, dank vieler Lügengeschichten und entstellter, verzerrter Darstellung der tatsächlichen Ereignisse, um Kindern und Erwachsenen Schauer über den Rücken zu treiben) wurde Neros Mutter ins Exil verbannt.

Da zum damaligen Zeitpunkt die dynastischen Auseinandersetzungen hauptsächlich über Mord und Giftmord ausgetragen wurden, ist es ein Wunder, dass er überhaupt das Erwachsenenalter erreichte. Man ermordete damals gern und gnadenlos die Kinder der jeweiligen Widersacher, um auch künftig vor Herrschaftsansprüchen konkurrierender Clans sicher zu sein. Neros Mutter Agrippina heiratete nach dem Tod ihres zweiten Mannes Passienus im Jahre 49 den amtierenden Kaiser Claudius, ihren Onkel. Dadurch rückte ihr Sohn Nero in die unmittelbare Erbfolge auf, es bestand also die Aussicht, dass er seinen Stiefvater irgendwann beerben würde als Kaiser. Zur Vorbereitung auf das Amt sorgte seine Mutter für eine umfassende Bildung Neros in Literatur, Rhetorik und Mathematik. Nach Vollendung seines zwölften Lebensjahrs beauftragte sie den Philosophen Seneca, der dazu extra aus der Verbannung zurückgeholt wurde, mit der weiteren

Ausbildung Neros. Seneca prägte das Leben Neros entscheidend. Nero zeigte sich Seneca gegenüber für die genossene Bildung und Ausbildung sehr dankbar, auch in materieller Hinsicht. Das Steuerverzeichnis Roms führt Seneca wenig später mit einem Vermögen von 300 Millionen Sesterzen als einen der reichsten Männer des Imperiums auf. Allein auf der britischen Insel standen ihm Kreditrechte in Höhe von 40 Millionen Sesterzen zu.

Ein Jahr nach der Heirat Agrippinas adoptierte Kaiser Claudius seinen 13-jährigen Stiefsohn Nero und machte ihn damit offiziell zum Thronfolger. Wie damals (und noch bis ins Mittelalter und die frühe Neuzeit) üblich, wurde er mit 14 Jahren für erwachsen erklärt und zum Senator und Prokonsul ernannt. Der leibliche Sohn von Claudius, der drei Jahre jüngere Britannicus, rückte damit an die zweite Stelle hinter Nero. Drei Jahre später arrangierte Agrippina die Hochzeit zwischen dem 16-jährigen Nero und der 13-jährigen Octavia, einer leiblichen Tochter des Claudius. Angeblich ließ nun Agrippina, um ihren Sohn auf den Thron zu befördern, den amtierenden Kaiser Claudius vergiften. Dieser starb jedenfalls im Herbst 54. Nero wurde daraufhin vom Prätorianerpräfekten Burrus, einem Freund Agrippinas, zum Kaiser ausgerufen.

Mit einer wohlformulierten Lobrede auf seinen verstorbenen Vater nahm Nero gleich zu Beginn seiner Herrschaft den Gerüchten um die Ermordung des Claudius den Wind aus den Segeln, sorgte traditionsgemäß für dessen Vergötterung und präsentierte sich in Reden vor dem Senat als gemäßigter Herrscher. Er bekannte sich zum Prinzip der Unabhängigkeit auch des Senats, was den Senatoren gefiel, die so weiter ihr eigenes Süppchen kochen konnten, was Claudius durch zahlreiche Einmischungen zu verhindern gesucht hatte. Nero kündigte an, sich in erster Linie um die Außenpolitik kümmern zu wollen. Selbst die missgünstigsten Chronisten können daher nicht bestreiten, dass die Herrschaft Neros sehr positiv begann. Er förderte auch die Eigenständigkeit der Rechtsprechung (unabhängige Justiz) und machte sich beim Volk durch Senkung des Getreidepreises und Veranstaltung zahlreicher Spiele in den Arenen beliebt. Die ersten Jahre seiner Herrschaft wurden *quinquennium Neronis* genannt, das glückliche Jahrfünft unter der Herrschaft Neros.

So lehnte er auch ab, dass Standbilder für ihn aufgestellt wurden. Durch die finanzielle Unterstützung mittelloser Senatoren sorgte er zusätzlich für gute Stimmung zu seinen Gunsten im Senat und besetzte freigewordene Senatorenposten im Sinne der Majorität. Mit zunehmender politischer Erfahrung machte sich Nero jedoch immer selbständiger in seinem Handeln und zog sich so den Zorn der herrschenden Oberschicht zu, die sich von ihm in ihrem freien Schalten und Walten, auch in der Ausplünderung des Staates zunehmend gehindert sah. Die Opposition nutzte den Brand von Rom dazu, Nero zu beschuldigen, er sei Anstifter und Nutznießer des Brandes gewesen – wovon keine Rede sein kann, wie mittlerweile erwiesen ist. Doch diese Verleumdung erwies sich als so erfolgreich, dass noch heute Nero als Unhold gilt, der Rom in Brand steckte.

Die Feuersbrunst brach in der Nacht vom 18. zum 19. Juli 64 aus und vergrößerte sich rasch. Drei Stadtteile wurden komplett vernichtet. Schnell wurde das Gerücht gestreut, Nero selbst habe das Feuer legen lassen, um Platz für einen neuen, riesigen Palast, das »Goldene Haus« (*Domus Aurea*), zu schaffen. Zudem habe er dem Brand mit höchstem Vergnügen von einem Turm aus zugesehen, ein Lied gesungen und sich selbst dazu auf der Lyra begleitet. Längst wurde dokumentarisch belegt, dass der Kaiser sich zu diesem Zeitpunkt gar nicht in Rom, sondern zu einem

Kurzurlaub in seiner Sommerresidenz Antium (Anzio) am Meer befand. Und Nero blieb keineswegs untätig. Als die ersten Nachrichten von der verheerenden Feuerkatastrophe in Antium eintrafen, reiste er sofort nach Rom zurück.

Dort angekommen, ließ er seine Palastgebäude für obdachlose Brandopfer öffnen und stellte sie somit als Notunterkünfte bereit. Gleichzeitig verkündete er eine allgemeine Senkung des Getreidepreises, um der notleidenden Bevölkerung zu helfen. Vermutlich ist die Feuersbrunst, eine von vielen in den damaligen Jahrzehnten (und auch vom Umfang her nichts Besonderes), auf einem der Marktplätze durch Unvorsichtigkeit beim Hantieren mit Feuer entstanden. Dass Nero der Brandstifter war, wie seit zweitausend Jahren behauptet wird, kann ausgeschlossen werden. Nicht nur wurde ein ganz anderes Stadtgebiet betroffen als das, wo er seine neue Residenz bauen wollte. Nein, kaum war das erste Feuer gelöscht, brach eine zweite Brandserie aus, der das Haus eines engen Mitarbeiters von Nero, des Kommandanten der kaiserlichen Leibgarde, der Prätorianer, Tigellinus, zum Opfer fiel. Das legt die Vermutung nahe, dass Nero-feindliche Kreise die Brände legten und auch seinen *braccio militare*, den militärischen Oberkommandierenden in Rom, Tigellinus, als Beschützer des Kaisers, aus dem Weg schaffen wollten. Und weil die Geschichte mit der Feuersbrunst noch nicht genügte, wurde Nero in späteren Jahrzehnten noch eine weitere Lügengeschichte angehängt.

Angeblich habe er als Sündenbock auf die noch sehr kleine, fragmentierte Sekte der Christen verwiesen, die damals gerade begannen, in Rom ihr Unwesen zu treiben. Als Buße dafür, dass sie angeblich den Brand gelegt hatten (was faktisch gar nicht auszuschließen ist, gemäß der These, dass staatliche Eskalationen den Sekten neue Anhänger in die Arme treiben), habe er Tausende von ihnen im Zirkus wilden Tieren zum Fraß vorwerfen lassen, andere gekreuzigt, ertränkt und die Frauen von den Prätorianern vergewaltigen lassen. Nur – nichts davon ist quellenmäßig erwiesen. Ob es überhaupt eine Christenverfolgung nach dem Brand gegeben hat, ist umstritten. Wenn überhaupt, waren es nicht Tausende, sondern wenige Dutzend Opfer. Und ob diese Christen waren und nicht nach anderen Kriterien zusammengetrieben wurden, ist ebenfalls umstritten. Am Ende vom Lied bleibt von der ganzen schönen Horrorstory um Nero leider nichts übrig als die Erkenntnis, dass der Frömmste nicht in Frieden leben kann, wenn es dem bösen Widersacher nicht gefällt – und dieser üble Nachreden in die Welt setzt. Eine Vorgehensweise, die uns im Verlauf dieses Buches noch öfter begegnen wird.

Unter den Opfern der angeblichen Christenverfolgung sollen dann auch noch ausgerechnet Petrus und Paulus gewesen sein – Nachweise dafür leider bis heute Fehlanzeige. Man kann daran glauben – oder auch nicht. Beim Wiederaufbau Roms sorgte Nero dafür, dass die Brandsicherheit umfassend verstärkt wurde. So wurden die Straßen verbreitert (um ein Überspringen der Flammen zu erschweren), die maximale Höhe der Häuser wurde auf 25 Meter beschränkt, Brandmauern eingezogen. Als Ersatz für seinen abgebrannten Palast ließ sich Nero ein neues Anwesen mit großen Kunstschätzen und technischen Raffinessen errichten, die *Domus Aurea* (das »Goldene Haus«). Nach Neros Tod befahlen seine Widersacher umgehend den Abriss seines Palastes, eine weitere Maßnahme, um das Andenken an ihn auszulöschen (was wiederum für die These spricht, dass das ganze Brand-Märchen zu den Maßnahmen der psychologischen-verdeckten Kriegsführung gegen Nero gehörte). Die flavischen Kaiser ließen auf dem Areal des zur *Domus Aurea* gehörenden Sees das Kolosseum, ein gigantisches Amphitheater, errichten.

Wilhelm Tell und der Rütlischwur

Laut Umfragen halten 64 Prozent aller Schweizer und immerhin noch 49 Prozent der Deutschen Wilhelm Tell für eine reale, geschichtliche Gestalt und den Rütlischwur tatsächlich für den Urbeginn der Schweizer Staatlichkeit. Speziell in der Schweiz ist die Bewegung, die dafür plädiert, dass es Tell tatsächlich gegeben habe, sehr (laut-)stark. Ein schöner Erfolg für die vielen Kreativen, die sich seit Jahrhunderten darum verdient gemacht haben, diesen historischen Mythos ins Leben zu setzen und immer weiter auszuschmücken. Zu ihnen zählen Prominente wie der Dichter Friedrich Schiller, aber auch zahllose »einfache Leute«, die unermüdlich weiterverbreitet hatten und haben, dass Tell wirklich lebte.

So kann man sich täuschen. Denn »Tell« ist keine historische Gestalt, sondern ein Mythos, wenn auch ein ganz besonderer (zumindest in der Eidgenossenschaft). Denn für die Schweiz ist »Tell« Teil des Nationalmythos, ebenso wie der »Rütlischwur«. In beiden Mythen ist der Beginn des Schweizer Nationalstaats verankert, ebenso wie diese im Nationalbewusstsein der SchweizerInnen verankert sind. Es gibt zahllose »Tell«-Denkmale, »Tell«-Devotionalien, »Tell«-Bilder, Restaurants seines Namens und die üblichen Devotionalien von T-Shirt bis Kugelschreiber. Der Mythos selbst umfasst die angebliche Geschichte vom Schweizer Freiheitskämpfer »Wilhelm Tell«, der im Gebiet der heutigen Zentralschweiz zu Beginn des 14. Jahrhunderts legendäre Taten vollbrachte. Entstanden vermutlich im 15. Jahrhundert und Ende des 15. Jahrhunderts erstmals im *Weißen Buch von Sarnen* zu Papier gebracht, ist der »Wilhelm Tell« seit dem 19. Jahrhundert zum Schweizer Nationalheld avanciert, nicht zuletzt in der Form, wie

Friedrich Schiller ihn in seinem gleichnamigen Bühnen-stück hinterlassen hat.

Schriftlich erstmals greifbar ist der »Tell« 1472, als der Obwaldner Landschreiber mit dem sprechenden Namen Hans Schriber die Geschichte im *Weißen Buch von Sarnen* publizierte beziehungsweise festhielt. Etwa zur selben Zeit, fünf Jahre später, wird im vom Burgunderkrieg handelnden und zunächst nur mündlich überlieferten »Lied von der Entstehung der Eidgenossenschaft«, auch Tellenlied oder Bundeslied genannt, ein weiteres Mal ein Held namens »Tell« genannt. So erfolgreich war der Mythos, so begierig aufgenommen wurde die Geschichte vom vermeintlichen Helden, dass sie schon 1507 in der gedruckten *Luzerner Chronik* von Melchior Russ und Petermann Etterlin wie-dergegeben wird sowie ab 1508 in der *Schweizer Chronik* von Heinrich Brennwald. Danach mehrte sich der Ruhm des »Helden«, wurde die Geschichte immer wieder weiter-gegeben, kolportiert und variiert, bevor sie durch Aegidius Tschudi 1570 ihre endgültige, bis heute wirksame Form erhielt. Tschudi vereinte die verschiedenen Varianten zu einem »Bericht«, den er (willkürlich) auf das Jahr 1307 da-tierte und zwischen dem angeblichen Aufstand des »Bur-genbruchs« und dem angeblichen »Rütlischwur« (siehe unten) einfügte. Weitere Verbreitung fand die Geschichte durch Josias Simlers Schweizer Geschichtswerk *De Repub-lica Helvetiorum*, das 1576 erschien. Anfang des 19. Jahr-hunderts erfuhr die Popularität der Sage dann einen enor-men Schub durch Schillers Theaterstück und durch die Tatsache, dass die Gebrüder Grimm die »Sage« in ihr weit-verbreitetes Sammelwerk deutscher Märchen aufnahmen.

Im Kern dreht sich die Sage um die angeblich himmel-schreiende Ungerechtigkeit, welcher sich die vom Habs-burger König Rudolf auf Schweizer Gebiet eingesetzten Landvögte schuldig gemacht haben sollen. Neben unrechtmäßiger Beschlagnahme von Vieh und Frauen sollen sie auch die Ehre der Schweizer gekränkt haben, etwa dadurch dass der Vogt »Gessler« (der historisch nicht nachweisbar ist) in Altdorf angeblich seinen Hut im Ort aufgehängt habe mit der Maßgabe, jeder, der vorbeigehe, habe diesen ehrerbietig zu grüßen. »Wilhelm Tell«, Einheimischer, Bauer und weitbekannter treffsicherer Armbrustschütze (auch dies ein Lieblingstopos der »wehrhaften Schweiz«), sieht das nicht ein und verweigert den Gruß, als er mit seinem kleinen Söhnchen durch den Ort spaziert. Als der Vogt dies erfährt, erlegt er ihm zur Strafe auf, ein lebensgefährliches Kunststück vollbringen zu müssen: »Tell« solle seinem Sohn auf fünfzig Schritt einen Apfel vom Kopf schießen. Im Weigerungsfalle sollen beide – Vater und Sohn – wegen Ehrverletzung hingerichtet werden. Das Kunststück gelingt, die Sühne ist geleistet, das Leben von Sohn und Vater gerettet. Auf die Frage, wozu der zweite Pfeil in seinem Köcher diene, habe »Tell« geantwortet, mit diesem hätte er den Vogt getötet, falls er sein Kind getroffen hätte.

Der Vogt sei über diese »freche« Antwort erzürnt gewesen, habe die vereinbarte Freilassung »Tells« verweigert und befohlen, diesen in Ketten per Boot nach Küssnacht zu bringen. Ein Sturm sei auf dem Vierwaldstättersee aufgezogen und habe das Boot mit dem angeketteten »Tell« in Gefahr gebracht. Die Matrosen hätten »Tell« daher gebeten, das Ruder zu übernehmen, und ihn hierzu von den Fesseln befreit. »Tell« habe das Boot daraufhin trotz Sturm und Wellenschlag »mit sicherer Hand« in der Nähe des Axen zum Ufer gesteuert und sei dort auf eine vorspringende Felsplatte, heute »Tellsplatte« genannt, gesprungen. Als die Matrosen sich ebenfalls retten wollten, habe er dem Boot einen Tritt gegeben und es wieder auf den See hinausgestoßen, wo es untergegangen sei und die Matrosen jämmerlich ersoffen. »Tell« sei daraufhin, entschlossen, dem Treiben des »Vogts« ein für alle Mal ein Ende zu bereiten, über den Berg gezogen und habe im dortigen Hohlweg einen Hinterhalt gelegt, dem »Vogt« aufgelauert und diesen mit einem Meisterschuss getötet, die Schweiz damit von diesem »Lokaltyrannen« befreit. Im Weiteren sei »Tell« 1315 in die Schlacht bei Morgarten gezogen, habe tapfer mitgekämpft und schließlich 1354 im Schächenbach ein Kind zu retten versucht, sei dabei jedoch ertrunken.

Bereits im 17. Jahrhundert kamen erste Zweifel an der Geschichte auf. Insbesondere der höhnische Spott, den ein Voltaire in seinen *Annales de l'Empire* über die Geschichte ausgoss, förderte den Zweifel am Wahrheitsgehalt der in der Schweiz so ungemein beliebten Tapferkeitsgeschichte. Joseph Kopp, Begründer der Schweizer Geschichtsschreibung, kam schließlich zu dem Ergebnis, dass es einen »Tell« offenbar nie gegeben habe, jedenfalls werde er in keiner der damals bekannten Akten zur Schweizer Geschichte erwähnt. Vermeintliche Erwähnungen seien ganz offensichtliche und primitive Fälschungen. Zudem konnten im weiteren Verlauf der kritischen Beschäftigung mit der »Tells-Sage« ihre Bestandteile in andere Kulturkreise zurückverfolgt und damit ihre Natur als populäre Topoi der europäischen Sagenwelt bewiesen werden. So wird die Geschichte vom Apfelschuss erstmals in den *Gesta Danorum* (verfasst um 1200) erwähnt, ein weiteres Mal in der altnordischen *Thidrekssaga* (13. Jahrhundert). Dort wird der Held »Egil« genannt, in den *Gesta Danorum* »Toko«. Auch im *Hexenhammer* von 1486 wird ein Apfelschuss erwähnt, der Name des Schützen ist hier »Punker von Rohrbach«.

Da speziell die dänische »Heldensaga« *Gesta Danorum* im deutschsprachigen Gebiet schon im Mittelalter weitverbreitet war, dürfte hier die direkte Quelle für die

Schweizer »Tells-Saga« anzunehmen sein. Der Nachweis dieser Übernahme gelang schon im 18. Jahrhundert dem Berner Pfarrer Uriel Freudenberger. Aus Angst vor möglichen negativen Auswirkungen dieser »Ketzerei« wider den damals schon mächtig populären »Nationalmythos« publizierte er die Abhandlung nur anonym. Auch kleine Details zwischen der »Tells-Sage«, wie sie von Tschudi überliefert wurde, und der dänischen »Heldensaga« stimmen überein. So hat auch »Toko« einen zweiten Pfeil bei sich und sagt ganz offen, dass dieser für den König gedacht gewesen sei, falls er den Sohn getroffen hätte. Schon früh inspirierte die Sage Künstler zu einer modernen Adaption beziehungsweise Umsetzung auf der Bühne. Das erste Musikstück rund um die »Tells-Sage« stammt vom Komponisten André Grétry, der seine gleichnamige Oper 1791 uraufführte. Ob Schiller diese jemals gesehen hat oder direkt von ihr gehört hat, ist bis heute nicht sicher belegt. Belegt dagegen ist, dass er sich seit 1789 verschiedentlich mit dem Stoff auseinandergesetzt hat, auf Anregung seiner späteren Frau Charlotte von Lengefeld, aber auch durch Hinweise Goethes, der immer wieder die Schweiz bereiste und selbst zeitweise Pläne hatte, den Stoff zu dramatisieren. Aufgeführt wurde Schillers letztes Theaterstück ein Jahr vor seinem Tod 1804. Es wurde Schillers erfolgreichstes Stück (neben den *Räubern*), viele Zitate aus dem Stück gingen in die »sprichwörtlichen Redensarten« ein. Sicherlich trug Schiller einen wesentlichen Teil zur weiteren Popularisierung des Mythos bei, der gegen Ende des 19. Jahrhunderts bereits zum Nationalmythos der Schweiz geworden war.

Im 20. Jahrhundert wurde dann der Stoff auch vom neuen Medium, dem Kinofilm, aufgenommen und künstlerisch verarbeitet, so im Stummfilm *Wilhelm Tell* von 1923 (mit Conrad Veidt und anderen), im Hörspiel *Wil-*

helm Tell von 1925 und in der Tonverfilmung von 1934 (ebenfalls mit Conrad Veidt). Gerade diese ist wegen des weiteren Schicksals der »Saga« unter dem Hakenkreuz interessant. Konnte im NS-Deutschland 1934 also noch ein Film über Tell produziert werden, so ließ Hitler jegliche Aufführung von Stück und Film 1941 verbieten, da es zu oft Beifall an den »falschen« Stellen gegeben hatte. In einem vom Hessischen Rundfunk produzierten Hörspiel wirkten 1955 Walter Richter, Bernhard Minetti und der junge Klausjürgen Wussow mit. Die erste Schweizer Verfilmung entstand 1960: *Wilhelm Tell (Burgen in Flammen)*, mit Robert Freytag, Hannes Schmidhauser, Zarli Carigiet und Alfred Rasser. Eine neue Wendung erfuhr der »Nationalmythos« durch seine Bearbeitung von Max Frisch in seinem Werk *Wilhelm Tell für die Schule* von 1971. Frisch bürstete die Sage damals, zur großen Verärgerung vieler Schweizer Zeitgenossen, kräftig gegen den Strich und stellte Wilhelm Tell und die Urner als äußerst konservativ dar. Der Apfelschuss und der Tod Gesslers sind bei ihm Folgen von Missverständnissen, Dickköpfigkeit und Stolz. Frisch untermauerte seine Interpretation durch viele Fussnoten mit historischen Quellenangaben. Eine weitere, aufwendig gedrehte, aber als Persiflage gemeinte Schweizer Verfilmung von 2007 floppte an den Kinokassen. Einen anderen Weg der Popularisierung beziehungsweise der Kapitalisierung des Mythos versuchte die Walensee-Bühne in Walenstadt in Form eines Musicals, das allerdings nur eine Saison lang aufgeführt wurde.

Dagegen geistert der Stoff seit fast hundert Jahren durch die Filmstudios von Hollywood. Zuletzt sollte 2008 unter dem Titel *The Adventures of William Tell* ein Kinofilm produziert werden. Für den Cast waren angeblich die Enkelin von Charlie Chaplin, Kiera Chaplin, sowie Brendan Fraser und Til Schweiger im Gespräch. Aufgrund der

Finanzkrise kam das vorgesehene 60-Millionen-Budget nicht zusammen. 2011 wurde annonciert, dass die Dreharbeiten zeitnah starten sollten. Große Teile des Films sollten in Rumänien gedreht werden. Mittlerweile ist angekündigt, dass der Film unter dem neuen Titel *The Legend of William Tell* 2018 in die Kinos kommen soll.

Vergleichbar mit Verlauf und Auswirkungen der »Tell-Saga« ist die Sage um den angeblichen Rütlischwur, der seit der Neuzeit ebenfalls zu den Schweizer Nationalmythen zählt, auf denen das Schweizer Selbstverständnis und der Schweizer Nationalstolz aufgebaut sind. Der Legende zufolge schlossen Vertreter von Uri, Schwyz und Unterwalden auf dem Rütli, einer Wiese am Vierwaldstättersee, einen Bund gegen die Landverwalter des herrschenden (Schweizer) Habsburger-Geschlechts. Dieser wurde per Eid (daher »Eidgenossenschaft«) bekräftigt. Nach der angeblichen Ermordung eines dieser »Vögte« genannten Landverwalter durch »Tell« kam es zu einem offenen Aufstand (dem »Burgenbruch«, sprich: der Zerstörung von Zwingburgen) und damit zur Entstehung der »Eidgenossenschaft«.

Aegidius Tschudi überlieferte in seiner häufig »märchenhaften« *Schweizer Chronik* die angeblichen Namen der drei Anführer: Werner Stauffacher (Schwyz), Walter Fürst (Uri) und Arnold von Melchtal (Unterwalden), allesamt »natürlich« dokumentarisch nicht nachweisbar. Im 16. Jahrhundert wurde diese Legende mit der Sage vom schriftlichen Bundesschluss vermischt und vereinigt. Die mit August 1291 datierte Urkunde wurde als »Bundesbrief« zum Gründungsdokument der »Eidgenossenschaft«. Voll ausgestaltet in ihrer traditionellen Form findet sich die Geschichte um 1470 im *Weißen Buch von Sarnen*. Die Ereignisse, die zum Aufstand gegen Habsburg führten, werden seitdem auf die Zeit zwischen dem Tod von Rudolf von Habsburg (1291) und der Schlacht bei Morgarten (1315) datiert. Die wachsende Zahl der Verschwörer habe sich angeblich nachts zu heimlichen Beratungen getroffen, nahe des Mythensteins auf einer kleinen, Rütli genannten Wiese. Ein erstes »Tellspiel« wurde bereits 1512 oder 1513 aufgeführt.

Die drei sprichwörtlichen »Eidgenossen« wurden dann als die »drei Tellen« zu Symbolfiguren des Bauernaufstands von 1653, als sie die Versammlungen der Aufständischen symbolisch leiteten. Ihre Wiederkunft zur »Endzeit« wird im »Tellenlied« von 1653 prophezeit. Dann soll der Kampf um die Freiheit wieder aufgenommen werden. Die ersten drei »Tellen« von 1653 waren Hans Zemp, Kaspar Unternährer von Schüpfheim und Ueli Dahinden von Hasli. Als der Aufstand niedergeschlagen wurde, flohen Unternährer und Dahinden ins Entlebuch und Zemp ins Elsass. Dahinden und Unternährer nahmen nach ihrer Freilassung die Rolle als »Tellen« wieder auf, mit Hans Stadelmann als Ersatz für Zemp, und verübten verkleidet einen Anschlag auf Ulrich Dulliker den Schultheissen von Luzern. Bei den bewaffneten Auseinandersetzungen wurde der Luzerner Rat Caspar Studer getötet. Der Anschlag entfaltete beträchtliche symbolische Wirkung, da die Aufständischen mit den »Eidgenossen« und die »Obrigkeit« mit den fiesen Habsburger Vögten gleichgesetzt wurden. Seit dem 18. Jahrhundert denkt man sich die »drei Tellen« als in der Rigi schlafend, bis zu ihrer Rückkehr.

Weltbekannt wurde der »Rütlischwur« dann in der Fassung des Theaterstücks *Wilhelm Tell* von Schiller mit der berühmten Formulierung: »Wir wollen sein ein einig Volk von Brüdern, in keiner Not uns trennen und Gefahr.« Nachdem 1848 der Schweizer Bundesstaat gegründet worden war, avancierte neben dem »Tell« speziell der »Rütlischwur« zum eigentlichen Gründungsmythos der Schweiz.

Dafür wurde nun auch ein neues Datum festgelegt: Da man in Bern 1891 das 700-jährige Bestehen der Stadt feiern wollte, legte man die Gründung der Eidgenossenschaft einfach auf einen zweckdienlichen Termin und konnte so zusätzlich auch noch die 600-Jahr-Feier der Eidgenossenschaft begehen. Doch dies geschah nicht ohne Widerspruch. In der Innerschweiz war man über die Vereinnahmung der lokalen Mythen durch Bern empört und beharrte auf der Jahreszahl 1307, so auf dem »Tell«-Denkmal in Altdorf, und feierte daher 1907 in Altdorf ein weiteres Mal das 600-jährige Bestehen der Eidgenossenschaft.

Das Datum für die Neudatierung des Rütlischwurs auf 1291 ging auf den sogenannten Bundesbrief von 1291 zurück, ein Archivale, in dem sich die drei siegelnden Talschaften gegenseitig gegen Ansprüche militärischer Konkurrenten in der Region Beistand zusicherten. Dieser »Bundesbrief« war allerdings zuvor nicht mit der Gründungslegende der »Eidgenossenschaft« in Verbindung gebracht worden. Noch im 19. Jahrhundert wurde der »Bund von Brunnen« aus dem Jahre 1315 als eigentliches Gründungsdokument der Schweiz angesehen. Andere Historiker wollten sich überhaupt nicht auf ein bestimmtes Datum festlegen und gingen von einer schrittweisen Entstehung der »Eidgenossenschaft« aus. Im 20. Jahrhundert trat das Jahr 1307 als »Urknall der Schweiz« zunehmend in den Hintergrund und der seit 1889 offizielle Schweizer Bundesfeiertag am 1. August – samt Datierung des Bundesbriefs auf August 1291 – setzte sich durch. 1909 wurde sogar ein eigenes »Bundesfeierkomitee« gegründet (heute Pro Patria), das 1910 mit der Herausgabe von Bundesfeier-Postkarten begann. Seit 1923 gibt es das offizielle 1.-August-Abzeichen. Im Jahr 1994 wurde der 1. August zum Schweizer Nationalfeiertag erklärt und damit in der gesamten Schweiz ein arbeitsfreier Tag.

Russland-Bashing und seine Vor-
geschichte – »Eyn grobs ungeschikts volck«

Ein schlagendes Beispiel für die manipulative Art der
Westblock-Geschichtsschreibung ist die abwertende Darstellung Iwans IV., der als »Iwan der Schreckliche« durch
die westliche Historiographie geistert und bis heute dazu
dient, Kindern und Erwachsenen Schauer des Entsetzens
und der Abscheu über den Rücken zu treiben. Dieser erste »Zar« auf dem russischen Herrscherthron wurde als
Iwan IV. (1530–1584) im Jahr 1547, also im Alter von
17 Jahren, Staatschef in Russland. Iwan IV., dem später der
Beiname *Grosny* (*Гро́зный*) verliehen wurde, wörtlich »der
Strenge« oder »der Prächtige«, in den westlichen Medien
und Geschichtsbüchern zu »der Schreckliche« abgewan-
delt, prägte die weitere Geschichte Russlands im 16. Jahrhundert entscheidend. Ihm gelang es, die zu diesem
Zeitpunkt nach Eigenständigkeit strebenden Hochadels-
familien, die Bojaren, wieder in die Staatsräson einzubin-
den und außenpolitisch eine neue Phase russischer Ex-
pansion einzuleiten. Diese Phasen entwickelten sich in der
russischen Geschichte so gut wie ausnahmslos immer aus
vorherigen Abwehrkämpfen gegen expansionistische europäische Mächte, die unaufhörlich versuchten, sich ein
Stück vom immer größer werdenden Russischen Reich zu
sichern.

Für den Beamtenadel setzte Iwan IV. eine feste Entloh-
nungsstruktur durch, die die bisherige Notwendigkeit zur
Selbstversorgung aufhob und damit eine Quelle der Korruption trockenlegte. Außerdem führte er eine örtliche
Selbstverwaltung ein und unterzog die Ländereien des
Hochadels einer juristischen Überprüfung. Unrechtmäßig
angeeignete Ländereien wurden entschädigungslos einge-

zogen und an den Beamtenadel ausgegeben. Den Klerus ermahnte er zu mehr Sittenstrenge, zudem führte er eine Militärreform durch und verdoppelte das stehende Heer auf 300.000 Soldaten. Zwei Unruheherde im Süden waren die ersten Ziele der neuerlichen Expansionspolitik. Die beiden Mongolen-Khanate in Kasan und Astrachan sorgten mit immer neuen Überfällen auf russisches Gebiet für Unruhe und wirtschaftliche Schäden. Tausende von Russen waren entführt und in die Sklaverei verkauft worden. 1552 gelang es, Kasan zu erobern. Zum Dank ließ Iwan IV. in Moskau die Basilius-Kathedrale errichten. 1556 fiel Astrachan, ein Jahr später auch Baschkirien, die Südostgrenze war damit gesichert, die Wolga als Handelsverbindung geöffnet. Im Gebiet des Vorkaukasus wurden weitere Eroberungen gemacht.

Die in westlichen Medien und Geschichtsbüchern traditionell negative Bewertung des Zaren (der als jähzornig, grausam, verschlagen und hinterlistig geschildert wird) erfuhr erst in jüngster Zeit eine Korrektur. Das fängt schon bei seinem Namen an. Langsam setzt sich die Erkenntnis durch, dass das vor allem in deutschsprachigen Darstellungen verwendete Epitheton »der Schreckliche« ein westliches Pejorativum war und dass der Name genauso gut und mit mehr historischer Akkuratesse auch als »Iwan der Prächtige« übersetzt werden kann, wie es in russischen (aber auch in englischsprachigen) Geschichtsbüchern ohnehin schon immer verstanden worden war. Die angeblich so »schrecklichen« Züge Iwans waren durch deutsche Flugschriften (Flugblätter) Ende des 16. Jahrhunderts massenweise in Deutschland verbreitet worden, zumal nach dem russischen Angriff auf Livland, als vom dortigen baltendeutschen Adelstum eine entsprechende antirussische, diffamierende Pressekampagne losgetreten wurde. Zu den Türken als »Erbfeinde« des christlichen Abendlandes gesellten sich in diesen Schriften zwangsläufig die »unzivilisierten« Russen. Nachwirkungen dieses abwertenden, verächtlichen Russlandbildes sind bis heute auszumachen.

Immerhin war Iwan IV. für nicht weniger als eine revolutionäre, fortschrittliche Reform des russischen Staatswesens verantwortlich. Er marginalisierte die höchstkorrupten und staatsfeindlichen Hochadels-Bojaren, schuf eine zentralisierte Verwaltung, sorgte für Beförderungen auf der Grundlage einer neuen Meritokratie (Beförderung nach Verdiensten und nicht aufgrund verwandtschaftlicher Beziehungen oder Stellenkauf). Die Einführung der lokalen Selbstverwaltung bei gleichzeitiger Stärkung der Zentralgewalt war eine zukunftsweisende, die weitere russische Geschichte prägende Veränderung, die sich als funktional und dauerhaft erwies. Er schuf im Osten wie im Westen die bis ins 20. Jahrhundert gültigen russischen Einflusssphären und Interessensgebiete. Auf den von ihm geschaffenen Grundlagen konnte dann Peter der Große im 18. Jahrhundert eine umfassende Modernisierung des russischen Wirtschafts- und Gesellschaftssystems unternehmen, die von Katharina der Großen fortgeführt und erweitert wurde. Russland wurde also schon unter Iwan dem Prächtigen zu einer europäischen Macht, auch wenn das die übrigen europäischen Mächte noch nicht so recht erkannten oder anerkennen wollten. Zu den Negativpunkten seiner Herrschaft zählt die Tatsache, dass es ihm nicht gelang, die von seinen Vorgängern übernommene Staatsverschuldung (basierend auf einem unzureichend entwickelten Fiskalsystem) deutlich zu reduzieren, und dass die von ihm unternommenen kostspieligen Kriegszüge die Verschuldung noch steigerten.

Dennoch hat er durch die Erweiterung des russischen Herrschaftsgebiets über das »Sammeln der russischen Erde« hinaus (Kasan, Astrachan) der russischen Expansionspolitik neue Richtungen vorgegeben und folgenreiche Entwicklungen begonnen. Mit Kasan und Astrachan waren die fruchtbaren Schwarzerde-Gebiete nunmehr gänzlich in russischer Hand. Doch noch war die Gefahr durch die Tataren nicht ganz gebannt. Die Krimtataren unterstellten sich dem Sultan von Konstantinopel und bekamen im Gegenzug »tödliche Waffen« beziehungsweise »Verteidigungswaffen«. Damit ausgerüstet, zogen sie bis vor Moskau, das sie 1571 in Brand zu stecken vermochten. Doch schon im Jahr darauf gelang es, die Krimtataren in der Schlacht von Molodi vernichtend zu schlagen. Die Gefahr blutiger Tatarenüberfälle im Süden des Reichsgebietes war damit gebannt und wurde künftig durch das Kosakentum (siehe unten) weiter in Schach gehalten. Allerdings trachtete das Khanat Sibir danach, die vermeintliche Schwäche Moskaus auszunutzen und attackierte die russische Uralgrenze. Die dortigen Besitzungen gehörten der Kaufmannsfamilie Stroganow. Der Zar erteilte den Stroganows nun die Erlaubnis, eigene Truppen zu finanzieren und auszurüsten, um dieser Bedrohung zu begegnen. Die Stroganows heuerten kosakische Söldner aus dem Wolga- und Dongebiet an, die unter der Führung des Hetmans Jermak Timofejewitsch standen. Den Kosaken gelang es im ersten Anlauf, das Khanat Sibir zu erobern und zu zerschlagen. Sie marschierten daraufhin weiter nach Osten, quer durch Sibirien, immer neue Landstriche erobernd. Nach den Erfolgen gegen Kasan und Astrachan begann Iwan IV. 1557 gleichzeitig einen russischen Feldzug in westlicher Richtung, um die nach wie vor nach Landgewinn auf russische Kosten trachtenden Fürstentümer Polen und Litauen zu attackieren. Doch der Krieg stockte nach den ersten Eroberungen, und erst 20 Jahre später startete Iwan IV. einen neuen Versuch. 1582 musste jedoch mit Polen Frieden geschlossen und dieser Versuch somit endgültig als gescheitert angesehen werden. 1584 starb Iwan IV. im Alter von 53 Jahren, vermutlich nach einem Giftanschlag.

Das negative Image Iwans IV. war vornehmlich das Produkt von Publikationen westlicher Medien, die damals Russland gegenüber feindselig eingestellt waren, mithin ein Gegenstück zur »Leyenda Negra«, der Schwarzen Legende, den gezielt negativen Darstellungen, mit denen die zentraleuropäischen Staaten in jener Zeit Stimmung gegen Spanien machten, durch Verbreitung aller möglichen antispanischen Klischees. Ein kurzer Rückblick auf die verschiedenen Phasen der Russlandberichterstattung in deutschen Medien verdeutlicht dies. So heißt es beispielsweise in der *Schedelschen Weltchronik* von 1493: »An die Litauer stossen die Reussen / eyn grobs ungeschikts volck.« Im »Russlandbericht« von Sigismund von Herberstein, unter dem Titel *Rerum moscoviticarum commentarii* veröffentlicht, wird Russland als rückständig und von Gewalttätigkeit geprägt verspottet. Sein Buch war ein großer Erfolg, erschien in insgesamt 20 Auflagen und bestimmte das negative Russlandbild in Deutschland für lange Zeit.

In der zweiten Hälfte des 16. Jahrhunderts setzte dann eine Flut weiterer Russlandbücher und Flugblätter ein. Diese gingen auf die Initiative der mit Russland verfeindeten Nachbarn Livland und Polen-Litauen zurück. Ziel war es, Russland in möglichst schlechtes Licht zu rücken. Die Flugschriften schilderten insbesondere die Kriegsgräuel der in russischen Diensten stehenden Tataren, womit gleichzeitig die angeblich barbarische, »asiatische« Wesensart der Russen betont wurde. »Der Russe« wurde dabei als schlauer, treuloser und vertragsbrüchiger Politiker charakterisiert. Neben dieser negativen Einschätzung trat immer wieder der Respekt vor der militärischen Macht Russlands hervor. Insgesamt strotzten die deutschen Flugschriften jener Zeit vor Beschimpfungen der »Russen«. Die autokratische Herrschaftsform Russlands wurde als verachtenswert dargestellt, obwohl westeuropäische Herrscher keinen Deut besser waren als die russischen Amtsinhaber. Speziell Iwan IV. (in Westeuropa bald nur noch »der Schreckliche« genannt) wurde nur noch als stolz, hinterlistig, argwöhnisch, jähzornig und grausam beschrieben. Ausführliche Schilderungen seiner Gewalttaten standen einer nur kurzen Erwähnung der Reformperiode seiner Herrschaft gegenüber. Ähnlich wie der Herrscher wurde auch das Volk mehrheitlich negativ geschildert. Die Russen wären demnach grobe, ungebildete Barbaren sowie grausame und sittenlose Trunkenbolde. Positiv wurde ihre Genügsamkeit, Frömmigkeit, Geduld und ihr Gehorsam dargestellt.

Vergleicht man Iwans nachweisbare Regierungshandlungen mit denen zeitgenössischer westeuropäischer Herrscher wie Heinrich VIII. von England, Maria I. von England, jener »Bloody Mary«, die Hunderte von toten Protestanten auf dem Gewissen hat (gleichzeitig aber auch die Gründung der englischen Handelsgesellschaft mit Russland, der *Muscovy Company*, die bis 1917 Bestand hatte, absegnete), Philipp II. auf dem spanischen Thron, Christian II. von Schweden (Stichwort »Stockholmer Blutbad«) oder die Taten des Herzogs von Alba in den spanischen Niederlanden (mit Tausenden von Toten), aber auch der preußischen Herrscher, so relativiert sich der ach so schreckliche Eindruck. Durch die pejorativen Flugschriften aus dem Westen wurde letztlich das negative Bild Iwans bis heute geprägt, ist doch sein Beiname »der Schreckliche«, der also letztlich keine stichhaltige historische Begründung für sich reklamieren kann, in der westlichen Literatur zu diesem Herrscher bis heute allgegenwärtig.

Um die Mitte des 17. Jahrhunderts erschien dann der russische Reisebericht von Adam Olearius in hohen (geförderten) Stückzahlen. Neben fünf deutschen Ausgaben erschienen fünf holländische, vier französische, drei englische und eine italienische. Olearius griff bei der Schilderung des Landes auf die bekannten negativen Stereotype zurück. Speziell der Bevölkerung wurde ihr angeblich schlechter Charakter, ihr unsittliches Tun und ihre mangelnde Kenntnis in wissenschaftlichen und religiösen Fragen vorgehalten. Die weite Verbreitung des Werkes festigte das negative Russlandbild. Während der Petrinischen Reformen änderte sich das Bild – ein Zar, der wesentliche Teile seiner Regierungstechnik und seiner Wirtschaftsreformen aus Westeuropa übernimmt, musste ja besser wegkommen als seine auf den eigenen Weg bedachten Vorgänger. Doch mit dem Ausbruch des Großen Nordischen Krieges schwang das Pendel wieder zurück. Der Kriegsgegner Russlands, Schweden, setzte viel Geld ein, um negative Berichte von Lohnschreibern erstellen zu lassen und in die deutschen Zeitungen zu bringen, die eine angeblich barbarische Grausamkeit der Russen belegen sollten. So wurden die Russen als Störenfriede dargestellt und die Weite und die unermesslichen Ressourcen des Landes als furchterregend bezeichnet. Die Zeitungsleser sollten nachhaltig gegen die Russen eingenommen werden.

Peter I. erkannte die negativen Auswirkungen dieser einseitig gefärbten Berichterstattung auf das Image und die Beziehungen Russlands zu Resteuropa und griff zu Gegenmaßnahmen. Er baute sozusagen »Trolle« auf, die in seinem Auftrag gegen die schwedische Propaganda anschreiben sollten (beispielsweise Heinrich von Huyssen und die Leipziger Gelehrtenfamilie Mencke). Die unter Pseudonym veröffentlichte *Relation vor dem gegenwärtigen Zustande des Moscowitischen Reiches* bildete den Auftakt zu einer Flut positiver Russlanddarstellungen. Um die Wende zum 19. Jahrhundert spitzte sich die Lage wieder zu, die Töne wurden schriller. Russland, der »Hort der Despotie«, wurde in den *Europäischen Annalen* von 1796 als »Koloss« geschildert, in *Das Neueste Graue Ungeheuer* von 1797 als »eine asiatische Macht, deren Scharen die Hunnen unserer Zeit sind«, und wieder als »Koloss aus Schnee, Eis und Blut«, »zusammengehalten aus Knute und Schrecken«. Erst die französische Niederlage von 1812 und die Befreiung Europas durch die Russische Armee änderten dies. Nun überwogen wieder die positiven Darstellungen. Letztlich dauert die Spaltung in der Berichterstattung bis heute an, wobei seit einigen Jahren zumindest in der veröffentlichten Meinung die negative Berichterstattung wieder überwiegt, deutlich verschärft noch durch die Ukraine-, Krim- und Donbass-Krise seit 2014.

Friedrich II. »der Große«

Unter den historischen Gestalten gibt es naturgemäß viele, die entsprechend der herrschenden Ideologie propagiert werden, weil sie Untertanen in der »richtigen« Richtung konditionieren sollen. Dabei werden dann vermeintliche »Tugenden« der »Idealgestalten« in höchsten Tönen gepriesen, andere, dieses Idealbild störende Tatsachen einfach weggelassen oder ausgeblendet. Daher kann man hier mit Fug und Recht von großangelegten Täuschungsmanövern sprechen. Zu diesen Ideologiepropagatoren gehört an prominenter Stelle Preußenkönig Friedrich II. alias Friedrich »der Große« (1712–1786), im Volksmund auch der *Alte Fritz* genannt. Seit 1740 König *in* und ab dem Jahr 1772 König *von* Preußen sowie Kurfürst von Brandenburg, gehörte er der Dynastie der ursprünglich im Schwäbischen beheimateten und den Hohenstaufen lange untergeordneten Hohenzollern an. Die von ihm aus unerfindlichen Gründen beziehungsweise aus reinem Machtstreben heraus gegen Österreich geführten drei Kriege um den Besitz Schlesiens führten zum tiefgreifenden Zerwürfnis mit der k.u.k.-Monarchie, die letztlich bis zum Verhängnis des 20. Jahrhunderts und der Hitlerei führte – ja, man kann mit gutem Grund feststellen, dass Friedrich II. wesentlichen Anteil daran hat, dass der Erste Weltkrieg ausbrach und anschließend Hitlers Aufstieg möglich wurde. Nach dem letzten dieser verantwortungslosen Schlesischen Kriege, dem Siebenjährigen Krieg von 1756 bis 1763, der nur mit mehr Glück als Verstand zugunsten Preußens ausging, hatte sich Preußen zwar als fünfte Großmacht neben Frankreich, Großbritannien, Österreich und Russland in Europa etabliert, Friedrich galt (und gilt) weiten Teilen von Öffentlichkeit und Wissenschaft als vorbildlicher Repräsentant eines aufgeklärten Absolutismus und bezeichnete sich gern als »ersten Diener des Staates«. Aber genau diese Bewertung, genau dieses von Wissenschaft und Medien so gern kolportierte Bild Friedrichs wird im Folgenden zu hinterfragen sein.

Ihren Höhepunkt erreichte die öffentliche Täuschung respektive Glorifizierung des Preußenkönigs naturgemäß beziehungsweise naheliegenderweise in der Zeit des Nationalsozialismus, unter Federführung von Propagandaminister Joseph Goebbels. Ergebnis waren nicht weniger als sechs Filme, in denen der Preußenkönig bedingungslos glorifiziert wurde, und in denen der Schauspieler Otto Gebühr den Preußenkönig prototypisch darstellte: selbstlos, genial, nur dem Wohl des Staates verpflichtet, und andere Lügen mehr. Grund war die Absicht, den Preußenkönig – samt seinen hochriskanten, aggressiven Angriffskriegen – mit dem »Führer« gleichzusetzen, beziehungsweise umgekehrt. Die NS-Propaganda bezeichnete Friedrich II. denn auch nicht zufällig als »ersten Nationalsozialisten«, als Vorläufer des Hakenkreuzregimes. Die deutschen Sekundärtugenden, mit denen man laut Helmut Schmidt auch ein KZ betreiben konnte, Disziplin, Standhaftigkeit, Vaterlandstreue, Pünktlichkeit, Fleiß etc. wurden so zu überzeitlichen Idealen stilisiert, die allesamt natürlich unter dem Hakenkreuz erst so recht verwirklicht worden seien. Noch in den letzten Kriegsmonaten wurde die Einberufung von Jugendlichen aus der »Hitlerjugend« zum »Volkssturm« damit begründet, dass Friedrich in Notlagen auch schon mal 15-jährige Adelssöhne zu Offizieren gemacht habe (als ihm aufgrund der irrsinnigen Verluste seiner Kriege die Offiziere – und bald auch die Soldaten ausgingen). Erst in der zweiten Hälfte des 20. Jahrhunderts erhoben sich fundierte Gegenstimmen, die allerdings einsame Rufer in der Wüste blieben, in einem Meer von besoffenem Friedrich-Jubeltum. Eine dieser Gegenstimmen stellte der Historiker Karl Otmar von Aretin dar, der in seinen Schriften rundheraus abstreitet, dass Friedrich jemals einen aufgeklärten Absolutismus angestrebt habe. Dieser sei stattdessen für die verantwortungslose und machiavellistische Tradition in der deutschen Außenpolitik verantwortlich, wie sie ein Hitler und einer seiner späten Geistesfrüchte, der NATO-Krieger und BRD-Außenminister Josef Fischer fortsetzten.

Sucht man nach den Ursachen für die verheerende Politik, für die absurden Vorstellungen Friedrichs, stößt man unmittelbar auf seine Familiengeschichte, entstammte er doch einer Familie, die sich in ihren männlichen Exponenten schon mehrere Generationen lang durch Militarismus und Menschenverachtung auszeichnete. Geprägt wurde er naturgemäß am meisten durch seinen Vater, Friedrich Wilhelm I., der als »Roi Sergeant« (Soldatenkönig) in die Geschichtsbücher einging. Dieser Spitzname ging auf seinen ausgeprägten Militärtick zurück: Für sein Elite-Regiment der »Garde du Corps« (Leibwache), bald nur noch Regiment der »Langen Kerls« genannt, ließ der König in ganz Europa Soldaten mit einer Körpergröße von mindestens 1,80 Meter zusammenkaufen und nach Preußen entführen. Für einen 2,16 Meter langen Iren zahlte er bereitwillig die Rekordsumme von 9.000 Talern, das dreifache Jahresgehalt eines preußischen Ministers. Neunzig Prozent der preußischen Staatseinnahmen flossen zu diesem Zeitpunkt ins Militär. Um seine Ausgaben fürs Militär finanzieren zu können, setzte er auf einen rigiden Sparkurs in allen anderen Bereichen, so strich er kurzerhand alle kulturellen und sozialen Ausgaben. Darüber hinaus schuf er eine staatliche Steuerbehörde, mit deren Hilfe die immer zahlreicher werdenden Steuern eingetrieben wurden. Ämter, Titel und Orden verlieh der König nur noch gegen Bezahlung. Die so erzielten Einnahmen dienten dem Ausbau der Armee zu einer der größten in ganz Europa. Der damals bedeutend zusammengesetzte Akademie der Wissenschaften strich er den Etat ganz und machte seinen »Hofnarren«, den armen Gundling, zu ihrem Präsidenten. Gundling pflegte er in seiner Sauf- und Fressrunde, dem sogenannten Tabak-Kollegium, mit seinen Saufkumpanen zu quälen, zum allgemeinen Amüsement. Dabei wurde Gundling, der keinen Alkohol vertrug, grundsätzlich jedes Mal gezwungen, große Mengen Bier zu konsumieren. Bald stellten sich Magengeschwüre ein, die immer schlimmer wurden, und an denen er schließlich verstarb. Der Soldatenkönig ließ ihn zum Hohn in einem Weinfass beisetzen und amüsierte sich darob prächtig. Der österreichische Gesandte schrieb über Friedrich Wilhelm I.: »Seine Majestät war gestern mein Gast. Er dinierte, soupierte und kotzte wie ein Schwein.«

Während andere Länder sich eine Armee hielten, war Preußen unter dem Soldatenkönig zu einer Nation geworden, in der sich die Armee ein Land hielt. Damals wurde über Preußen verbreitet, jeder Untertan werde in diesem Staat als geborener Sklave behandelt. Um seine Hauptstadt Berlin trotz der Wirtschaftskrise, die er mit seinem rigiden Sparkurs (Austerität) selber hervorgerufen hatte, zu vergrößern, griff der Soldatenkönig auf einen Trick zurück. Er lockte aus ganz Europa Handwerker und Kleingewerbetreibende an, sich in neuen Stadtteilen wie der »Friedrichstadt« rund um die Friedrichstraße anzusiedeln, wobei der südliche Teil der Friedrichstadt für die Ansiedlung »einfacher Leute« vorgesehen war. Diesen versprach er kostenlose Grundstücke und Zuschüsse zu den Baumaterialien. So siedelten sich hier zwischen 1721 und 1732 mehr als 12.000 Menschen an, wurden über 1.000 Häuser gebaut. Das neue Stadtviertel ließ der König mit einer

Mauer umgeben, die sowohl polizeilicher Schutzwall als auch steingewordene Steuergrenze war. Im nördlichen Teil der Wilhelmstraße zwischen Leipziger Straße und Unter den Linden, wo sich der Adel ansiedeln und für Glanz im neuen Viertel sorgen sollte, waren die Grundstücke zur Straße hin drei- bis viermal breiter als die Grundstücke in der südlichen Wilhelmstraße. Hier sollten sich Leiter von Staatsbehörden und Mitglieder seines Hofstaates ansiedeln, Adlige wie auch Angehörige des gehobenen Bürgertums. Diese erhielten die jeweiligen Grundstücke ebenfalls kostenlos und Baumaterial geschenkt. Nur drei der Bauwilligen erhielten vom König die Erlaubnis, ihre neue Stadtresidenz durch eine besondere besondere Bauform aufzuwerten: dem Hauptgebäude vorgelagert wurde ein Ehrenhof (französisch: Cour d'Honneur), der auf zwei Seiten von niedrigeren Seitenflügeln umschlossen wurde. Diese drei Palais in der Wilhelmstraße machten auch historisch eine besondere Entwicklung durch: Das Palais Schwerin (Wilhelmstraße 73) sollte ab 1919 (bis 1934) Sitz des Reichspräsidenten, das Palais Schulenburg (Wilhelmstraße 77) von 1878 bis 1945 Sitz des Reichskanzlers, und das Palais Vernezobre (Wilhelmstraße 102) 1934 bis 1945 Amtsgebäude des SS-Reichssicherheitshauptamtes werden.

Friedrich Wilhelm I. hinterließ seinem Sohn, der nun als König Friedrich II. *in* Preußen den Thron bestieg, ein geknechtetes Land mit einer gutgefüllten Staatskasse und einer Armee von 80.000 Soldaten. König Friedrich II. regierte bis 1786 und gilt mit seiner aggressiven Expansionspolitik aus heutiger Sicht als einer der Vorläufer Hitlers. Nach Überfällen auf das österreichische Schlesien (1740) und Ostfriesland (1744) begann er 1745 den zweiten Schlesischen Krieg. Mit den dort eroberten Reichtümern ließ er sich 1747 Schloss Sanssouci in Potsdam errichten, bevor er 1756 den dritten Schlesischen Krieg begann, nach seiner Dauer der Siebenjährige Krieg genannt. Der König hatte sich diesmal Österreich, Russland und Frankreich gleichzeitig als Angriffsziele auserwählt. Das Ende seiner Herrschaft schien angesichts der gegnerischen Übermacht schon nahe, als das »Mirakel des Hauses Brandenburg«, der Tod der Zarin Elisabeth, Preußen im letzten Augenblick rettete. Ihr Nachfolger, Zar Peter, schloss mit Friedrich 1762 Frieden. Seinen letzten Sieg erzielte der Preußenkönig auf dem Verhandlungsweg. Nach der 1772 erfolgten Aufteilung des polnischen Staates unter den führenden Großmächten Europas jener Zeit (Preußen, Österreich und Russland) konnte sich Friedrich II., als erster seiner Familie, endlich König *von* Preußen nennen, da nunmehr die bisher außerhalb des deutschen Reiches gelegenen (und nominell dem König von Polen unterstehenden) Landesteile offiziell annektiert und dem preußischen Staatsgebiet zugeschlagen worden waren. Nach dem Tod des kinderlosen Friedrichs II. im Jahre 1786 übernahm dessen Neffe, Friedrich Wilhelm II. (1744–1797), die Regierung. Inzwischen hatte sich die Untertanenzahl im Reich von 2,2 auf 5,4 Millionen mehr als verdoppelt, die Armee umfasste 200.000 Mann und Berlin war stetig gewachsen. Dem Onkel gleich beteiligte sich der neue König an Kriegen, so gegen die Französische Revolution von 1789, und an der zweiten polnischen Teilung (1793), blieb also der aggressiv-militaristischen Tradition treu.

Friedrichs Erziehung war streng und richtete sich minutiös nach den Vorgaben seines Vaters. So war für das Frühstück beispielsweise genau sieben Minuten Zeit. 1728 begann der 16-jährige Friedrich heimlich Flötenunterricht zu nehmen, was dem Vater äußerst widerfiel. Brutale körperliche und seelische Züchtigungen waren zu dieser Zeit Normalität in der königlichen Familie. Der 17-jährige Friedrich freundete sich ab 1729 mit dem 25-jährigen

Hans Hermann von Katte an, einem musisch gebildeten Leutnant. Katte wurde Vertrauter Friedrichs. Beide interessierten sich für Flötenspiel und Dichtkunst. Bei einer Adelsfete im Frühjahr 1730 offenbarte der 18-jährige Friedrich seinem Freund Hans Hermann den Plan, nach Frankreich zu fliehen, um der gewalttätigen Erziehung seines geistig beschränkten Vaters zu entkommen. Die dilettantisch vorbereitete Flucht misslang, Katte wurde durch einen Brief Friedrichs als Mitwisser entlarvt und verhaftet, Friedrich selbst in der Festung Küstrin inhaftiert. Der Militärgerichtshof verurteilte Katte in einer ersten Verhandlung wegen Desertion zu lebenslanger Festungshaft. Der Soldatenkönig zerriss dieses Urteil und forderte ein neues an. Doch der Militärgerichtshof – man höre und staune – weigerte sich, dem König zu Willen zu sein. Daher erließ Friedrich Wilhelm am 1. November 1730 eine Kabinettsorder, die Katte zum Tode verurteilte. Es wurde am 6. November in der Festung Küstrin vor den Augen Friedrichs vollstreckt. Friedrich fiel in Ohnmacht. Auch Friedrichs Bekannte und Mitwisserin, die Potsdamer Rektorentochter Dorothea Ritter, und Leutnant Johann Ludwig von Ingersleben, der Friedrich zu Treffen mit Dorothea begleitet hatte wurden zu harten Strafen verurteilt. Dorothea Ritter wurde sechsmal öffentlich ausgepeitscht und anschließend in das Spandauer Spinnhaus gesteckt, Ingersleben erhielt sechs Monate Festungshaft.

Friedrich sollte zunächst ebenfalls hingerichtet werden, wurde aber auf Fürsprache eines Höflings, aber auch von Kaiser Karl VI. von Österreich als auch des österreichischen Militärhelden Prinz Eugen (»der edle Ritter«, auch das wäre nochmal zu hinterfragen) zu Festungshaft in Küstrin begnadigt – da sein Überleben also von der humanitären Intervention zweier österreichischer Hochadliger abhing, hätte Friedrich sich eigentlich lebenslang zur

Freundschaft mit Österreich verpflichtet fühlen müssen, zahlte den Herren von Austria ihren Beistand aber übelst heim – mit nicht weniger als fünf Kriegen, die er wie erwähnt später als durchgeknallter König gegen sie führte. Nach zwei Jahren Festungshaft wurde er im November 1732 wieder in die Armee aufgenommen und Kommandeur des Regiments zu Fuß von der Goltz in Ruppin. Der Vater arrangierte eine Ehe mit Elisabeth Christine von Braunschweig-Bevern, der Sohn stimmte zu, der Konflikt war somit nach außen hin beigelegt. Friedrich und Elisabeth heirateten im Sommer 1733. Die Ehe blieb zeitlebens kinderlos. Dies wird unterschiedlich interpretiert. Sei es als Beleg dafür, dass Friedrich wie sein Bruder Heinrich homosexuell war, sei es, dass er sich kurz vor der Eheschließung bei einem Besuch am Hofe Augusts des Starken in Dresden eine Geschlechtskrankheit zugezogen habe, die nie mehr ganz ausheilte. Mit Erlaubnis seines Vaters bezog Friedrich 24-jährig 1736 mit seiner Gemahlin Schloss Rheinsberg. Die folgenden Jahre bis zum Tode seines Vaters 1740 verbrachte er dort. Als beschäftigungsloser Kronprinz verbrachte er seine Tage mit Lektüre von philosophischen, historischen und lyrischen Werken und korrespondierte mit Künstlern und Literaten. 1739 verfasste ein kleines Büchlein von wenigen Seiten, das auf Anregung seiner Korrespondenz mit Voltaire hervorging, den »Antimachiavell«, den Tugendkatalog eines aufgeklärten Idealmonarchen. Auch später griff er noch verschiedentlich zur Feder, das waren dann aber schon deutlich propagandistisch, zur Überhöhung der eigenen Person gedachte Schriften im Sinne eines angeblichen, aufgeklärten Absolutismus. Schon während der Rheinsberger Jahre hatte er seine frischangetraute Gemahlin aus seiner Umgebung verbannt.

Am 31. Mai 1740 wurde Friedrich nach dem Tod seines

Vaters im Alter von 28 Jahren preußischer König, genauer gesagt König *in* Preußen (da Teile des Landbesitzes zur polnischen Monarchie gehörten, er sich also schlechterdings nicht König von Preußen nennen konnte, da Teile seines Landes einem anderen Monarchen unterstanden). Zunächst gab er sich durchaus fortschrittlich, schaffte die Folter ab, allerdings mit Ausnahme von Verbrechen gegen den König selbst und dessen Ehre sowie Landesverrat, aber auch Massenmord. Die königliche Bestimmung wurde zwar intern bekanntgeben, aber auf Anweisung des Königs nicht wie sonst üblich auch publiziert. Erst 1754 wurde die Folter generell abgeschafft. Die für Preußen in wirtschaftlicher Hinsicht unumgängliche »Toleranz« gegenüber Einwanderern und religiösen Minderheiten wie Hugenotten und Katholiken wurde schon vor seiner Amtszeit praktiziert, war also kein Verdienst Friedrichs. Gegenüber den Juden knüpfte Friedrich nahtlos an die diskriminierende Politik seiner Vorgänger an. Die Zensur ließ er zwar offiziell aufzuheben, politische Äußerungen waren davon allerdings ausgenommen und wurden nach wie vor scharf zensiert.

Schon sechs Monate nach seiner Thronbesteigung 1740 begann Friedrich zur Überraschung vieler Zeitgenossen, die dergleichen vom »aufgeklärten preußischen Königsspross« nicht erwartet hatten, den Ersten Schlesischen Krieg. Also einen durch keinerlei politische Vorgeschichte zu rechtfertigenden, rein auf Beute angelegten Eroberungskrieg, den man in keinster Weise irgendwie humanitär oder humanistisch oder als »aufgeklärten Absolutismus« bemänteln kann. Auch eine *Responsibility to protect* war hier nicht gegeben. Es ging schlicht darum, die sehr wohlhabende, blühende Region Schlesien samt ihren Reichtümern zu vereinnahmen. Die Gelegenheit schien überaus günstig, sich auf Kosten Österreichs finan-

ziell zu sanieren, da Kaiser Karl VI. in Wien überraschend
gestorben war und keinen männlichen Erben hatte. Stattdessen war Karls älteste Tochter Maria Theresia als Nachfolgerin angetreten. Bayern, Sachsen und Frankreich folgten Friedrichs Beispiel und griffen Österreich ebenfalls an.
Dadurch weitete sich der Konflikt zum »Österreichischen
Erbfolgekrieg« aus. Friedrich sicherte sich im Separatfrieden von Breslau 1742 die Abtretung Schlesiens als *souve-
ränen Besitz* und schied umgehend aus der antiösterreichi-
schen Koalition wieder aus. Der profitable Neubesitz mit
seinen reichen Steuereinnahmen ermöglichte es dem jungen König, sich in Potsdam mit Schloss Sanssouci eine
neue, prachtvolle Residenz samt aufwendig gestaltetem
Park zu errichten.

Seine Ex-Koalitionäre trafen es schlechter: Gemäß dem
üblichen europäischen Polit-Roulette griff jetzt England
in den Konflikt ein, um dem konkurrierenden Frankreich
zu schaden, dadurch konnten die österreichischen Truppen den französischen Gegner schlagen, die beiden deutschen Fürstentümer gaben klein bei. In dieser Situation
begann Friedrich um sein neues lukratives Schatzkästlein
Schlesien zu fürchten und ließ nun ebenfalls wieder die
Kriegstrommeln schlagen. 1744 griff er Österreich erneut
an, angeblich, um dem bayerischen Verbündeten zu Hilfe
zu kommen. Er marschierte nun auch in Böhmen ein,
wurde erneut vertragsbrüchig und begann somit den
Zweiten Schlesischen Krieg. Dies festigte den Ruf Friedrichs als Polit-Rüpel, als geltungssüchtigem und habgieri-
gen Haudegen, der seine mächtige Militärmaschinerie,
von seinem Vater aufgebaut, jedesmal von der Kette ließ,
wenn es ihm gerade gefiel. Der preußische Angriff auf
Böhmen scheiterte, Friedrich musste den Rückzug anord-
nen. Doch das Kriegsglück schwankte im Folgenden, und
so konnte Friedrich sich 1745 im Frieden von Dresden

erneut seine schlesische Eroberung von höchster gegnerischer Stelle anerkennen lassen.

Über Kritik in der außerpreußischen (unzensierten) Presse war der junge König äußerst empört und nicht gewillt, diese ungestraft hinzunehmen. Als in Erlangen sein aggressiver Militarismus in der Lokalpresse kritisiert wurde, schrieb er am 16. April 1746 an seine Schwester Wilhelmine in ihrer Funktion als Markgräfin von Bayreuth, dies zu beenden. Den Herausgeber einer Kölner Zeitung, die sich ebenfalls erdreistet hatte, den preußischen König zu kritisieren, ließ er durch gedungene Schläger schwer verletzen. Österreich versuchte in der Folge, Preußen und seinen König für die unverschämten Kriegsüberfälle zu bestrafen. Es schloss eine Koalition mit Frankreich, um Preußen in einen Zweifrontenkrieg zu verwickeln, den es nach Lage der Dinge nicht gewinnen konnte. Friedrich II. entschloss sich einmal mehr, ohne Kriegserklärung als erster loszuschlagen, um das Überraschungsmoment auf seiner Seite zu haben, marschierte mit seinen Truppen Ende August 1756 in Sachsen ein und eröffnete damit den »Siebenjährigen Krieg«. Nach preußischer Darstellung handelte es sich um einen Präventivschlag, um einem vereinten Angriff der feindlichen Mächte Österreich, Frankreich und Russland zuvorzukommen. Auch diese Tradition übernahm Hitler von seinem Vorbild, als er den Überfall auf die Sowjetunion 1941 ebenfalls als »Präventivschlag« bezeichnete, um einem angeblich vorbereiteten sowjetischen Angriff zuvorzukommen.

Zunächst schien – à la Hitler 1941 – das Kriegsglück auf seiner Seite. Friedrich siegte bis 1762 in nicht weniger als acht Schlachten, und musste nur drei Niederlagen (1757–1759) hinnehmen. Speziell die Niederlage in der Nähe des böhmischen Kolín 1757 ließ jedoch Friedrichs Hoffnungen auf einen kurzen Feldzug, einen militärischen

»Spaziergang« scheitern (erneut à la Hitler Dezember 1941 mit der verlorenen Schlacht vor Moskau, als sich die deutschen Truppen ein erstes Mal weit nach Westen zurückziehen mussten, bevor sie die Front erneut stabilisieren konnten, mitten im eisigen russischen Winter). Es war von nun klar, dass es ein langer Abnützungskrieg werden würde (à la Hitler 1942ff. in der Sowjetunion). Doch darauf war Preußen (ebensowenig wie das »Großdeutsche Reich« 1941) vorbereitet, die bisherigen Feldzüge hatten die preußischen Staatsfinanzen aufgezehrt. Der Kaufmann Heine bot als Pächter der Münzprägestätten dem Monarchen an, den Silbergehalt von Groschen und Talern heimlich zu senken (um so die Einnahmen zu erhöhen, da für die Münzprägung dann weniger Silber gebraucht würde), wie es im Dreißigjährigen Krieg bereits Wallenstein gemacht hatte. Der König sicherte Heine Straffreiheit zu und ließ die entsprechenden Unterlagen vernichten, die eine Zustimmung des Königs zur Falschmünzerei hätten belegen können.

Die katastrophale Niederlage bei Kunersdorf im August 1759 erschütterte das Selbstbewusstsein des größenwahnsinnigen Monarchen nachhaltig. Unmittelbar nach der Schlacht übertrug er den militärischen Oberbefehl seinem (homosexuellen) Bruder Prinz Heinrich. An Staatsminister Finckenstein in Berlin schrieb er, dass er in Schlacht von rund fünfzigtausend Mann den Großteil verloren habe und jetzt nurmehr 3.000 kampffähige Soldaten habe. Seine Verluste betrugen also schwindelerregende 94 Prozent. Er bezeichnete es als »Unglück«, noch am Leben zu sein. Die Niederlage sei umfassend. Es gebe keine Reserven mehr, er glaube, dass alles verloren sei. Den (von ihm und seinen idiotischen Kriegen verursachten) Untergang seines Vaterlandes werde er nicht überleben. Während des Krieges musste er sogar zwei Mal die größte Schmach hinnehmen, dass Berlin von den vereinten österreichisch-russischen Streitkräften, wenn auch nur für einige Tage, 1757 und 1760 besetzt wurde, bevor preußische Reservearmeen aus dem Brandenburgischen Hinterland die Hauptstadt jeweils wieder entsetzen und die feindlichen Truppen vertreiben konnten.

Die totale Niederlage Preußens schien nur noch eine Frage der Zeit. Doch statt Berlin einzunehmen und der Hohenzollerherrschaft ein für alle Mal ein Ende zu machen, zogen sich die alliierten österreichisch-russischen Truppen sogar zurück. Das »Mirakel des Hauses Brandenburg« war eingetreten. Als am 5. Januar 1762 dann noch die russische Zarin Elisabeth starb, schied ihr preußenfreundlicher Nachfolger Peter III. umgehend aus dem antipreußischen Bündnis aus. Nach der Ermordung Peters im Juli 1762 blieb dessen Witwe und Nachfolgerin Katharina II. (später im Gegensatz zu Friedrich angesichts ihrer Verdienste um Russland mit Recht »die Große« genannt) auf diesem Kurs. Damit war die antipreußische Koalition zerbrochen. Mit Russland konnte Friedrich 1763 den Separatfrieden von Hubertusburg schließen, der für Preußen den Status quo ante sicherte, als habe es die Angriffskriege nie gegeben – ein für Preußen einigermaßen unwahrscheinlicher Glücksfall, der das politische, militärische und nationale Überleben Preußens unter Hohenzollernführung ermöglicht. Für Friedrich ein Glücksfall, ein Mirakel, für die Menschheitsgeschichte ein Tiefpunkt, der es den Hohenzollern erlaute, ihre idiotischen Politikvorstellungen noch bis 1918 dilettierend fortzusetzen.

Statt der schon sicher geglaubten totalen Niederlage war Preußen im Ergebnis des Siebenjährigen Krieges gegen Frankreich, Österreich und Russland sowie Schweden und Kursachsen als neue Großmacht etabliert. Allerdings hatten die siebenjährigen Strapazen und Verluste den König vorzeitig altern lassen. Er war nur noch ein Schatten seiner selbst. Gebeugt, schnell genervt, vereinsamt, so kam er aus dem Krieg zurück. Zu den weiteren innenpolitischen Maßnahmen gehörte die Einführung der Kartoffel als Nahrungsmittel –am 24. März 1756 ordnete Friedrich mit dem sogenannten Kartoffelbefehl an, sämtlichen Untertanen den Kartoffelanbau »begreiflich« zu machen. Die Königliche Porzellan-Manufaktur Berlin gründete er 1763. Die Leibeigenschaft der Bauern behielt er bei. Die weitere Vergrößerung seines Königreichs, speziell nach Osten, Richtung Polen, um endlich der Unterstellung unter den polnischen Monarchen zu entkommen, gelang schrittweise ab 1772, als im Zuge der Ersten polnischen Teilung Preußen Westpreußen besetzen konnte (die Teilung fand in Absprache mit Österreich und Russland statt).

Doch die Annäherung an das nach wie vor als Gegner angesehene Österreich war nur punktuell, schon im Bayerischen Erbfolgekrieg (1778/79), auch »Kartoffelkrieg« genannt, durchkreuzte Preußen die Bestrebungen Habsburgs, die österreichische Besitzung Belgien gegen Bayern zu tauschen. Ohne das preußische Eingreifen wäre Bayern damals Teil Österreichs geworden. Preußen versuchte das natürlich mit allen Kräften zu verhindern, da man einen Gebietsgewinn Österreichs generell und zumal in deutschen »Kernlanden« wie Bayern auf keinen Fall zu akzeptieren bereit war. Hier waren ganz klar geostrategische Interessen Preußens berührt (solcherlei Interessen werden heutzutage ja nur noch den USA und der EU zugebilligt, zumindest von der Westblockpresse, während Russland hierauf – derselben Westblockpresse zufolge – »naturgemäß« überhaupt keinen Anspruch hat).

Friedrich starb am 17. August 1786 im Schloss Sanssouci in seinem Lieblingssessel. Seit 1991 liegt der Leichnam des Königs wunschgemäß (nach mehreren Umzügen, unter anderem nach Marburg und auf die Burg Hohenzollern im Schwäbischen) unter der Terrasse von Sanssouci in einer Gruft. Wegen seiner homoerotischen Neigungen hatte er zeitlebens ein distanziertes Verhältnis zu Frauen. Diese Neigungen wurden ihm von vielen seiner Zeitgenossen unterstellt. Laut Voltaire und Casanova ließ er sich von Pagen und Kadetten begatten. Eine satirische Zeichnung des englischen Malers William Hogarth outete den Preußenkönig bereits 1744 als homosexuell. Einladungen von Maria Theresia und Katharina der Großen lehnte er zeitlebens ab. Leiderschaft entwickelte er neben dem Kriegsspielen nur für seine Hunde. Hunde hätten alle guten Eigenschaften des Menschen, ohne gleichzeitig ihre Fehler zu besitzen, glaubte der König. Sie schliefen in seinem Bett und wurden bei Tisch vom König gefüttert. Zuletzt zog Friedrich seine Hunde der Gesellschaft von Mitmenschen vor. Ob er mit ihnen auch sexuell verkehrte, konnte bis heute nicht geklärt werden. Testamentarisch hatte er verfügt, dass seine Hunde mit ihm in der Gruft unter der Terrasse von Sanssoucis beigesetzt werden sollen.

Friedrich schrieb zahlreiche wohlfeile, wohlgesetzte Werke, in Französisch. In seiner Herrschaftspraxis lebte er aber das glatte Gegenteil von den hehren Grundsätzen, denen Herrscher etwa seinem *Antimachiavell* (von 1740) zufolge sich verpflichtet fühlen sollten. Meist übersehen wurde und wird dabei, dass er gerade im *Antimachiavell* an versteckter Stelle jedoch auch Präventivschläge und »Interessenkriege« für rundum zulässig erklärte. Folgt der Fürst im »Interessenkrieg« den Interessen seines »Volkes« (also seine eigenen, da diese immer deckungsgleich seien), berechtige und verpflichte ihn dies, wenn nötig als Erster Gewalt anzuwenden. Die Unkenntnis dieser Stellen in seinem programmatischen Buch erklärt die Überraschung von Zeitgenossen und noch heutigen Menschen über seine unmittelbar nach Herrschaftsantritt 1740 begonnenen

Kriege, die er – recht besehen – aber schon vorweg selbst legitimiert hatte. Dass er Freimaurer war, blieb lange geheim. Friedrich war auch ein ausgemachter Geizhals, der über seine Ausgaben akribisch Buch führte – ein gefundenes Fressen für alle Freudianer und ihre analfixierungsmäßigen Erklärungen übermäßigen Geizes. Die »Schatullrechnungen« wurden anlässlich seines 300. Geburtstages 2012 digitalisiert und veröffentlicht. So sah es also tatsächlich um den »ersten Diener seines Staates« aus, der in der Realität aus dem Staat, aus der Einwohnerschaft, eine gigantische Schar an Dienstboten und Kanonenfutter für den König gemacht hatte.

Dass die BRD-Kanzlerin Angela Merkel in ihrer Antrittsrede 2005 verkündete, sie wolle die »erste Dienerin« des Staates sein, konnte ihr nur von historisch völlig ungebildeten Journalisten (also der Mehrheit) als »Bescheidenheit« und »Idealismus« ausgelegt werden. Stattdessen hätte man ihr ein ungeheuerliches Maß an Anmaßung vorwerfen müssen und können, sich als BRD-Kanzlerin mit einem absolutistischen, undemokratischen, militaristischen und verbrecherischen Monarchen wie Friedrich II. gleichzusetzen (sie hatte bezeichnenderweise darauf verzichtet, ihn selbst als Urheber des Zitats zu nennen). Vielleicht war es aber auch gar nicht so abwegig von ihr, vielleicht war es ein Moment der Ehrlichkeit, spiegelt es doch idealtypisch das Maß an Abgehobenheit der BRD-Politkaste, die zur Realität, zu den wirklichen Bedürfnissen und Nöten der Bevölkerung schon lange keinen Bezug mehr hat und die in ihrem vergoldeten Wolkenkuckucksheim namens »Bundestag« in Saus und Braus lebt, einzig darauf abgerichtet, das eigene Wohl und die Profite der Konzerne zu mehren. Kein Wunder also, dass Merkel im Volksmund, der häufig intelligenter ist als die Intelligenz, bald darauf den Spitznamen »Die alte Ritz« weghatte.

Luther

Luther allenthalben – das Reformationsjahr 2017 steht vor der Tür, es gibt kein Entkommen. Luther von allen Litfaßsäulen, von Plakatwänden, auf Großbildleinwänden, im Internet. Luther als Heilsbringer, als Menschheitsretter, als Heiliger (wenn die Evangelische Kirche einen solchen Status kennte). Selbst als Playmobil-Figur gibt es den »Reformator« mittlerweile. Aber wie stand es wirklich um den Reformator? Welche seiner Handlungen lassen sich auch heute noch als positive Leistung anerkennen? Und wie viele Dinge werden seit Jahrhunderten unter den Teppich gefegt, wenn es gilt, Luther zu preisen? Wer kennt denn heute noch diejenigen seiner vielen Schriften, in denen er sich rassistisch, antisemitisch, asozial und behindertenfeindlich äußert? Höchste Zeit also, den Vorhang an glorifizierenden Nebelkerzen beiseitezufegen und den eigentlichen, den echten Luther, den geldgierigen, egomanischen, aufs eigene Fortkommen bedachten, sexgeilen, brünftigen Kleingeist freizulegen, der zu Unrecht als Heilsbringer gefeiert wird.

Es gibt mittlerweile ganze Städte, die nach Luther benannt sind (»Lutherstadt Wittenberg«), kaum eine deutsche Kommune ohne einen Luther-Platz, eine Luther-Straße, einen Luther-Weg, natürlich eine Luther-Kirche, einen Luther-Friedhof, einen Luther-Brunnen, eine Luther-Brücke, einen Luther-Garten o. ä. Abgehalfterte Kirchenfürstinnen wie die Käßmann-Margot (mit wem fuhr sie nachts über die rote Ampel? War es doch – wie gemunkelt wird – Gerhard Schröder? Würde nicht gerade für den Männergeschmack der Kirchentante sprechen, die sich auf den hochdotierten Posten der Luther-Repräsentantin beziehungsweise der Reformationsgalionsfigur hat hieven lassen – alte Kameraden lassen keine verkommen) finden im Reigen der Jubelveranstaltungen und neu geschaffenen Organisationen ein einkömmliches Auskommen. Ähnlich wie im Fall Gysi (Halbwertszeit als Berliner Wirtschaftssenator gerade mal knapp sechs Monate) hat auch die dünne Bretter bohrende, aber mit unzähligen Vorschusslorbeeren versehene Vorsitzende des Rates der Evangelischen Kirchen Deutschlands (des Obersten Sowjets der Protestanten, sozusagen) leider nur vier Monate auf dem Posten ausgehalten, bevor sie besoffen eine rote Ampel überfuhr, direkt vor den Augen einer Polizeistreife. Immer wieder enttäuschend, dass Menschen, die so viel Hoffnung auf eine andere Art der Führung von Großverbänden wecken, sich nur allzu schnell als kleinbürgerliche, uncleverere, dümmliche Idioten herausstellen, die dann über die erstbeste Falle stolpern, die man ihnen – möglicherweise bewusst – gestellt hat. Aber das muss die Käsefrau mit ihrem obersten Boss abmachen.

Ein noch eklatanterer Fall ist der Menschheitsverderber, die mittlerweile ziemlich ramponierte und ihres ehemaligen Glorienscheins beraubte Baracke Obama, der 2008 antrat mit der bewusst geschürten Erwartungshaltung der ihn anbetenden Massen, den Moloch USA in eine andere Richtung zu führen, eine andere Form der USA-SA-SS-Politik (wie der SDS unter Dutschke einst so treffend formulierte und skandierte) einzuläuten. Und vor lauter Begeisterungsbesoffenheit wurde ihm von Westblock-Strippenzieherhänden der Friedensnobelpreis 2009 überreicht, als er gerade mal wenige Wochen regiert hatte. Und wie groß war dann die Enttäuschung, als der vermeintliche Heilsbringer sich als noch schlimmere Version der Bush-Family entpuppte. Er führte noch furchtbarere, noch verheerendere Kriege als die Büsche, ließ mehr Menschen mittels Drohnen ermorden (dazu Tausende von

Unschuldigen als »Kollateralschäden«, nicht zu vergessen, und die Schuldfrage der vermeintlich ihr Leben aus US-Sicht verwirkt Habenden müsste im Einzelfall sehr kritisch hinterfragt werden), ließ den libyschen Revolutionsführer Gaddafi von gedungenen Mörderbanden zur Strecke bringen und schließlich mit Messern und Schraubenzieher sowie Heizungsrohren anal schänden (auf Youtube alles bis heute anzusehen als Werk triumphierender Verbrecherbanden, von der Westblockpresse natürlich nach wie vor als »Freiheitshelden« gepriesen, statt wie tatsächlich als gedungene Mörder, als Söldner im Dienste der Westblock-Geheimdienste und den ihnen angeschlossenen Terrortrupps).

Doch zurück zum Lutherstück, einem Stück aus dem Tollhaus, wenn man sich die Details näher ansieht. Geboren wurde er 1483 in Eisleben als Kind wohlhabender Eltern (Vater Ratsherr und Unternehmer, Mutter mit reicher Mitgift) und wuchs im benachbarten Mansfeld auf, wo dem Vater ein Kupferschiefer-Bergwerk gehörte. Nach der Schule schrieb er sich 1501 mit 18 Jahren an der Universität Erfurt ein, wo er die »freien Künste« studierte (Grammatik, Mathematik, Astronomie, Musik u. a.) und recht spät, 1505 mit 23 Jahren den Magistertitel erwarb. Er wechselte nun auf väterlichen Wunsch zunächst zur Juristerei, aber hatte wenig später sein angebliches »Damaskuserlebnis«, als er zu Fuß unterwegs von Mansfeld nach Erfurt während eines schweren Gewitters Todesangst bekommen habe und göttlichen Beistand herbeiflehte. Im Gegenzug habe er angeblich versprochen, als Dank Mönch zu werden, falls er überleben sollte. Da er das Gewitter überlebte, verschrieb er sich zur Überraschung seiner Eltern und Freunde von Stund an der Theologie und wurde zwei Wochen später Mönch im Augustiner-Kloster zu Erfurt. Überrascht waren viele deswegen, weil das Gewitter einerseits gar nicht so übermäßig schwer gewesen war, und Luther andererseits in seinem bisherigen Lebensweg überhaupt keine Anzeichen einer Neigung zum Sakralen hatte erkennen lassen. Der Psychoanalytiker Erik H. Erikson versuchte 1958, Luthers Umschwenken, die Entwicklung seiner »Rebellions«-Theologie gegen die Katholische Kirche und ihre Religionspraxis aus frühkindlichen, sexuell motivierten beziehungsweise konnotierten Misshandlungen und angestauten Schuld- und Hassgefühlen gegen seinen Vater heraus zu erklären. Diese Erklärung hat bis heute nichts von ihrer Brisanz verloren.

Schon nach zwei Klosterjahren – diesmal also recht schnell – wurde er 1507 zum Priester geweiht. Nach Ansicht von Zeitgenossen übertriebene, tägliche Bußübungen waren damals für ihn selbstverständlich, im »Kampf« um »Gottes Gnade«. Setzt man Gott mit dem »übermächtigen« oder zumindest vom Kind Luther als »übermächtig« empfundenen Vater gleich, lassen sich aus heutiger psychoanalytischer Sicht frühkindliche Traumata vermuten, die zu diesen Auswirkungen führte. Den vor lauter Bußetum ganz außer Rand und Band geratenden Mönch versetzten seine Ordensoberen 1508 zum weiteren Theologiestudium nach Wittenberg an die dortige Universität. Sein Gönner innerhalb des Ordens, Staupitz, schickte ihn zur Belohnung für seine theologischen Bemühungen 1511 auf eine mehrmonatige Reise nach Rom, wo Luther nicht nur die Generalbeichte ablegte, sondern auch auf Knien die Heilige Treppe im Lateranspalast hinaufrutschte (also jenen eher dem Aberglauben angehörenden Bereich der Katholischen Wundergläubigkeit), um für sich und seine verstorbenen Verwandten Sündenvergebung beziehungsweise Befreiung aus dem Fegefeuer zu erlangen. Der Sittenverfall in Rom schockierte Luther nach eigenen Worten.

Staupitz blieb bis zu seinem Tod 1524 Förderer Luthers, und versetzte ihn nach seiner Rückkehr aus Rom erneut nach Wittenberg, um dort zu promovieren. Schon 1512 wurde ihm im Alter von 29 Jahren der Titel verliehen, er übernahm nun als Nachfolger von Staupitz dessen Professur für Bibelauslegung, die er bis zu seinem Lebensende innehatte. In seiner theologischen Auslegungspraxis hielt er sich eng an die kirchlich-traditionellen Vorgaben. 1514 avancierte er mit 31 Jahren zum Provinzialvikar, und rückte damit in der kirchlichen Hierarchie auf die nächste Stufe vor. Als Vikar unterstanden ihm elf Klöster. Psychoanalytisch höchst aufschlussreich ist dann die entscheidende Wendung in seinem Leben, als er für sich selbst beschloss, dass das gesamte Bußesystem falsch sei und dass die Gnade Gottes jedem Menschen automatisch zustehe (damit hatte er sich von seinem Vater endgültig gelöst). Buße sei hierfür nicht notwendig.

Dadurch geriet natürlich das System der Katholischen Kirche in seine Kritik, da diese zentral auf dem Prinzip der Buße aufbaute und ihre Macht begründete. Nur durch die von der Kirche vermittelten Bußeleistungen, das galt bisher, sei es möglich, den Stand der Sünde zu überwinden und die göttliche Gnade zu erringen. Dazu mussten die Menschen der Katholischen Kirche unter anderem hohe Sach- und Geldspenden entrichten. Dieses gesamte System sah Luther nun als falsch an und beschloss, es nach Kräften zu bekämpfen. Speziell das System des damals auf dem Höhepunkt befindlichen Ablasshandels, sprich, dass man sich die Gnade Gottes durch Erwerb von (teuren) Ablassbriefen kaufen könne, und dies auch schon für künftige, noch gar nicht begangene Sünden (je reicher man war, umso mehr Sünden-Freibriefe konnte man sich also leisten), missfiel Luther. Der Mainzer Erzbischof intensivierte damals den Ablasshandel (dessen Einnahmen ihm zum größten Teil zustanden, der Rest wurde dann nach Rom transferiert), um seine Schulden bei den Fuggern zu bezahlen, die ihm den Kauf der Kurfürstenwürde finanziert hatten. Ob es jemals wirklich dazu gekommen war, dass der seine nun formulierten 95 Thesen gegen den Ablasshandel tatsächlich im Herbst 1517 an die Tür der Wittenberger Schlosskirche nagelte, ist umstritten. Fest steht, dass er seine Thesensammlung vervielfältigen ließ und diese landauf landab herumschickte.

Ausgehend vom Ablasshandel, dessen umgehende Abschaffung er forderte, formulierte Luther auch weitere Kritikpunkte an der Kirchlichen Glaubenspraxis seiner Zeit. Der Mainzer Erzbischof, mittlerweile auch zum Kardinal avanciert (ein weiterer Ämterkauf), zeigte ihn daraufhin in Rom an. Bei mehreren kirchlichen Versammlungen trug Luther seine Thesen erneut vor, und überzeugte damit viele seiner Zeitgenossen und Mit-Theologen, die ebenfalls das korrupte Ablasshandelssystem, wie auch das gesamte Bußesystem für überholt beziehungsweise falsch erachteten. Seine Position an der Universität Wittenberg stärkte er, indem er einen seiner Mitstreiter, Philipp Melanchthon, als Professor berufen ließ. Im Sommer 1518 wurde Luther nach Rom vorgeladen. Der 35-Jährige sollte sich vor den vatikanischen Kongregationen dem Vorwurf der Häresie stellen, der damals lebensgefährlich war und auf dem Scheiterhaufen enden konnte.

Luther beantragte, nicht nach Rom reisen zu müssen, sondern sich vor einem kirchlichen Gremium in Deutschland zu verantworten. Er hatte einen mächtigen Verbündeten gefunden, den sächsischen Kurfürsten Friedrich »den Weisen«, der ihn auf Antrag der päpstlichen Verwaltung im Weigerungsfalle ausliefern sollte. Nun begannen die Räderwerke der höheren Politik ineinander zu greifen. Denn der Papst brauchte den sächsischen Kurfürsten, um die anstehende Kaiserwahl in kirchlichem Sinne beeinflussen zu können. Der Papst gab daher dem Antrag des Kurfürsten statt, dass Luther sich in Deutschland der Anklage stellen dürfe. Dieser sollte sich beim nächsten Reichstag 1518 einfinden, um vom päpstlichen Gesandten, Kardinal Thomas Kajetan, verhört zu werden. Im Gespräch mit dem päpstlichen Abgesandten weigerte Luther sich, seine Thesen zu widerrufen, wie es von ihm gefordert worden war. Für Kajetan war er damit als Häretiker überführt. Der Gesandte verlangte nun die umgehende Auslieferung Luthers an die kirchliche Gerichtsbarkeit. Der sächsische Kurfürst lehnte ab. Luther entzog sich der drohenden Verhaftung durch eine vom Kurfürsten unterstützte Flucht.

Anfang 1519 starb Kaiser Maximilian I. Dieser hatten seinen Enkel, den spanischen König Karl I., als Nachfolger bestimmt. Der Vatikan war dagegen, da er eine zu enge geostrategische Umklammerung des Kirchenstaates (mal wieder) befürchtete. Da der Papst gerade bei der Kaiserwahl auf das Wohlwollen der Kurfürsten angewiesen war, um einen Kandidaten seiner Wahl durchzubringen, ließ er den Fall Luther zunächst auf sich beruhen, zumal dieser sich einem römischen Gesandten gegenüber zunächst zum Schweigen verpflichtete, also versprach, seine Thesen nicht weiter öffentlich zu verbreiten. Als dann trotz der päpstlichen Interventionen der Spanier Karl zum Kaiser gewählt worden war, griff der Vatikan das ruhende Verfahren gegen Luther wieder auf und stellte eine Bannbulle gegen den Aufrührer aus, zumal dieser inzwischen die Autorität der Päpste über die Katholische Kirche (zurecht) in Frage gestellt hatte. In der Bulle (Dokument) wurde ihm eine Frist von 60 Tagen zum Widerruf seiner Thesen gesetzt, im Weigerungsfall drohte ihm der Kirchenbann (Exkommunikation). Während Luther im Herbst 1520 noch an einer Aussöhnung mit dem Papst arbeitete, kam es im Dezember des Jahres zum Bruch, als er in einem Wutanfall vor der Universität öffentlich die Bannbulle und einige andere kirchliche Dokumente verbrannte. Der Vatikan reagierte Anfang Januar 1521 mit der Exkommunikation Luthers.

Luther intensivierte jetzt seine publizistischen Bemühungen, und verfasste im Laufe des Jahres 1521 nicht weniger als 80 Einzelschriften, in denen er seine Haltung darlegte und begründete, die auf dem noch jungen Buchmarkt zu einem großen Erfolg mit über 600 Auflagen wurden. Kurfürst Friedrich der Weise ermöglichte es Luther, seine Thesen auf dem nächsten Reichstag nochmals zu vertreten. Er lehnte einen Widerruf seiner Thesen mit Berufung auf sein Gewissen ab. Der dabei angeblich gefallene Satz »Hier stehe ich, ich kann nicht anders«, wurde dort von Luther allerdings nicht geäußert, er findet sich erst Jahrzehnte später auf einem propagandistischen pro-Luther-Holzschnitte. Der noch mehrheitlich prokatholische Reichstag verhängte schließlich das Wormser Edikt über Luther. Es untersagte im deutschen Reich Luthers Schriften zu drucken oder auch nur zu lesen, oder ihn sonstwie zu unterstützen und seine Thesen zu verbreiten. Die angebliche Reichsacht wurde allerdings auf dem Reichstag nicht verhängt (in ihr wurde Luther für vogelfrei erklärt, sprich jeder hätte Luther töten können, ohne dafür belangt zu werden, sondern er wäre dafür noch belohnt worden). Da die Reichsacht erst nach Abschluss des Reichstags verkündet wurde, war sie – nach Meinung von zeitgenössischen Juristen – gar nicht gültig, sie hätte auf dem Reichstag von den versammelten Würdenträgern beschlossen werden müssen.

Sicherheitshalber erhielt Luther dennoch von den ihm gewogenen Kurfürsten freies Geleit zugesichert. Kurfürst Friedrich der Weise ließ Luther im Schutz schwerbewaffneter Soldaten auf die Wartburg und damit in Sicherheit bringen. Luther blieb fast ein Jahr (bis März 1522) auf Wartburg im »inneren Exil«, untergetaucht, im fürstlichen Untergrund und nutzte die Zeit für eine Übersetzung des Neuen Testaments ins Deutsche. Sie erschien im Herbst 1522 in Druck, gefolgt von einer Übersetzung des Alten Testaments. Im Lauf der nächsten Jahre überarbeitete und ergänzte Luther seine Übersetzungen (mit Hilfe von gebildeten Kollegen) und stellte so bis 1534 die noch heute gebräuchliche Luther-Bibel in deutscher Sprache zusammen (zuvor hatte es die Bibel nur in griechischen und lateinischen Fassungen sowie in einer fast unlesbaren, weil verschroben formulierten deutschen Fassung gegeben). Luther griff dabei soweit möglich auf die ältesten erhaltenen hebräischen und griechischen Textfassungen zurück, und übersetzte generell nicht wörtlich, sondern dem Sinne nach, um den Menschen in Inhalt des zu diesem Zeitpunkt schon über tausend Jahre alten Textkonvoluts verständlich zu machen. Er nutzte dabei eine volkstümlich, teilweise derbe Sprache. Ausdrücke wie Feuertaufe, Bluthund, Selbstverleugnung, Machtwort, Schandfleck, Lückenbüßer, Gewissensbisse, Lästermaul und Lockvogel gehen als Wortneuschöpfungen auf ihn zurück.

In Wittenberg sorgten inzwischen Luthers Anhänger für Reformen im Stadtgebiet, so sollten Klöstern aufgehoben, Bilder in Kirchen verboten (Götzendienst), Armut und Unzucht bekämpft werden. Allerdings drohten die »Reformen« aus der Perspektive der Obrigkeit aus dem Ruder zu laufen, als auch soziale Gerechtigkeit und ähnliches mehr gefordert wurde. Luther kehrte daher im März 1522 nach Wittenberg zurück und sorgte dafür, dass nur »maßvolle«, die bestehende Gesellschaftsordnung nicht bedrohende Reformen durchgeführt wurden. Die Liebe, nicht Äußerlichkeiten wie Armut oder Reichtum, seien entscheidend. 1523 wurde ein enger Mitarbeiter Luthers zum Stadtpfarrer gewählt und sorgte dafür, dass alles im mit den Fürsten abgestimmten Rahmen blieb, dass die Reformen also nur rein kirchliche Themen betrafen, alles Soziale jedoch großräumig ausklammerten. Den radikalen Bruch vermied Luther auf Anraten seiner fürstlichen Gönner und Finanziers ebenso wie auch nur ansatzweise Sozialreformen. Die »dramatischste« Reform war die Benutzung der deutschen Sprache in der Messe (zuvor war diese ausschließlich auf Latein gehalten worden). Gleichzeitig beendete Luther auch offiziell sein »mönchisches Dasein« und den Zölibat.

Die Frauen- und Männerklöster in Sachsen und Anhalt befanden sich zu diesem Zeitpunkt größtenteils in Auflösung. Zu den nach Wittenberg gekommenen Ex-Nonnen gehörte auch die 24-jährige Adelstochter Katharina von Bora, die seit 1523 in der »Lutherstadt« lebte. Und das hatte seinen Grund. Die Nonnen hatten nämlich vor ihrer Flucht Luther um Hilfe gebeten. Dieser hatte die »Republikflucht« der Nonnen organisiert: auf einem Ochsenkarren, versteckt hinter stinkenden Heringsfässern, wurden die geistlichen Fräuleins »ausgeschleust« und nach Wittenberg gebracht, wo Luther sie unter seine persönliche Obhut nahm. Nach genauer Einzelinspektion der jungen Damen vermittelte er sie im Freundes und Bekanntenkreis an willige Heiratskandidaten. Für sich selber hatte Luther die bildhübsche Ave von Schönfeld reserviert, diese war ihm jedoch nicht zu Willen, sondern ehelichte einen ortsansässigen Arzt, den sie zwischenzeitlich (bei den »Versteigerungsbasaren« der Damen) kennengelernt hatte. Als Restposten übrig blieb Katharina von Bora. Diese hatte sich in einen jungen Studenten aus reicher Nürnberger Familie verliebt, dessen Eltern jedoch die Heirat als nicht-standesgemäß ablehnten.

Luther bequemte sich schließlich dazu, Bora zu heiraten – auch wenn er Jahrzehnte später noch laut herumposaunte, dass er eigentlich lieber Ave von Schönfeld gehabt hätte. 1525 wurden sie Mann & Frau. Als Anwesen wies ihnen der sächsische Kurfürst »großzügig« (da es ihn nichts kostete) das palastartige ehemalige, dank Luthers Bemühungen aufgelöste Augustinerkloster in Wittenberg zu, so dass sich Luther standesgemäß untergebracht fühlen konnte, fühlte er sich doch schon lange dem Adel (in den er nun auch eingeheiratet hatte) näher als dem einfachen Volk. Und nicht nur das Gebäude, sondern auch den ansehnlichen Grundbesitz des Klosters, der künftig – neben seiner Professur – die Haupteinnahmequelle Luthers bildete. Sechs Kinder kamen in der Folge zur Welt, als Ausgedinge erwarb Luther für seine Frau zusätzlich ein Gut in Zöllsdorf-Lippendorf.

Die von ihm mittlerweile etablierte Reformationsbewegung sicherte er dadurch ab, dass er sie als Landeskirchen dem jeweiligen Landesherren unterstellte. Als nach dem Reichstag in Speyer die katholischen Reichsstände 1529 die Tolerierung der »neuen Kirche« beenden wollten, legten die fünf Fürsten und 14 Reichsstädte aus Oberdeutschland dagegen Protest ein. Seitdem heißt die »evangelische« Glaubensrichtung »Protestantismus«, die Gläubigen Protestanten. Ab 1530 wurde die neue Glaubensrichtung durch kaiserliches Dekret offiziell und auf unbegrenzte Zeit toleriert, sprich anerkannt. Während der Türkenkriege (1521–1543) behauptete Luther, man müsse erst den »inneren Türken«, also den Papst bekämpfen, bevor man sich dem äußeren zuwenden solle. Beide seien Inkarnationen des Antichrists. Im Übrigen sei es allein Sache der weltlichen Obrigkeit, Kriege zu führen, und die Gläubigen hätten sich da rauszuhalten, ein neuer »Kreuzzug« also undenkbar. Doch wie so oft vollzog er bald eine drastische Kehrtwende, und empfahl ab 1529 – analog zu seinen »Empfehlungen« hinsichtlich der revoltierenden Bauern – den Christenmenschen, getrost »dreinzuschlagen« und soviele Türken wie nur möglich zu töten. Zusätzlich munitionierte der die Verfolgung der Täuferbewegung und die Ermordung ihrer Exponenten durch entsprechende, wohlfeile, von den Fürsten sehr geschätzte und wohlhonorierte »Flugschriften« (Flugblätter, die in hoher Auflage kostenfrei reichsweit unters Volk gebracht wurden). Durch seinen ausschweifenden Lebenswandel ausgelaugt, starb er an multiplem Organversagen 1546 in Eisleben.

Luther ist seitdem aus der Nachwelt nicht mehr wegzudenken. So gehört er auch zu den am häufigsten porträtierten Personen der deutschen Geschichte. Schon zu Lebzeiten waren rund 500 Bilder von ihm im Umlauf, bei hoher Dunkelziffer möglicherweise mittlerweile verschollener Abbildungen. Alle zu Lebzeiten Luthers erstellten Bildnisse entstammen der Cranach-Werkstatt und gehörten zu den größten Verkaufsschlagern der auflagenstarken Druckpressen im Hause des Malerfürsten, getoppt nur noch von den »erotischen« Bildthemen. Luther saß oft und gerne »Modell«. Daraus lässt sich das gerüttelt Maß an Eitelkeit ermessen, das den »Reformator« charakterisierte, Narzissmus gepaart mit Egomanie. Letztlich erfuhr Luther damit eine bildliche Verehrung ähnlich wie katholische Heilige.

Ein besonders beschämendes, bestürzendes und jämmerliches Bild gibt der »Reformator« ab, wenn man sein Wirken und Handeln in Bezug auf zwei im 16. Jahrhundert besonders im Fokus stehender Bevölkerungsgruppen untersucht, der Bauern und der Juden. Die Unterdrückung und Ausbeutung der Bauern hatte zu Beginn des 16. Jahrhunderts einen Höhepunkt erreicht. Wenig überraschend kam es daher in verschiedenen Regionen Deutschlands, Österreichs und der Schweiz 1524 bis 1526 zum »Großen Bauernkrieg«. Luther forderte in seiner Schrift »Von der Freiheit eines Christenmenschen« (1520) die Fürsten nachdrücklich und wiederholt dazu auf, nun endlich die »Reformation« Deutschlands und der Katholischen Kirche in Deutschland in Luthers Sinne anzugehen, auf der Basis der Zentralthese, dass ein Christenmensch nicht der Katholischen Kirche »automatisch« unterstellt sei, sondern Kraft seiner Geburt Herr über alle Dinge und niemandem Untertan sei. Gemeint war hier, dass die Fürsten die Katholische Kirche ruhig zerschlagen und aus ihren Resten Luther eine neue, protestantische Kirche servieren dürften. Die einfachen Bauern entnahmen dieser Schrift dagegen, sofern sie von ihr hörten, dass es für die eigene erbärmliche Lage keine biblische Begründung gab, und dass sie dieselben Rechte wie Adel und Klerus beanspruchen konnten. Daher sah sich Luther gezwungen, sich ein Jahr später, 1521, deutlich von den sich bereits abzeichnenden Bauernunruhen zu distanzieren, da diese sich immer öfter auf seinen Namen bei ihren Revolten beriefen. Er erklärte das rundheraus für Unsinn, seine Freiheitsinterpretation nur in Bezug auf die Kirche gültig, nicht jedoch in Bezug auf die weltliche Herrschaft, die tatsächlich von Gott gegeben und daher unabänderlich sei.

Die Bauern ließen sich von diesem feigen Rückzieher Luthers nicht von ihrem Rebellionskurs abbringen – sie durchschauten das Manöver: Luther wollte sich nicht seiner Gönner aus der Feudalschicht berauben, sprich seiner materiellen Basis, die ihm ein so angenehmes Ein- und Auskommen sicherten. Daher musste er ihre absolutistische Herrschaft gegen die eigentlich in seinem »reformatorischen« Sinne handelnden Bauern verteidigen. Ausgehend von schweizerischen, schwäbischen und badischen

Bauern breiteten sich die Aufstände rasch aus. Auch einige Städte schlossen sich an, da die Unzufriedenheit mit den immer erpresserischer vorgehenden Fürsten und durch und durch korrumpierten und verderbten Bischöfen samt sonstigem Klerus allgemein sehr groß geworden war. Mit den überaus fortschrittlichen, auch heute noch als Grundlage sozialen Zusammenlebens nutzbaren »12 Artikeln« gaben sich die Aufständischen einheitliche Ziele, die von der Wiederherstellung ihrer Gewohnheitsrechte zur Aufhebung der Leibeigenschaft und zu demokratischen Grundrechten reichten. Sie beriefen sich dabei auf das »göttliche Recht« und Luthers Auslegungsprinzip *sola scriptura* (dass also nur der Wortlaut der Bibel, speziell der jesuanische-sozialkritische des Neuen Testaments gelte und nicht die Auslegungspraxis der korrupten und herrschaftsgläubigen Katholischen Kirche). Wie Luther erklärten sie sich bereit, ihre Forderungen umgehend fallenzulassen, sollte man ihnen aus der Bibel nachweisen, dass sie im Unrecht seien. Ein geschickter Zug, den die profürstliche Propaganda und bürgerliche Presse (in ihren Kinderschuhen) nicht so einfach vom Tisch wischen konnte.

Als Luther erkennen musste, dass sich die Bauern keineswegs durch seinen lahmen Rückzieher ihrerseits zum Rückzug bewegen ließen, verschärfte er die Gangart, speziell als die Bauern begannen, die Massenmorde der Adelssöldner und Söldnerkohorten an den aufständischen Bauern mit gleichem Recht (wenn auch in geringerer Zahl) heimzuzahlen. Er schickte nun seine antibäuerliche und zutiefst reaktionäre Schrift *Wider die mörderischen und räuberischen Rotten der Bauern* in die Welt hinaus, um mit grobem Keil den »groben Klotz« der Bauernrevolte zu zerschlagen. Er verdammte die um ihr Überleben kämpfenden Bauern als Werkzeuge des Teufels und forderte alle Fürsten – konfessionsunabhängig – auf, den Bauernaufstand mit schrankenloser Gewalt blutig niederzuschlagen. Die Fürsten ließen sich das nicht zweimal sagen, und rüsteten zusätzliche Söldnerrotten aus, um die aufständischen Bauern totschlagen zu lassen.

Es lohnt sich, die sechseinhalb Seiten, die Luther gegen die Bauern zusammenschmierte, etwas genauer zu betrachten, um besser beurteilen zu können, wes Geistes Kind er wirklich war. Er beginnt mit Psalm 7 in seiner eigenen Übersetzung: »Seine Tücke wird ihn selbst treffen / und sein Mutwillen auf ihn zurückfallen.« Damit ist schon die Tonlage gesetzt, in der es nun weitergeht. Die Bauern werden gleich im ersten Abschnitt als »rasende Hunde« bezeichnet, deren angebliche Verhandlungsangebote erstunken und erlogen gewesen seien (tatsächlich hatten die Fürsten jede von den Bauern gesetzte Frist »natürlich« verstreichen lassen), und die »Zwölf Artikel« nur heiße Luft. Stattdessen seien die Bauern dabei, Teufelswerk zu betreiben, angeführt von dem »Oberteufel« aus Mühlhausen (der »Renegat« Thomas Müntzer, der sich vom Anhänger Luthers zum Propagandisten des bewaffneten Bauern-Umsturzes weiterentwickelt hatte und daher von Luther mit besonderem Hass verfolgt wurde). Dieser verführe die ehrlichen einfachen Leute, Verbrechen zu begehen.

Ziel der Schrift sei es laut Luther, den Aufständischen ihre Sünden vorzuhalten und der Obrigkeit zu sagen, wie mit den Aufständischen umzugehen sei. Dass die revoltierenden Bauern den Tod verdient haben, daran bestand für Luther kein Zweifel. Aufständische dürfe man erwürgen, wo man sie auch finde. Wie Hitlers »Einsatzgruppen« und letztlich die gesamte »Wehrmacht« im »Ostraum«, so waren aus Luthers Sicht natürlich alle Rechtgläubigen, die Gottes Strafe an den Bauern vollziehen, von jeglicher Rechtsprechung frei und ausgenommen, sprich juristisch nicht zu belangen. Jeder, der sich berufen fühle, dürfe die Bauern »zerschmeissen, erwürgen und erstechen«. Denn es gebe nichts Schädlicheres, Giftigeres und Teuflischeres als einen Aufständischen. So wie tolle Hunde totzuschlagen seien, so seien auch die revoltierenden Bauernmassen totzuschlagen.

Die Aufständischen seien nichts anderes als Gotteslästerer und Schänder des heiligen Namens Gottes – und damit ein Fall für die Inquisition. Die Aufständischen dienten dem Teufel und hätten daher zehnmal den Tod verdient an Leib und Seele. Hässlichere Sünden habe Luther nie vernommen, als das, was die revolutionären Bauern anstellten. Allein die Zahl der nach Tausenden zählenden Bauernscharen beweise, welch mächtiger Fürst der Finsternis der Teufel sei. Es sei vermutlich auch kein einziger Teufel mehr in der Hölle, da sie alle in die aufrührerischen Bauern gefahren sein müssten. Die weltliche Obrigkeit fordert Luther in paulinischer und petrinischer (= anti-jesuanischer) Tradition auf, »mit gutem Gewissen« totschlagen und strafen zu wollen, wer auch immer ihnen von den Aufrührerischen über den Weg laufe, die ja bekanntlich treulose, meineidige, ungehorsame, aufrührerische Mörder, Räuber und Gotteslästerer seien, die zu Strafen Gott der weltlichen (»heidnischen«) Obrigkeit das Schwert »verliehen« habe.

Er ermahnt die Obrigkeit sogar, diese mache sich der Sünde schuldig, so sie nicht das Schwert gegen die Bauern erhebe, und sei somit für alle künftigen Schandtaten, die die Bauern noch begehen könnten mitschuldig, da sie sie ja durch deren Ermordung hätte verhindern können. Geduld oder Barmherzigkeit seien gegenüber den Bauern fehl am Platz, es sei die Zeit des Schwertes und des Zornes gekommen. Mit gutem Gewissen könnten die Adligen nach ihrem Gelüst dreinschlagen, denn schließlich vollbrächten sie nur Gottes Werk, und sollten also strafen und dreinschlagen, so viel sie nur könnten. Eventuelle Tote auf Seiten der Obrigkeit seien daher als Märtyrer Christi anzusehen, die das Werk Gottes, des Sohnes und des Heiligen Geistes vollbracht hätten, und nun direkt in die Himmel aufführen. Tote Bauern dagegen seien zu ewigem Leiden in der Hölle bestimmt. Es sei die Zeit heraufgekommen, da ein Fürst mit Blutvergießen sich den Eintritt in den Himmel, ins Paradies verdienen könne. Und jeder einfache Christenbürger solle eher hundert schreckliche Tode leiden, als auch nur einen Moment lang gemeinsame Sache mit den Bauern zu machen. »Steche, schlage, würge, wer da kann«, lautet der Schlussappell an die rachedurstigen Adligen. Wer nicht kampfbereit sei, möge umgehend fliehen, um nicht von den teuflischen Abgesandten mit teuflischen Mitteln von der Sache der Bauern sich am Ende noch überzeugen zu lassen.

In Thüringen und Sachsen war Thomas Müntzer, der »Oberteufel« in Luthers Worten, tatsächlich zum Anführer der Bauern gewählt worden. Anfangs hatte er wie Luther versucht, die Landesfürsten für Reformen zu gewinnen. Nachdem Luther den Kurfürsten ermutigt hatte, die Forderungen seines Konkurrenten Müntzer abzulehnen, wurden dessen Reformversuche in Allstedt verboten. Müntzer übernahm daraufhin die Führung des Bauernheeres und wollte es nach Mansfeld führen, gegen den dortigen Grafen. Bei Bad Frankenhausen wurde sein Heer vom Fürstenheer gestellt und umzingelt. Die nur mit Schlegeln und Sensen bewaffneten Bauern hatten kaum Kampferfahrung. Nach Scheinverhandlungen trieben die berittenen Soldaten die Bauern auseinander und richteten ein Blutbad an, bei dem etwa 5.000 Bauern ermordet wurden. Müntzer wurde wenige Tage später gefasst und enthauptet. Besonders hervor im großformatigen Abschlachten meist deutlich unterlegener Bauernverbände – selbst wenn diese die Kapitulation erklärten – tat sich ein Abkömmling der seitdem negativ beleumundeten Familie Waldburg, genannt der Bauernjörg, hervor, der sich von den verschiedenen Landesfürsten anheuern ließ und gegen gutes Geld mit seinen Söldnerrotten jeweils Tausend von Bauern niedermachte. Müntzers Niederlage war der Auftakt zu einem umfassenden Roll-back, binnen kurzer Zeit wurden alle übrigen Aufstände blutig niedergeschlagen. Man schätzt, dass im deutschen Sprachraum bis zu 130.000 Bauern ermordet wurden. Nach diesem blutigen Aderlass auf Volksseite dauerte es über 300 Jahre, bis der Feudalismus, und 400, bis die Monarchie in Deutschland überwunden werden konnte. Den besonderen Zorn Luthers hatte sein ehemaliger Adlatus Müntzer hervorgerufen. Müntzer glaubte, es sei Gottes Wille, die Lage der Elenden zu verbessern und die politischen Verhältnisse voranzutreiben Richtung einer etwas gerechteren Gesellschaftsordnung. Luther lehnte das vehement ab. Müntzers Ende begrüßte er als gerechte Strafe für den »Teufel«, der gegen Gottes Ordnung rebelliert habe.

Eine zweite Bevölkerungsgruppe, die schlechte Erfahrungen mit Luther machen musste, waren die Juden. Luther warf dem Judentum vor, Gottes Gnade im gekreuzigten Jesus Christus zu verleugnen und damit den wahren Glauben zu gefährden. Hatte er zunächst noch Israels Erwählung zum Volk Gottes bekräftigt und sich 1523 gegen Gewaltmission und Ritualmord- und Hostienfrevel-Legenden ausgesprochen, so regten in der Folge Missionserfolge von Juden in evangelischen Gebieten seinen Zorn. Er unterstellte den Juden nun kollektive Mordabsichten gegen die Christen und verweigerte 1537 ein Treffen mit Josel von Rosheim, ihrem Anwalt. 1538 führte er die christliche Sekte der Sabbater wider besseres Wissen auf jüdischen Einfluss zurück, und Empfahl daher die Juden aus Mähren zu vertreiben. 1543 griff er sämtliche antisemitischen Stereotypen auf, um die evangelischen Fürsten in einer »Brandschrift« zur endgültigen und lückenlosen Vertreibung der Juden aus ihren Gebieten zu bewegen. Synagogen, Schulen und Häuser der Juden seien zu zerstören, empfahl körperliche Zwangsarbeit für sie sowie ein Verbot der Religionsausübung und der Geldgeschäfte. Zudem verhöhnte er die rabbinische Bibelexegese mit Bezug auf die Wittenberger Judensau (*Vom Schem Hamphoras*). Den Juden, so meinte er in seinen Spätjahren, solle man zwar die christliche Taufe anbieten; im Fall ihrer Weigerung seien sie zu vertreiben, da ihre Religionsausübung Gotteslästerung sei und das Christentum bedrohe.

Nur wenige Fürsten und Städte seiner Zeit folgten Luthers Gewaltaufrufen. Doch seine »Judenschriften« verstärkten langfristig den protestantischen Antijudaismus und trugen zur Entstehung des modernen Antisemitismus bei. Ab 1870 wurden seine judenfeindlichen Aussagen von fanatischen Antisemiten als Rechtfertigung benutzt, mit dem Tiefpunkt in der NS-Zeit. Die unter dem Hakenkreuz als Alternative zur Evangelischen Kirche gegründeten regimetreuen »Deutschen Christen« beriefen sich auf sie, um die Entrechtung der Juden zu rechtfertigen, besonders im Kontext der »Reichskristallnacht« 1938. Erst seit 1950 begann die Evangelische Kirche, sich allmählich von Luthers Antijudaismus zu distanzieren. Die Lutherforschung begriff, dass Luthers Judenfeindschaft direkte Folge seiner antijudaistischen Theologie war. Inwiefern diese daher zu reformieren ist, bleibt weiterhin umstritten. Die Evangelische Kirche zeigt sich hier reformunfähig.

Luther war ein Kind seiner Zeit – das ist trivial, in diesem Zusammenhang aber zumindest zu seiner teilweisen Entschuldigung wichtig. Wiewohl – das gilt auch in Bezug auf andere historische Persönlichkeiten aus anderen Epochen – man von Führungsfiguren der Weltgeschichte erwarten kann und darf, dass sie sich gerade vom Zeitgeist abheben, abgrenzen, und nicht seine dunkelsten Ausformungen auch noch mitpropagieren. Wie dem auch sei: Antisemitismus gehörte zu Luthers Zeit zu den gängigen ideologischen Strömungen. Die – auch von der Katholischen Kirche geförderten – Hauptvorwürfe gegen Juden waren: Die Zerstörung des Tempels in Jerusalem im Jahre 70, die anschließende Zerstreuung der Völker Israels und die Verfolgung der Juden in ihren Aufnahmeländern sei eine Strafe Gottes für die von den Juden geforderte und durchgesetzte Kreuzigung Jesu Christi. Die Juden seien gottlos, christenfeindlich, verstockt, blind gegenüber der göttlichen Wahrheit, verflucht, stammten vom Teufel ab, seien mit dem Antichrist der Endzeit identisch, verübten regelmäßig Ritualmorde an christlichen Kindern, begingen Hostienfrevel, Brunnenvergiftung und strebten heimlich nach Weltherrschaft, etwa durch Verrat an feindliche Mächte.

Etwa seit dem Jahr 1100 sind »Judensau«-Skulpturen an christlichen Kirchen der Hochromanik nachweisbar. Diese standen in Verbindung mit Vorurteilen bezüglich des Äußeren von Juden (große Ohren, Hakennasen, Gestank usw.). Mit dem Beginn des 13. Jahrhunderts setzen die öffentlichen Verbrennungen des Talmud durch Vertreter der Katholischen Kirche ein, die das jüdische Glaubensbekenntnis als christenfeindliche Fälschung und kriminelle Propaganda verunglimpften. Christliche Zünfte schlossen Juden aus und drängten sie in das Geldgeschäft ab, das neben dem Viehhandel der einzige offiziell erlaubte Berufszweig für Juden blieb. Doch warfen die Christen ihnen nun Wucher, Arbeitsscheu und Ausbeutung vor. Um die Mitte des 15. Jahrhunderts diente dann auch der gerade erfundene Buchdruck dazu, antijüdische Texte von Kirchenvätern und volkssprachliche Hetzschriften christlicher Theologen massenhaft in Europa zu verbreiten. Predigtkampagnen der Bettelorden und Judenverfolgung durch die Inquisition kamen verschärfend hinzu.

Seit dem 12. Jahrhundert mündete der verbreitete Antisemitismus in Europa immer wieder in Judenpogrome, während derer Juden ausgeraubt, verletzt oder gar getötet wurden. Dies geschah verstärkt in Zeiten religiöser Hysterie seitens der Christen, so während der Kreuzzüge und der Pestpandemie von 1349. Damals wurden überlebende Juden aus vielen Regionen West- und Mitteleuropas vertrieben worden, darunter aus England (1290), Frankreich (1182; 1394), Spanien (1492) sowie bis 1519 aus fast 90 deutschen Städten. Aus dem Heiligen Römischen Reich vertriebene Juden fanden Aufnahme in osteuropäischen Nachbarregionen wie dem heutigen Polen, der heutigen Ukraine oder dem heutigen Russland. Die Juden wurden einmal mehr in das von Christen verachtete Geld-, Pfandleihe- und Trödelgeschäft sowie den Viehhandel abgedrängt, in Ghettos zusammengepfercht und auf der Grundlage kirchlicher oder kaiserlicher Vorschriften (so auch unter Friedrich II. von Hohenstaufen) durch befohlene Kleidungszusätze (gelbe Flecken, gelbe Mützen o. ä.) äußerlich kenntlich gemacht, der Aggression preisgegeben und ausgegrenzt. Gerade auf dem Land zogen Juden wegen ihrer dominierenden Stellung im Viehhandel Aggressionen auf sich. Rechtlich waren sie – zu ihrem »Schutz« – der »Kammerknechtschaft« unterworfen und damit vom sozialen Aufstieg ausgeschlossen. Pogrome blieben eine ständige Gefahr, da das Judentum aus kirchlicher Sicht nach wie vor als Häresie galt und immer wieder in Predigten o. ä. angeprangert wurde.

Nach den Pogromen und Vertreibungen des Mittelalters gab es zu Luthers Lebzeiten nur eine maximal 40.000 Angehörige zählende jüdische Minderheit in Deutschland (deutlich weniger als ein Prozent der Gesamtbevölkerung). Diese lebten in Stadtgemeinden oder verstreut auf dem Land. Das Christentum beurteilten sie auf der Basis ihrer traditionellen religiösen Schriften als Götzendienst. Dennoch waren sie in der Regel treue Staatsbürger, da sie sich entsprechend dem talmudischen Grundsatz »Das Recht des Königs ist Recht« der jeweiligen christlichen Obrigkeit unterordneten. In Luthers regionaler Heimat lebten anteilig deutlich weniger Juden als etwa in Berlin oder Süddeutschland. In Sachsen bestand unter Kurfürst Friedrich dem Weisen ein Aufenthalts-, Erwerbs- und Durchzugsverbot für sie, das 1543 auf Luthers Betreiben erneuert wurde. In Thüringen gab es um 1540 nur noch wenige jüdische Ansiedlungen oder einzelne Familien Ortschaften. In Luthers unmittelbarer Umgebung gab es Juden nur in Eisleben, und dies auch nur bis 1547. Seine wenigen persönlichen Kontakte mit Juden fanden denn auch in Eisleben statt. Nach einem von ihm »verlorenen« Streitgespräch mit Rabbinern verschärfte sich ab 1526 seine negative Einstellung gegenüber die Juden. So schreibt er in einem Brief an Nikolaus von Amsdorf, ein jüdischer Arzt aus Polen habe versucht, ihn zu vergiften. Weitere Nachforschungen ergaben jedoch die Unschuld des Mannes. Luther und Katharina von Bora verdächtigten Juden jedoch weiterhin, ihm nach dem Leben zu trachten.

Das Hebräischstudium war von Papst Clemens VI. 1311 erlaubt und 1434 auf dem Konzil von Basel erneut als Universitätsfach etabliert worden. Dennoch griff die katholische Scholastik Humanisten, die sich mit der Übersetzung und Exegese jüdischer Texte beschäftigten, noch lange als »Judenfreunde« an. Diese reagierten zu ihrer Verteidigung oft mit judenfeindlichen Traktaten, in denen sie ihr Ziel bekräftigten, der bislang weitgehend erfolglosen Judenmission durch Entkräftung der jüdischen Bibelexegese endlich zum Durchbruch zu verhelfen. Luther selbst verschaffte dem jüdischen Konvertiten Jakob Gipher eine Stelle als Hebräischdozent in Wittenberg – aber keine Pastorenstelle. Er misstraute jüdischen Konvertiten grundsätzlich. Durch den Konvertiten Werner Eichhorn, der ihn in mehreren Ketzerprozessen denunzierte, erhielt sein Misstrauen Nahrung.

Nach der Publikation der Lutherbibel 1534 musste er sich öfter mit Einwänden von Rabbinern dazu auseinandersetzen. Lateinische Bibelübersetzung wie die von Sebastian Münster, die sich an die rabbinische Bibelexegese anlehnte, kritisierte Luther als »judaisierend« und gefährlich für den christlichen Glauben. Damit übernahm er ein Stereotyp, das seine katholischen Gegner gegen alle Humanisten, Hebraisten und Luther selbst gerichtet hatten. Luther vertrat die Ansicht, dass Gott, indem er sich im Leiden und Sterben Jesu Christi offenbare (Kreuzestheologie), alle verurteile, die sich durch Eigenleistung (»Werke«) vor Gott rechtfertigen, als »Feinde des Kreuzes Christi«. Weil Gott die menschliche Sünde allein vergeben wolle, führe die »Werkgerechtigkeit« trotz und gegen Gottes Gnade in die Verdammnis. Hauptvertreter dieser von ihm verhöhnten und bekämpften Werkgerechtigkeit waren für Luther Papsttum, Judentum und Islam. Gottes Gesetz werden dort zur Selbstrechtfertigung missbraucht. Das Judentum war für ihn eine »Gesetzesreligion«, die den wahren Glauben gefährde. Luther befürwortete die Judenmission. Ein geplantes missionarisches »Büchlein« für Juden blieb jedoch unausgeführt.

Luther beurteilte in offiziellen Stellungnahmen und Gutachten den Talmud wie katholische Inquisitoren als gotteslästerlich. Er vertrat die auch von der Katholischen

Kirche propagierte Ansicht, Gott habe das jüdische (also das »auserwählte«) Volk wegen Überheblichkeit »ausgespien«. Als Strafe für Jesu Kreuzigung sei ihr Tempel zerstört worden und sie selbst in die Diaspora getrieben worden. Ihre Messiashoffnung sei vergeblich, sie könnten daher weder leiblich (politisch) noch geistlich (religiös) bestehen. Statt sich zu bekehren, beharrten sie verstockt auf ihrem Ungehorsam und wollten als Feinde der Christenheit verführen. Ihre talmudische Bibelauslegung lehre Lügen, um die Wahrheit Christi aufzulösen und die Völker mit Hochmut gegen Gott zu erfüllen. Sie bekehren zu wollen, sei Zeitverschwendung. Luther war der Überzeugung, die Reformation habe den wahren Sinn der Bibel aufgedeckt, so dass nun nichts mehr die Juden hindere, Christen zu werden. Dabei projizierte er jedoch bereits sein Verständnis des Glaubens auf die ganze Bibel und blendete das jüdische Selbstverständnis komplett aus.

1530 wies Luther einen evangelischen Pastor an, bei der Taufe eines jüdischen Mädchens streng zu beachten, dass es den christlichen Glauben nicht vortäusche, da dies bei Juden zu erwarten sei. In einer Tischrede wollte Luther einen Juden, der sich die christliche Taufe zu verschaffen suche, lieber mit einem Stein um den Hals ersäufen. Dieses Lutherwort wurde seit dem 17. Jahrhundert als Hass auf taufwillige Juden, also Ablehnung der Judenmission gedeutet. Die nachchristliche Geschichte des Judentums, das nach der Tempelzerstörung weiter existierte, belege, dass es nicht mehr Gottes Volk sei, was der Verlust des eigenen Landes und die unstete Existenz seither belegten. Doch Satan lasse es die Juden nicht verstehen. Insgesamt belege das Leiden der Juden unter den Christen ihr Verfluchtsein durch Gott: Mit dieser gängigen altkirchlichen Fluchtheorie rechtfertigte Luther die vom 4. Laterankonzil 1215 verordnete Judentracht und die Judenverfolgung durch

Christen insgesamt. Als der sächsische Kurfürst 1536 den Juden Aufenthalt, Erwerbstätigkeit und Durchreise verbot, nahm ein Vertreter der jüdischen Gemeinde mit Luther Kontakt auf und bat darum, sich beim Kurfürsten für die Aufhebung dieses Verbots einzusetzen. Luther lehnte ab. Leider sehe er sich außerstande, bei den Fürsten für Juden einzutreten. Sie lästerten und verfluchten Jesus ständig. Im Zweifelsfall würden sie Christen um Leben und Besitz bringen. In diesen Äußerungen, so die evangelische Forschung, komme seine Enttäuschung zum Ausdruck, dass die Reformation kaum Juden zur Konversion bewogen hatte. Die Juden sah Luther nach wie vor als Bedrohung des Christentums an. Daher bejahte er die Ausweisung von Juden aus evangelischem Gebiet.

Ab dem Jahr 1543 begann Luther, eine ganze Serie judenfeindlicher Schriften zu veröffentlichen, um das Judentum theologisch zu entkräften, und um die Vertreibung der Juden aus allen evangelischen Gebieten durchzusetzen. Luther erklärte, er wolle Juden nicht mehr bekehren, weil dies so wenig möglich sei wie beim Teufel. Er wolle nur noch »die schwachen Christen vor den Juden warnen«. Er beklagte den »Hochmut« der Juden, ihren Erwählungsanspruch: Sie hielten sich aufgrund Abstammung, Beschneidung, Tora, Land- und Tempelbesitz für Gottes Volk, obwohl sie doch wie alle Menschen als Sünder unter Gottes Zorn stünden. Generell seien Juden blutdürstig, rachsüchtig, das geldgierigste Volk, leibhaftige Teufel, verstockt. Ihre »verdammten Rabbiner« verführten die christliche Jugend, sich vom wahren Glauben abzuwenden. Man beschuldige sie, Brunnen zu vergiften, Kinder zu rauben und zu ermorden; falls dies nicht zutreffe, seien sie aber bereit dazu. »Jawohl, sie halten uns in unserem eigenen Land gefangen, sie lassen uns arbeiten in Nasenschweiß, Geld und Gut gewinnen, sitzen dieweil hinter dem Ofen, faulenzen, pompen und braten Birnen, fressen, sauffen, leben sanft und wohl von unserm erarbeiteten Gut, haben uns und unsere Güter gefangen durch ihren verfluchten Wucher, spotten dazu und speien uns an, das wir arbeiten und sie faule Juncker lassen sein [...] sind also unsere Herren, wir ihre Knechte.«

Luther schlug sieben konkrete Schritte als »scharfe Barmherzigkeit« vor. Man solle die jüdischen Synagogen niederbrennen, ihre Häuser zerstören und sie wie Zigeuner in Ställen und Scheunen wohnen lassen, ihnen ihre Gebetbücher und Talmud wegnehmen, die ohnehin nur Abgötterei lehrten, ihren Rabbinern das Lehren bei Androhung der Todesstrafe verbieten, ihren Händlern das freie Geleit und Wegerecht entziehen, ihnen das »Wuchern« verbieten, ihnen Bargeld und Schmuck abnehmen, und jungen Juden körperliche Arbeit geben. Allerdings zog er eine Grenze: Obwohl er Juden gern eigenhändig erwürgen würde, sei es Christen verboten, sie zu verfluchen und persönlich anzugreifen. Es sei Aufgabe der Obrigkeit, Christen vor den »teuflischen« Juden schützen. Letztlich bleibe nur, die Juden aus den evangelischen Ländern »wie tollwütige Hunde« (Luthers Lieblingsschimpfwort, das ja auch gegen die aufständischen Bauern ständig Verwendung fand) zu verjagen. Evangelische Pfarrer wies er an, ihre Gemeinden von jedem Kontakt mit Juden und jeder Nachbarschaftshilfe für sie abzuhalten. Zudem sollten sie ihre Landesregierungen unablässig an ihre »Gott geschuldete« Aufgabe erinnern, die Juden zur Arbeit zu zwingen, ihnen das Zinsnehmen zu verbieten und sie an aller Christentumskritik zu hindern. Damit rechtfertigte er seine antijüdischen Schriften.

Mit diesem brutalen Gewaltaufruf sprach Luther Juden jegliche Menschenwürde ab. Er fabrizierte ein Zerrbild von Juden, um den Sozialneid der Bevölkerung zu schüren. Er wusste, dass Juden nur wegen ihrer Schutzgeldzahlungen in deutschen Reichen geduldet wurden. Diese Politik zu beenden war sein eigentliches Ziel. Erstmals verglich er nun auch Juden mit »Zigeunern«. Die Roma waren schon 1498 im ganzen Heiligen Römischen Reich für vogelfrei erklärt worden, weil sie wie die Juden der Spionage für die »Türken« verdächtigt wurden. Luther, der diesen Reichstagsbeschluss kannte, forderte also, die Juden der gleichen Rechtlosigkeit auszuliefern. Luther behauptete nun auch, er habe bisher nicht gewusst, dass Juden in ihren Schulen und Synagogen »Christum und uns belügen, lästern, fluchen, anspeien und schänden.« Jede Duldung stärke nur ihr anmaßendes Erwählungsbewusstsein und führe zur Knechtung der Christen und ihrer Regenten. Nur Zwangsarbeit könne die Juden dazu bringen, zu verstehen, warum der Zorn Gottes auf ihnen liege. Dies geschehe aus »Barmherzigkeit«, damit am Elend der Juden ihre göttliche Verwerfung auch für die Christen aller Völker bis zum Ende der Welt anschaulich bleibe.

Luther fühlte sich verpflichtet, die ökonomischen und religiösen Grundlagen der Juden zu zerstören, um sie so zur Konversion zu zwingen. Dies verstand Luther als Gottesdienst. Er wollte eine befürchtete Strafe Gottes abwenden und seine Reformation retten, die er damals von allen Seiten bedroht sah. Zudem sah er seine Gegenwart als letzten Ansturm des Teufels, der die Juden benutze, um das Christentum zu zerstören. Juden nahm er nur noch im Rahmen eines Feindschemas wahr, das von Widersachern im reformatorischen Lager bis zu den Türken reichte und in dessen Zentrum das Papsttum stand. Innerhalb seiner judenfeindlichen Schriften veröffentlichte Luther auch die von ihm ins Deutsche übersetzte Fassung einer aus Talmudstellen kompilierten jüdischen Legende, die Jesus als Zauberer und unehelich gezeugten Wechselbalg darstellt, der den Gottesnamen JHWH als magische Formel missbrauche und deshalb scheitere. Damit wollte er die angeblich gotteslästerliche Christusfeindschaft aller Juden zu belegen. Er beschrieb die jüdische Tradition als aus Exkrementen des Judas Ischariot gewonnen, erinnerte an die Judensau-Skulptur an der Wittenberger Kirche, nannte Juden »Teufel« und setzte so Juden, Judas, Exkremente, Schweine und Teufel bildhaft gleich. Luthers hier verwendete Fäkalsprache übertraf den damals üblichen groben Schimpf- und Beleidigungsstil bei weitem. Luther verwies in diesem Zusammenhang auch auf eine frühneuzeitliche Verschwörungstheorie: Juden seien eine »Grundsuppe aller losen, bösen Buben, aus aller Welt zusammengeflossen« und hätten sich »wie die Tattern und Zigeuner« (Tataren und Roma beziehungsweise Nichtsesshafte) zusammengerottet, um die christlichen Länder auszukundschaften und zu zerstören, Wasser zu vergiften, Kinder zu stehlen und größtmöglichen Schaden anzurichten. Sie seien Anstifter von Meuchelmorden an christlichen Regenten – damit versuchte er seine fürstlichen Gönner in ihrer ohnehin latenten Judenfeindlichkeit zu bestärken.

1546 veröffentlichte er dann die »Vermahnung wider die Juden«, um mit Predigten die Vertreibung der Juden aus dem Mansfelder Gebiet durchzusetzen. Drei Tage vor seinem Tod predigte Luther dort seine »Vermahnung«, die seine Haltung zu Juden vermächtnisartig zusammenfasste. Er plädierte zunächst dafür, die Juden christlich behandeln und bot ihnen an, Jesus von Nazaret als ihren Messias anzunehmen, der doch ihr Blutsverwandter und rechtmäßiger Nachkomme Abrahams sei. Dieses Angebot zur Taufe sollten die Christen machen, »damit man sehe, dass es ihnen ernst sei.« Die Juden jedoch würden erfahrungsgemäß das Angebot ohnehin ausschlagen und »unseren Herrn Jesum Christum täglich lästern und schänden«, den Christen nach »Leib, Leben, Ehre und Gut« trachten, sie mit Wucherzinsen schädigen, sie alle gern töten, wenn sie könnten, und täten dies auch, »sonderlich, die sich für Ärzte ausgeben«. Auch wenn sie die Krankheit scheinbar zunächst heilten, würden sie nur kunstfertig »versiegeln«, so dass man später daran sterbe. Würden die Christen die Juden wissentlich weiter dulden, würden sie sich mitschuldig an ihren Verbrechen machen: Darum »sollt ihr Herren sie nicht leiden, sondern wegtreiben.« »Anders wird nichts draus… Sie sind unsere öffentlichen Feinde.« Luther ließ den Juden also nur die Wahl zwischen Taufe oder Vertreibung. Da er ihre Taufbereitschaft nicht erwarten konnte, entzog er ihnen jedes Existenzrecht in evangelischen Gebieten. Diese Entrechtung begründete er mit kollektiver Mordabsicht der Juden an Christen, die er ihnen erstmals 1537 unterstellt hatte und für real hielt.

Die »Judenschriften« Luthers gehörten im 16. Jahrhundert zu den meistgelesenen Texten zum Thema Juden. Sie prägten das Judenbild des damaligen Zeitalters. Buchdruck und Druckgrafiken verbreiteten Luthers Aussagen, förderten den Judenhass in der Bevölkerung und wirkten literarisch noch lange weiter. Die meisten evangelischen Fürsten wollten die Juden jedoch als Wirtschaftsfaktor und Einnahmequelle behalten und ignorierten Luthers Forderungen. Das von ihm geprägte Klischee der angeblich antichristlichen jüdischen Ärzte führte zur Verbannung jüdischer Mediziner von einigen evangelischen Universitäten. Dagegen hatte Andreas Osiander den an Juden gerichteten Vorwurf des Ritualmords 1529 anhand der Toragebote, die den Blutverzehr verbieten, widerlegt und mit Hinweis auf die tägliche Toralesung und vorbildliche Torabefolgung der Juden für unglaubwürdig erklärt. Stattdessen sei die selbstverschuldete finanzielle Misere vieler Christen Ursache der meisten Judenpogrome. Er blieb damit im evangelischen Raum allerdings ein Außenseiter.

Seit der Französischen Revolution und der Herrschaft Napoleons wurde Luther von deutschen Philosophen, Dichtern und Historikern zur Begrünung ihres Nationalismus benutzt und er zum Wegbereiter eines deutschen Nationalstaats. Dieses Lutherbild vertraten im 19. Jahrhundert Herder, Arndt, Fichte, Ranke, Treitschke sowie die meisten protestantischen Theologen. Treitschke entnahm sein später von dem NS-Chef-Antisemiten Julius Streicher übernommenes antisemitisches Motto »Die Juden sind unser Unglück« Luthers Satz von 1543: »Denn sie uns eine schwere Last, wie eine Plage, Pestilenz und eitel Unglück in unserm Land sind«. Treitschke prägte auch die von Antisemiten häufig verwendeten Begriffe »Wirtsvolk« für nichtjüdische und »Gastvolk« für jüdische Deutsche im Anschluss an Luther. Viele von Luthers antisemitischen Klischees wurden übernommen und zugespitzt. Aus dem religiösen Gegensatz von Juden und Christen wurde ein angeblicher ethnisch-rassischer Gegensatz von Juden und Deutschen; »Wucherjuden« bezeichnete man nun als »jüdische Parasiten«.

Schon 1879 wurde in einer anonymen Schrift behauptet, Luther habe bereits erkannt, dass die »Judenfrage« nicht mit der Taufe zu lösen sei, sondern nur mit ihrer Vertreibung. Wenig später hieß es, der »deutsche Luther« sei mit den »schärfsten Waffen« gegen den »jüdischen Weltfeind«, die »ehrlosen Fremdlinge«, die weltweit kooperierende »Verbrecher-Genossenschaft«, die »Nation der Menschheitsverräter« vorgegangen. Jesus sei ein »Arier« gewesen, der den jüdischen Gott des Alten Testaments besiegt habe. Der berüchtigte Rassist Houston Stewart Chamberlain sah Luther als Helden, der die deutsche Nation gegen das »verjudete« Kirchensystem Roms durchgesetzt habe. Der Endkampf der auserwählten Arier und Germanen gegen die teuflischen Juden stehe noch bevor und könne nur mit der Vernichtung der einen durch die anderen enden. Auf diesen »Radau-Antisemitismus« folgte eine Doppelstrategie: 1913 wurde mit Berufung auf Luther gefordert, politisch »scharfe Barmherzigkeit«, nämlich Enteignung und Entrechtung des angeblich dominanten Judentums durchzusetzen, und zugleich »herzliche Nächstenliebe« gegenüber einzelnen Juden, nämlich offensive kirchliche Judenmission zu beginnen.

In den zwanziger Jahren verschärfte sich im Gefolge der russischen Oktoberrevolution samt ihrem angeblich jüdisch dominierten Personal (was stark übertriegben wurde) der Ton. Luthers habe »gegen das Eindringen jüdischen Geistes in die Kirche« gekämpft, im Alten Testament seien Grundzüge des »jüdischen Bolschewismus« verbreitet. Luther sei ein Verfechter der »Judenausweisung« gewesen als »Notwehrmaßnahme eines ausgeplünderten Volkes«. Jesus Christus sei der »größte Antisemit aller Zeiten«, und könne deshalb kein Jude gewesen sein. Luther wiederhum habe als »erster deutschvölkischer Mann« die konsequente »Entjudung« der »Heilandslehre« vollzogen, namentlich ihre Trennung von der »jüdisch-römischen Fälschung«. Diese Überzeugung geriet seitdem zum Gemeingut im »völkischen« und rassistischen Teil des Protestantismus. Das »Deutschtum« mutierte zum erwählten Volk, das Luthers Kampf gegen das Judentum zum eigenen Überleben fortsetzen müsse. Betont wurde die »völkische Bedeutung der Reformation« gegen die »jüdische Plage« mit judenfeindlichen Zitaten aus Luthers Schriften.

Hitler selbst nannte Luther schon 1923 beim Münchner Parteitag der NSDAP als Vorbild für sein »Führerprinzip«: Der habe seinen Kampf gegen »eine Welt von Feinden« damals im Alleingang gewagt. Dieses Wagnis zeichne echte Staatsmänner und Diktatoren aus. In seinem Buch *Mein Kampf* erwähnte er Luther neben Friedrich

dem Großen und Richard Wagner als »großen Reformatoren«, kritisierte aber konfessionelle Kämpfe als Ablen-
kung vom »gemeinsamen Feind«, den Juden. Der Deutsche Evangelische Kirchenbund begrüßte denn auch die
»Machtergreifung« des NS-Regimes am 30. Januar 1933
mit Begeisterung. Otto Dibelius stilisierte Hitler beim
»Tag von Potsdam« (21. März 1933, gemeinsamer Gottesdienst in der Garnisonskirche mit Staatspräsident Hinden-
burg, Hitlers »Nobilitierung« durch das gehobene Bürger-
tum) zum »gottgesandten Retter des deutschen Volkes«,
lobte die Zerschmetterung der Weimarer Demokratie als
»neue Reformation«, parallelisierte Luthers und Hitlers
Biografien und konstruierte eine gegen Menschenrechte,
Demokratie und Liberalismus gerichtete historische Kontinuität von Luther über Friedrich den Großen und Bismarck zu Hitler. Im »Führerkult« waren sich die regimetreuen »Deutschen Christen« und die auf kirchliche
Eigenständigkeit bedachte »Bekennende Kirche« damals
weitgehend einig.

Die »Deutschen Christen« wählten den Hitler-Vertrau-
ten Ludwig Müller im September 1933 zum Reichsbischof
und verabstalteten zum 450. Geburtstag Luthers im Herbst
1933 einen reichsweiten »Luthertag«. Sie benutzten das
Fest zum Angriff auf die bisherige Führung der Evangelischen Kirche: Diese habe »völlige Entartung und sittlichen
Verfall« verschuldet, weil sie beim »Aufbäumen« des »ge-
sunden deutschen Geistes« gegen »jüdische Vergewaltigung« abseits gestanden habe. Es gelte, mit Luther als »lau-
tem Rufer gegen die Feinde unseres Volkes« anzutreten,
das Alte Testament abzuschaffen und »deutsches Geistes-
gut« an seine Stelle zu setzen. Luther habe erkannt, dass
die ganze jüdische Geschichte seit Jesu Kreuzigung vom
Fluch Gottes bestimmt sei. Erst die »deutsche Revolution«
von 1933 habe nach 150 Jahren wieder sichtbar gemacht,

dass die Juden »der sichtbare Gottesfinger des Zornes in der Menschheitsgeschichte« seien. Daher könne die Kirche dem Judentum kein göttliches Daseinsrecht zugestehen, sondern müsse wie Luther »alles ›Judaisieren‹ und ›Judenzen‹« als »innere Zersetzung durch jüdische Art« ablehnen und den Staat zum »Durchgreifen« auffordern. Luther habe die Ausbeutung und Versklavung des deutschen »Wirtsvolkes« durch das jüdische »Gastvolk« erkannt und dessen Vertreibung als einzige realistische Lösung benannt.

Ab 1936 agitierte die NS-Propaganda mit Luther als Wegbereiter der Judenverfolgung des Nationalsozialismus und Hitler als Vollstrecker seines Willens. Die Evangelische Kirche habe den Deutschen den wahren, judenfeindlichen Luther leider vorenthalten. Wolf Meyer-Erlach veröffentlichte 1937 Auszüge aus Luthers Schriften mit dem Titel »Juden, Mönche und Luther« heraus. Meyer-Erlach widmete sich der »Entjudung der Bibel« am 1939 gegründeten »Institut zur Erforschung und Beseitigung des jüdischen Einflusses auf das deutsche kirchliche Leben« in Eisenach, zu Füßen der »Luther-Gedenkstätte« Wartburg. Während der Propaganda-Ausstellung »Der ewige Jude« veranstaltete das Münchner Residenztheater im November 1937 einen »Rezitationsabend«, bei dem Auszüge aus Luthers antisemitischen Schriften vorgetragen wurden.

Während der staatlich organisierten Novemberpogrome 1938, bei denen Tausende jüdische Synagogen, Bethäuser und Friedhöfe zerstört, Hunderte Juden ermordet und Zehntausende in Konzentrationslager deportiert wurden, schwieg die Evangelische Kirche. Einige Spitzenfunktionäre der »Deutschen Christen« rechtfertigten diese Verbrechen sogar mit Berufung auf Luther. Der »deutsche Prophet« Luther habe sich im Laufe seines Lebens zum »größten Antisemiten aller Zeiten« entwickelt. Die meisten evangelischen Kirchenführer hatten die staatliche Juden-verfolgung seit 1933 ohnehin konsequent bejaht. Auch zum Krieg fiel der Kirchenleitung nichts anderes ein als begeisterte Zustimmung. So wurde der Krieg gegen Groß-britannien ab September 1939 als gerechter Kampf für die Erhaltung des Christentums gegen »jüdische Verfälschung« gepriesen. Luthers »Kampf gegen das Alte Testament, seine Warnung vor den Juden« sei in England nicht beachtet worden, da es von Juden gelenkt sei. Theodor Pauls forder-te 1939 eine »Entjudung« der Lutherforschung. Bisher sei Luther von jüdischer Seite in ein falsches Entwicklungs-schema gepresst und so seine antijüdischen Schriften ver-harmlost worden. Jedoch habe Luther entscheidend für eine »deutsche«, gegen eine »verjudete« Kirche gekämpft und die Deutschen in Gottes Schöpfung befreien wollen. Nationalsozialistische »Denker« wie der seit Ende der drei-ßiger Jahre ins Abseits geschobene Alfred Rosenberg sahen Luther als »germanischen Revolutionär«, dessen »nordi-scher Abwehrwille« sich gegen die »Dogmen der rö-misch-internationalistischen Kirche« gerichtet habe. Ro-senberg forderte eine »zweite Reformation« gegen beide Amtskirchen, zur »Germanisierung« des Christentums und Schaffung einer »deutschen Nationalkirche«.

Sogar für die Einführung des »Judensterns« im Sep-tember 1941 fanden sich nicht weniger als sieben Evange-lische Landeskirchen (Anhalt, Hessen-Nassau, Lübeck, Mecklenburg, Sachsen, Schleswig-Holstein, Thüringen), welche diese Maßnahme in einer gemeinsamen Erklärung als legitimen »historischen Abwehrkampf« im Sinne Luthers rechtfertigten. Die Juden hätten das Christentum seit Jesu Kreuzigung bekämpft oder verfälscht; die Taufe könne nichts an ihrer »rassischen Eigenart« ändern.

Von jüdischer Seite hatte Simon Dubnow schon 1927 Luther den Vorwurf der krankhaften »Judäophobie« gemacht. Da die Juden entgegen Luthers Erwartungen nach 1520 nicht in Massen zum evangelischen Glauben übergetreten seien, habe ihn enttäuscht und dazu gebracht, »die Maske der Judenfreundlichkeit abzustreifen und dem Judentum den Kampf auf Leben und Tod anzusagen.« Nach 1945 wurde formuliert, Luther habe zwar die NS Judenvernichtung nicht erahnen können, habe ihr aber den geistigen Nährboden bereitet. Landesrabbiner Joel Berger sagte 1994, seit dem Holocaust könnten Juden Luthers Judenfeindschaft nie mehr übergehen und aus seinem Gesamtbild wegdenken. Sie sei vor Hitler das Schlimmste gewesen, was Christen in deutscher Sprache gegen Juden geäußert hätten.

Besonders kritisch wird von der heutigen Lutherforschung vermerkt, dass Luther den Juden »magische Schadenszauberei« mit dem Gottesnamen nachsagte, die rabbinische Bibelauslegung mit dem Judensau-Motiv entehrte und die verheißene endzeitliche Rettung ganz Israels auf einen taufwilligen Rest begrenzte. Luther habe das kanonische Recht aufgehoben und zugleich das »landesherrliche Kirchenregiment« eingeführt, den bisherigen rechtlichen Schutz der Juden also vermindert, gleichzeitig habe er die Judenvertreibung zum politischen Leitbild für die Territorialherren gemacht. Seine Forderungen von 1543 überboten katholische Unterdrückungspraktiken, er habe die Juden in einen sklavenartigen Status gebracht. Theologische Gründe für Luthers Judenfeinschaft rührten aus seinem konstant negativen Judenbild, das unlösbar mit seinem Geschichtsbild verbunden und in seiner Theologie verankert gewesen sei. Er habe ungetaufte Juden neben Häretikern und Scheinchristen immer zur vom Antichrist beherrschten Gesetzesreligion gezählt, die mit dem protestantischen Jesus Christus im tödlichen Kampf liege und die katholische, später auch Teile der Evangelischen Kirche unterwandert habe. Für Luther sei das Elend der Juden unter den Christen der Beweis, dass der Messias mit Jesus Christus schon gekommen, das nachchristliche Judentum verworfen und verflucht sei und nur noch Gottes Zorn veranschauliche. Aus ihrer »verstockten Anmaßung«, sie seien bleibend zum Volk Gottes erwählt, würden die Juden Jesus Christus »täglich lästern und schänden«. Mit ihrem Festhalten an der Tora und der Messiashoffnung wiederum hätten sich die Juden als lebensgefährliche »öffentliche Feinde« aller Christen erwiesen.

Nach 1945 wurde von konservativen protestantischen Theologen die rhetorische Frage gestellt, ob Luther in Nürnberg vor Gericht gestellt werden müssen, angesichts der vielen Äußerungen, die seine Judenfeindschaft als Vorläufer des Nationalsozialismus ansahen. Stattdessen sei die NS-Ideologie auf die Französische Revolution, den Marxismus (natürlich! was sonst?) und Nihilismus zurückzuführen. Luther sei natürlich völlig unschuldig daran und nur von einigen wenigen Lutheranern in der NS-Zeit missbraucht worden. Diese Verteidigungsschriften blendeten seine späten Schriften über Juden völlig aus. Die apologetische »Selbstentnazifizierung« war in der Nachkriegszeit typisch für viele westdeutsche Lutheraner wie überhaupt für die westdeutsche Gesellschaft.

Im angelsächsischen Sprachraum dagegen wurde seit 1941 eine direkte Linie »von Luther zu Hitler« ausgemacht, wie im gleichnamigen Buch von William Montgomery McGovern. Der US-Historiker William L. Shirer bezeichnete Luther 1960 als »leidenschaftlichen Antisemiten und heftigen Gläubigen an einen absoluten Gehorsam gegenüber politischen Autoritäten«, der alle deutschen Juden habe loswerden und vertriebene Juden habe enteignen wollen. Seine Sprache von 1543 gegen sie sei bis zur NS-Zeit unerreicht brutal gewesen. Er habe das Verhalten der meisten Protestanten in der NS-Zeit direkt beeinflusst. Im Gefolge dieser Sichtweise führte der Friedrich Heer 1986, dass ein direkter Weg von Luther zu Julius Streicher führe, zu den Judenmorden der »Stürmer«-Ideologen. Besonderes Aufsehen und besonders heftigen Widerspruch von konservativer Seite erntete Daniel Goldhagen 1996 mit seiner These, der Holocaust sei Folge eines besonderen deutschen, eliminatorischen Antisemitismus, der mit Luther begonnen habe. Diesem gebühre selbstverständlich einer der vorderen Plätze »im Pantheon der Antisemiten«.

Mittlerweile wird auch anerkannt, dass selbst seine wenigen, etwas weniger judenfeindlichen Schriften aus seiner publizistischen Anfangszeit um 1520 das kirchliche Postulat einer Auflösung des Judentums durch vollständige Assimilierung zugrunde gelegen habe, also ebenfalls judenfeindlich aufzufassen seien. Luther habe entscheidend dazu beigetragen, dass lutherische Theologen und Kirchen »im Banne einer für Juden existenzbedrohenden Judenfeindschaft standen«. Die Evangelische Kirche Deutschlands (Ost und West) begann den Schuldanteil des Protestantismus in Deutschland am Holocaust seit der Synode von Weißensee (1950) zu reflektieren und ihr Verhältnis zum Judentum zu überarbeiten. Gegen Luther müsse man darauf hinweisen, dass der ungekündigte Bund Gottes mit ganz Israel und allen gebürtigen Juden Grundaussage der ganzen Bibel sei, und damit Basis der christlichen Botschaft und einziger Daseinsgrund der Kirche. Daher sei eine Anerkennung des Judentums als eigenständigen Zeugen der Verheißungen Gottes zwingend, die gesamtkirchliche Bekämpfung alles Antijudaismus und Antisemitismus obligatorisch.

1984 erklärte der Lutherische Weltbund: »Die Sünden von Luthers antijüdischen Äußerungen und die Heftigkeit seiner Angriffe auf die Juden müssen mit großem Bedauern zugegeben werden. Wir müssen dafür sorgen, dass eine solche Sünde heute und in Zukunft in unseren Kirchen nicht mehr begangen werden kann.« Welche Lehren Luthers antisemitischem Missbrauch Vorschub leisteten, wurde jedoch nicht konkretisiert. Erst 2011 rückten humanistischer gesinnte Reformatoren wie Andreas Osiander wieder ins Blickfeld, die seinerzeit – parallel zum antijüdischen Luther – den Dialog mit Juden suchten und sich für ihre Rechte einsetzten. Diese seien Vorbilder, die es in den Kirchengemeinden stärker herauszustellen gelte. Bereits 1998 hatte die Lutherische Landeskirche Bayerns als erste EKD-Mitgliedskirche gefordert, die Lutherischen Kirchen müssten sich nicht nur inhaltlich von Luthers judenfeindlichen und antisemitischen Schriften distanzieren, sondern deren Ursachen, Motive und Wirkungsgeschichte erforschen und kritisieren. Leider verpuffte diese Initiative ergebnislos.

In seinen Frühschriften warb Luther noch um Toleranz für abweichende religiöse Positionen. Allerdings sollten seiner Meinung nach die Anführer der »ketzerischen« urchristlich orientierten »Täufer-Bewegung« ausgewiesen werden. Ab 1530 forderte auch Luther die Todesstrafe für die »Täufer«. Luther sah in den »Täufern« nunmehr vor allem die Anstifter von Aufruhr und Blasphemie. Mittlerweile sagte er den »Täufern« einen »mörderischen, aufrührerischen, rachgierigen Geist« nach, der »nach dem Schwert« rufe. Die infolge der zunehmenden Verfolgung geheim abgehaltenen Zusammenkünfte der »Täufer« nannte Luther »ein gewiss Zeichen des Teufels«. Luther glaubte auch an die Existenz von Hexen. In seiner Erklärung der Zehn Gebote von 1518 forderte er, als Hexen verdächtigte Frauen zu töten. Als Begründung sagte er, sie könnten »Milch, Butter und alles aus einem Haus stehlen, ein Kind verzaubern, auch können sie geheimnisvolle

Krankheiten im menschlichen Knie erzeugen, dass der Körper verzehrt wird. Schaden fügen sie an Körpern und Seelen zu, sie verabreichen Tränke und Beschwörungen, um Hass, Liebe, Unwetter, alle Verwüstungen im Haus, auf dem Acker hervorzurufen, mit ihren Zauberpfeilen machen sie Hinkende, die niemand heilen kann«, und schloss: »Die Zauberinnen sollen getötet werden, weil sie Diebe sind, Ehebrecher, Räuber, Mörder. Sie schaden mannigfaltig. Also sollen sie getötet werden, nicht allein weil sie schaden, sondern auch, weil sie Umgang mit dem Satan haben.« Obwohl er selbst sich nicht als Hexenjäger betätigte, wurden ab 1540 die ersten als Hexen verurteilten Frauen in Wittenberg verbrannt.

Luther äußerte sich auch dezidiert zu Menschen mit Behinderungen. So geborene Kinder wurden »Wechselbälger« genannt, weil man sich ihre Behinderung damit erklärte, dass der Teufel ein gesund geborenes Kind heimlich gegen ein behindertes Kind ausgetauscht habe. Luther beschrieb Behinderte in seinen Reden und Schriften ausnahmslos als Teufelsgeschöpfe. So beschrieb er den Fall eines geistig schwer behinderten Kindes, zu dem zwei Fürsten seinen Rat als Autorität für Dämonologie eingeholt hatten. Für Luther war das unschuldige Kind nurmehr eine »Fleischmasse«, die keine Seele besitze. Der Teufel habe im Kind den Platz der Seele eingenommen. Deshalb riet er den Fürsten, es im Fluss zu ertränken. Luther war davon überzeugt, dass teuflische Dämonen getötet gehören. Noch der NS-Gutachter Werner Catel rechtfertigte 1940 die »Euthanasie« von bis zu 16.000 missgebildeten Kindern mit Luthers Aussagen: Sie besäßen keine Persönlichkeit und Willensentscheidung. Auch in Nachkriegsprozessen gegen T4-Beteiligte wurde von der Verteidigung beziehungsweise den Angeklagten noch auf Luther verwiesen.

Bismarck und die Reichseinigung

Der Geschichtswissenschaft wie der breiten Öffentlichkeit gilt Bismarck bis heute als positives Element der deutschen Geschichte, als »Reichseiniger«, als jemand, der durch eine »kluge« Außenpolitik nach den militärischen Abenteuern der »Einigungskriege« eine lange Friedenszeit und ein fein gestricktes Bündnisvertragsnetzwerk (»Rückversicherungsvertrag mit Russland« etc.) aufgezogen habe und so als eine der größten Gestalten der neueren deutschen Geschichte zu gelten habe. Ist dem wirklich so? Muss Bismarck als Lichtgestalt der deutschen Geschichte angesehen werden? Oder funktioniert hier seit über einem Jahrhundert eine geschickt aufgezogene Täuschung, die einen Finsterling zum »Helden« hochjazzt, also jemanden für vermeintliche Wohltaten preist, der eigentlich nur seine eigenen Machtgelüste und Machtobsessionen auf der Bühne der Weltpolitik auslebte, dabei Deutschland in viele Kriege verstrickte, die verhängnisvolle »kleindeutsche« Lösung unter Ausschluss Österreich-Ungarns zimmerte und so den Untergang der deutschen Monarchie wie auch den Aufstieg Hitlers vorprogrammierte?

Otto von Bismarck (1815–1898) betrat 1862 im Alter von 47 Jahren die weltpolitische Bühne, und sollte für die nächsten drei Jahrzehnte die preußische, die deutsche, die europäische, und letztlich die Weltgeschichte entscheidend beeinflussen. Er »diente« seinem König (ab 1871 Kaiser) für die nächsten 26 Jahre, und zog gleichzeitig und konsequent sein eigenes Ding durch. Als unnachgiebiger Verfechter persönlicher Macht- und Großmachtpläne strebte er eine Einigung Deutschlands unter preußischer Führung an. Österreich, dem Bismarck zeitlebens (preußisch-traditionell seit Friedrich II. »dem Großen«, siehe oben) feindselig gegenüberstand, wurde von ihm gezielt und trickreich aus der weiteren politischen Entwicklung in Deutschland ausgeschlossen, statt der »großdeutschen« strebte Bismarck aus sehr eigennützigen Gründen (wie wir sehen werden) die »kleindeutsche« (sprich: »großpreußische«) Lösung an, stellte also sein eigenes Wohlergehen, seine eigene Karriere immer und allezeit über das Wohl des Landes und seiner Bevölkerung.

Schauen wir uns seine Lebensgeschichte einmal etwas genauer an. Der neue, 47-jährige Ministerpräsident wurde 1862 von König Wilhelm I. (1797–1888) in einer schweren Staatskrise berufen. Er sollte das festgefahrene Staatsschiff wieder flottmachen. Dazu schien er dem König und seinen Beratern prädestiniert, hatte er doch nach Anfängen in pommerschen Regionalparlamenten als Vertreter erzkonservativer Junkerkreise seit 1851 Preußen im »Deutschen Bundestag« zu Frankfurt am Main vertreten, also in jener Versammlung aller deutschsprachigen Staaten (außer der Schweiz), in der vor allem die Interessen der ständig nach Gebietserweiterung und -arrondierung strebenden Militärmacht Preußen und der alten, traditionellen Groß- und Führungsmacht Österreich (die seit der frühen Neuzeit, sprich nach dem Mittelalter die deutschen Kaiser stellten) aufeinander prallten.

Festgefahren hatte es sich bei den Auseinandersetzungen um die preußische Heeresreform. Die Armee war in den Jahren zuvor fast um das Doppelte vergrößert worden. Sie diente nicht nur außenpolitischen Zielen, sondern auch innenpolitischer Abschreckung – mit ihrer Hilfe sollten und konnten Unruhen unter der Arbeiterschaft oder den Landarbeitern, sprich dem Proletariat blutig unterdrückt, die bestehende Gesellschaftsordnung gesichert werden – und das gelang ja auch bis 1918! Kriegsminister v. Roon hatte dem preußischen Landtag (gewählt mit dem ebenfalls bis 1918 gültigen undemokratischen preußischen Dreiklassen-Wahlrecht samt erblich besetztem Herrenhaus an der Spitze) Anfang 1860 den Vorschlag für ein neues Heeresgesetz vorgelegt. Darin sollte die Dienstzeit von zwei auf drei Jahre verlängert, die Armee vergrößert, neue Waffensysteme mit höherer Feuerkraft beschafft und die Landwehr von der Armee getrennt werden. Die jährlichen Kosten dafür wurden auf schwindelerregende zehn Millionen Taler berechnet, einen Großteil des Gesamthaushaltes. Da die zu diesem Zeitpunkt liberale Mehrheit im Landtag die Kosten als überzogen ablehnte, beantragte die Regierung eine Einmalzahlung von zehn Millionen Talern, die auch bewilligt wurde. Diese Summe wurde zur geplanten Vergrößerung der Armee benutzt.

Nachfolger des mittlerweile geisteskranken Königs Friedrich Wilhelm wurde nun sein Bruder, der »Kartätschenprinz« (nach seiner Rolle bei der blutigen Niederschlagung der Revolution von 1848), der als Wilhelm I. 1861 den Thron bestieg. Ihm ging die parlamentarische Debattiererei auf den Zeiger, wie auch der anhaltende Widerstand der Liberalen gegen die Ausgabenerhöhung fürs Militär. Wilhelm löste daher den Landtag par ordre du mufti auf (was er verfassungsmäßig konnte) und setzte – bis heute ein probates Mittel – Neuwahlen an. Der Wahlkampf wurde schmutzig, die ultrareaktionäre Koalition aus Großindustrie und Junkerschaft machte mit allen Mitteln Druck, gegen die »patriotische« Wahlliste stimmenden Arbeitern wurde Entlassung angedroht. Dennoch erhielt die Opposition im Frühjahr 1862 zwei Drittel aller Parlamentssitze. Mit absoluter Mehrheit schmetterte der neue Landtag im Herbst 1862 die weiteren Bestandteile der Heeresvergrößerung rundheraus ab. Wilhelm I. bereitete aus Empörung schon seine Abdankung vor, da besuchten ihn nochmals Vertreter der Erzkonservativen und zeigten ihm den Plan für einen militärisch-industriellen Staatsstreich. Zu diesem Zweck sollte ein neuer »starker Mann« berufen werden, niemand anderes als der mittlerweile reichsweit bekannte Erzreaktionär Bismarck.

Dieser sollte nun die Kohlen aus dem Feuer holen und den neuen ultrakonservativen Kurs nach außen vertreten. Einen Tag nach der verlorenen Abstimmung berief Wilhelm Bismarck am 23. September 1862 zum neuen Ministerpräsidenten und Minister der Auswärtigen Angelegenheiten (in Personalunion). Sein Auftrag lautete, die Vergrößerung des Heeres notfalls gegen das Parlament oder ohne das Parlament umzusetzen. Wie vor einigen Monaten im Sommer 2016 von Erdogan in der Türkei nach dem vermutlich von Erdogan selbst inszenierten »Staatsstreichlein« nachgemacht, begann Bismarck seine Amtszeit als Ministerpräsident mit einem »Großreinemachen«. Er entließ Tausende höherer Beamter und Richter (die mit der großbürgerlich-liberalen Opposition geliebäugelt hatten) und schloss Anfang 1863 – gleichzeitig die von ihm so geliebte und in den Jahren als Gesandter schon ansatzweise, nun machtvoll gespielte außenpolitische Klaviatur bedienend – ein Abkommen mit dem Zarenreich Russland, das gegenseitige Unterstützung bei der Abwehr regierungsfeindlicher Aufstände regelte. Das zielte hauptsächlich auf die von beiden Ländern besetzten polnischen Gebiete, wo denn auch ab 1863 wieder aufflammende Aufstände gegen die Besatzer von beiden Armeen gemeinsam blutig unterdrückt wurden. Wie Bismarck es selber formuliert hatte: Jetzt war die Zeit von »Blut und Eisen« gekommen.

Bismarcks auffallende, pathologische Züge aufweisende Feindseligkeit gegenüber Österreich hatte einen einfachen, naheliegenden Grund: die verbreitete »großdeutsche« Einigungsstimmung, die weite Teile der deutschsprachigen Bevölkerung erfasst hatte, und die eine »Reichseinigung« einschließlich Österreich forderte, bedrohte direkt seine unangefochtene Führungsstellung in »Restdeutschland«. In Preußen und im preußisch dominierten Teil Deutschlands war Bismarcks Führungsrolle unumstritten (zumindest was die politisch-militärisch-finanzielle Elite anging). Eine Reichsbildung unter Einschluss Österreichs hätte dagegen bedeutet, dass er die Macht mit der österreichischen Polit-Elite hätte teilen müssen, dass Führungspositionen mit Vertretern aus Wien besetzt worden wären, dass höchstwahrscheinlich auch das Amt des Reichskanzlers an die traditionell führende deutschsprachige Nation seit vielen Jahrhunderten – Österreich – hätte abgegeben werden müssen, Bismarck also seine allumfassende, diktaturähnliche Stellung als alleinseligmachender Chef aller Deutschen (außer Österreich) hätte aufgeben müssen.

Daher konzentrierte er den größten Teil der ihm innewohnenden negativen Energie (in Form von Intrigen, Korruption, Gerüchten, Falschmünzereien, Erpressung bis hin zu militärischer Aggression etc.) darauf, Österreich zu schaden beziehungsweise als Fernziel für immer aus der deutschen Reichseinigung auszuschließen. Das stellte er auch – was man neidlos zugestehen muss – sehr geschickt und sehr wirkungsvoll an in der Wahl seiner Mittel und Wege. Bismarck gehörte, das sei hier vorweggenommen, auch als verachtenswerter Intrigant und Kriegsverbrecher, dennoch zu den großen politischen »Künstlern« seiner Zeit, zu den wenigen Menschen, die auf der Klaviatur der öffentlichen Meinung höchst virtuos zu spielen verstanden, und die damit manchmal verborgenste, geheimste, von der Öffentlichkeit überhaupt nicht realisierte Ziele durchzusetzen vermochten, also jener Spezies an Politikern, die die ihnen zur Verfügung stehenden Mittel äußerst effizient zu nutzen und je nach Lage noch deutlich zu erweitern im Stande waren. Vergleichbar ist er hierin Wladimir Putin, der in seinen »Politkünsten« im 21. Jahrhundert seines gleichen sucht – wenn auch unter völlig entgegengesetzten Vorzeichen. Gehörte Bismarck der Spezies geltungssüchtiger, egomanischer, geldgeiler, machtgieriger aggressiver Offensivpolitiker an, so handelt es sich bei Putin um einen Defensivkünstler, der die nach 1990 intensivierte, permanente (und etwas dümmliche) Aggressionsstrategie von NATO und Westblock gegenüber Russland und anderen »widerspenstigen«, nicht nach der westlichen Pfeife tanzenden Staaten immer wieder auszukontern versteht, bei gleichzeitiger Konsolidierung der nach 1990 zusammengebrochenen ökonomischen und militärischen Leistungsfähigkeit Russlands, nach den Prinzipien des russischen Kampfsports Sambo, der sich darauf konzentriert, negative Energien des Gegners zum eigenen Vorteil umzulenken. Die vergangenen Jahre belegen das in überreichem Maße (Vgl.: Philipp Ewers: *Putin verstehen? Russische Außen- und Sicherheitspolitik der Ära Wladimir Putin*. Berlin 2015; erweiterte Neuauflage 2016).

Bismarck hatte verstanden, dass die Reichseinigung angesichts der öffentlichen Stimmung unausweichlich war. Nun galt es, diese »Massenbewegung« in seinem Sinne zu nutzen. Und er schaffte das. Während das Volk über die weiteren Schritte zur »Reichseinigung« jubelte, verstand es Bismarck, die Macht des von ihm geführten preußischen Militarismus Schritt für Schritt immer weiter auszubauen, und den österreichischen »Feind« immer weiter zurückzudrängen. Es begann – wie bei guten Intrigen immer – mit unmerklichen, kleinsten Schritten in die gewünschte Richtung, auch wenn die teilweise bei den einzelnen Schritten nicht ohne weiteres erkennbar war.

Österreich machte den ersten Zug, und ermöglichte

Bismarck damit schon noch knapp einem halben Jahr im Amt einen bedeutenden Etappensieg. Die k.u.k.-Monarchie berief für Sommer 1863 eine Sonderkonferenz zur Reform des Deutschen Bundes, also des Zusammenschlusses der deutschen Fürsten ein. Preußen – erschien nicht. Und sorgte damit für den eklatanten Misserfolg der österreichischen Initiative. Unmittelbar darauf steigerte Bismarck die entstandene Verwirrung über die preußische Haltung zur »deutschen Frage« aufs Maximum. Zur völligen Überraschung der Öffentlichkeit und der versammelten Adelsschaft im deutschsprachigen Raum forderte Bismarck nun seinerseits eine grundlegende Bundesreform, gipfelnd in der Forderung nach der demokratischen Wahl eines neuen Bundesparlaments im gesamten deutschsprachigen Raum. Hatte er seine Meinung über die bisher von ihm zutiefst verachtete Demokratie geändert, war er über Nacht zu einer Art Sozialdemokrat geworden? Keineswegs, es handelte sich »nur« um einen seiner meisterlichen Winkelzüge. Bismarck spielte »über Bande«, verwirrte Anhänger und Gegenspieler gleichermaßen und bereitete so schon das Feld für den nächsten Zug der von ihm mit fast schon an Genialität (oder schlichtem Einblick in die schlichte Denkweise von Öffentlichkeit und Eliten?) grenzender Expertise geplanten Partie.

Denn Bismarck hätte sein gesamtes Vermögen auf den Ausgang dieses Schachzugs wetten können, und wäre kein Risiko eingegangen. Das Ergebnis war so klar wie vorhersehbar: Österreich lehnte diese »unziemliche« Forderung mit dem Ausdruck der Empörung ab. Nach der diplomatischen Niederlage auf dem Sonderkongress hatte Bismarck damit seinen Feind nun endgültig in die von ihm beabsichtigte Position gebracht: Österreich stand im gesamten deutschsprachigen Raum als Buhmann da, der Volkes Wille und Volkes Stimme ignorierte. Die negative

Energie konzentrierte sich also auf Österreich, und Preußen sonnte sich im Glanze der öffentlichen Anerkennung für die »demokratischen« Forderungen, auch wenn diese von Bismarck natürlich niemals ernst gemeint gewesen waren. Ähnliches gilt übrigens – unter anderen Vorzeichen – für die sogenannte Ostpolitik der BRD-SPD, die nur scheinbar humanitären Zielen diente, in Wahrheit aber von Anfang an auf die Zerschlagung des sozialistischen Staatenbundes im Osten einschließlich der Sowjetunion abzielte, wie der langjährige RIAS-Propagandist und »Hauptbeauftragte« für diese Strategie, Egon Bahr, aktenkundig festgehalten, schon 1963 gegenüber US-Senatoren stolz bekannte. Er wagte damals sogar die Prognose, dass der »Ostblock« in zwanzig Jahren nicht mehr bestehen werde – Bahr hatte sich in seiner »steilen« Prognose nur um sechs Jahre vertan …

Als nun Dänemark im Frühjahr 1864 begann, politisch-militärisch zu zündeln, entlud sich die in der Luft liegende kriegerische Stimmung gegen das Königreich im Norden. Die beiden deutschen Leitmächte Preußen und Österreich standen letztmalig für lange Zeit Seite an Seite und ließen ihre hochgerüsteten Armeen in einer koordinierten Aktion gegen Kopenhagen marschieren. Der Krieg war kurz, der Sieg umfassend. Dänemark musste die von ihm beanspruchten Herzogtümer Schleswig und Holstein an den Deutschen Bund abtreten, die Verwaltung des neuen Herrschaftsgebietes teilten sich Österreich und Preußen. Mit 6.200 Toten und Verwundeten war der Blutzoll verhältnismäßig gering, die Herzogtümer Schleswig, Holstein und Lauenburg waren nun »deutsch«. Österreich bekam dabei den südlichen Teil als Besatzungszone zugewiesen (wo das künftig Bismarcksche Gut Schwarzenbek lag), Preußen den nördlichen. Das kleine Herzogtum Lauenburg kaufte Preußen den Österreichern aus der Beutemasse heraus für knapp zwei Millionen Taler ab. Wer glaubte, Bismarck werde nun Ruhe geben, täuschte sich. Parallel hatte der preußische Ministerpräsident längst den nächsten Zug vorbereitet: mit Hilfe außerordentlich hoher Bestechungsgelder aus »schwarzen Fonds«, von deren Existenz die Öffentlichkeit »natürlich« nichts wusste, hatte er den Kurfürsten von Hessen dazu gebracht, dem »Deutschen Zollverein« beizutreten, also einem gemeinsamen Zoll- und Wirtschaftsraum (à la EU beziehungsweise der von Putin geplanten Eurasischen Union). Ausdrücklich ausgeschlossen von den Beitrittsverhandlungen war – Österreich. Während Preußen Vertrag um Vertrag mit den deutschen Kleinstaaten abschloss und so das preußisch geführte Wirtschaftsgebiet (als Vorbereitung zu einer »Reichseinigung« unter preußischer Führung) ständig erweiterte, wurde Österreich kein Beitrittsvertrag, sondern nur ein Handelsvertrag mit der Zollgemeinschaft angeboten, ohne Mitgliedschaft. Die kleindeutsche-großpreußische »Reichseinigung« ohne Österreich war zu diesem Zeitpunkt für verständige Zeitgenossen schon klar absehbar.

Die Stimmung zwischen Wien und Berlin hatte damit einen neuen Tiefpunkt erreicht, »es lag etwas in der Luft«. Die übrigen europäischen Großmächte verfolgten den sich anbahnenden Konflikt mit wohlwollendem Interesse, konnte ein absehbarer Krieg zwischen den beiden deutschen Führungsmächsten nur die willkommene Schwächung beider bedeuten (dass es ganz anders kommen könnte und würde, lag außerhalb der Vorstellungskraft der meisten Zeitgenossen). Russland war mit Preußen über den Beistandspakt verbündet und hatte bei der Niederschlagung des Polenaufstands schlechte Presse in Frankreich, Großbritannien und Österreich zu verkraften gehabt. Es teilte Preußen auf geheimdiplomatischen Kanälen mit, dass es sich im Falle einer bewaffneten Auseinandersetzung zwischen Österreich und Preußen neutral verhalten werde, dass Preußen also keinen Zweifrontenkrieg zu befürchten habe. In Frankreich war seit 1851 die Militärdiktatur unter dem Neffen Napoleons, der als Kaiser Napoleon III. den Thron usurpiert hatte, am Ruder. Paris hatte ein Interesse daran, deutsche Einigungsbestrebungen zu unterlaufen (wie auch 1989, so gleichen sich die Szenarien), da man eine Stärkung der mitteleuropäischen Militärmacht Preußen befürchtete. Andererseits gab es Spannungen zwischen Frankreich und Österreich, und zwar wegen Italien. Frankreich hatte, um die »feindliche« Großmacht Österreich, die über umfangreiche Besitztümer in Italien verfügte, zu schwächen, die italienische Einigungsbewegung, die den österreichischen Besitzungen in Norditalien und im Veneto immer näher rückte, nach Kräften unterstützt. Schon 1859 waren alle italienischen Kleinstaaten beseitigt (was aus Deutschland von Demokraten und Reichseinigungsträumern mit Neid beobachtet wurde), die jeweiligen Fürstenhäuser verjagt und ein einheitliches Italien geschaffen worden, dem zuletzt sogar noch die bislang österreichische Lombardei durch militärische Siege (bei Magenta und Solferino) des jungen italienischen Königreichs gegen die Großmacht Österreich angegliedert worden war.

Bismarck nutzte natürlich auch diese Konstellation zu seinen Gunsten, indem er dem italienischen Königreich versprach, im Falle eines preußischen Sieges dafür zu sorgen, dass das Veneto zu Italien käme. Damit sicherte er sich nicht nur Italien als Bündnisgenossen (das kurz zuvor ja bereits militärisch über Österreich die Oberhand behalten hatte), sondern sorgte damit auch für Wohlwollen in Frankreich gegenüber den preußischen Plänen. Und da das aber noch keine ausreichende Grundlage dafür war, den Österreichern wirklich Angst einzujagen, stellte Bismarck dem italienischen Königreich auch noch die enorme Summe von 120 Millionen Talern zwecks Aufrüstung (gegen Österreich) zur Verfügung. Damit sollte die österreichische Südflanke so nachdrücklich bedroht werden, dass Österreich gezwungen war, stärkere Truppenkontingente als bisher in Italien zu stationieren, und so seine Nordost-Flanke gegen Preußen zu schwächen (ein wesentlicher Grund für den späteren Sieg Preußens). Doch auch das reichte Bismarck noch nicht. Seine überbordende negative Energie brachte ihn auch noch dazu, mit verschiedenen Oppositionsgruppen im k.u.k.-Vielvölkerstaat Kontakt aufzunehmen, diesen über »unverdächtige Stiftungen« (man erinnere sich an die Farbrevolutionen in Osteuropa mit der bislang in der Westblock-Presse konsequent heruntergespielten Rolle der US-Stiftungen, um eine westgenehme Regierung an die Macht zu putschen, zuletzt erfolgreich in der Ukraine durchexerziert, dort allerdings schon gar nicht mehr so geheim, sondern ganz offiziell – man denke an den Besuch der Staatssekretärin im US-Außenministerium, Nuland, in Kiew, wie sie an Demonstranten und Polizisten Kekse verteilte – das sollte sich ein russischer Regierungsbeamter mal in den USA bei BLM-Demos leisten) Geld zukommen zu lassen, um Aufstände oder zumindest gewalttätige Demonstrationen zu organisieren, und so die österreichische Zentralmacht zusätzlich zu schwächen.

Frankreich spielte aber nicht ganz so mit, wie gedacht, sondern changierte zwischen Bündnisangeboten an Österreich und Bündnisangeboten an Preußen. Daher blieb hier ein gewisser Unsicherheitsfaktor. Bismarck fühlte sich allerdings ausreichend sicher, um das in Kauf zu nehmen. Zumal er parallel auch noch die deutsche Kriegskasse bis zum Rand gefüllt hatte. Je zwei Millionen Taler Kredit zu günstigen Konditionen stellten – aus naheliegenden Gründen, die bevorstehenden Profitmaximierungen im Kriegsfalle ließen das als günstiges Geschäft erscheinen – die Hauptwaffenschmiede des Deutschen Reiches, Krupp in Essen, und Stumm in Völklingen zur Verfügung. Dazu verkaufte Bismarck heimlich staatlich gehaltene Eisenbahnaktien im Wert von 13 Millionen Taler, ließ dazu Staatsschuldverschreibungen im Wert von 40 Millionen Talern ausgeben, ohne dafür die notwendige parlamentarische Zustimmung zu haben, und saß damit auf einem wohlgefüllten Konto für Kriegsbelange.

Um einen konkreten Kriegsanlass herbeizuführen (und öffentlich nicht selbst als Aggressor dazustehen) wiederholte Bismarck 1866 seinen gelungenen Coup von 1863: er schlug nochmals allgemeine, gleiche und direkte Wahlen zu einem Bundesparlament im gesamten deutschsprachigen Reichsgebiet (einschließlich Österreich) vor. Österreich tat ihm erneut den Gefallen, auf die preußische Steilvorlage hereinzufallen. Aufgrund der andauernden preußischen Machinationen in Holstein übertrug Kakanien die Entscheidung über das weitere Schicksal der eroberten Herzogtümer dem (mit antipreußischer Mehrheit ausgestatteten) Deutschen Bundestag. Bismarck beziehungsweise Preußen interpretierten das als Bruch der Vereinbarungen, die preußische Armee marschierte in den österreichisch verwalteten Teil des Besatzungsgebietes ein. Österreich reagierte wiederum wie von Bismarck geplant, und revanchierte sich mit dem Antrag auf Mobilisierung der Bundestruppen gegen Preußen, dem am 14. Juni 1866 stattgegeben wurde. Dass dies alles von Bismarcks Seite sorgfältig geplant und alles Bisherige nur vorgeschobene Geplänkel gewesen waren, um die erwünschte Kriegsklärung von Österreich zu erhalten, zeigt sich schon daran, dass Preußen seinen Aufmarsch heimlich längst vollzogen hatte und schon zwei Tage später, am 16. Juni 1866 mit militärischen Operationen beginnen konnte (in einer Zeit, in der die notwendigen Mobilmachungen in der Regel noch über einen Monat dauerten). Und so begann der Krieg zwischen den beiden deutschen Führungsmächten. Preußen auf der einen Seite, samt ein paar norddeutschen und thüringischen Kleinstaaten, Österreich auf der anderen Seite, mit Sachsen, Hannover, Bayern, Württemberg, Baden, Kurhessen, Nassau, Frankfurt und einigen kleineren Fürstentümern. Die Wetten in Europa liefen auf eine krachende Niederlage Preußens gegen die versammelten Bündnistruppen seiner Gegner unter Führung der Großmacht Österreich hinaus, da Preußen mindestens einen Zwei-, wenn nicht gar Dreifrontenkrieg zu führen hatte. Österreich bot 250.000 Mann auf, die deutschen Verbündeten zusätzliche 120.000 Mann, zusammen also 370.000 Soldaten, während Preußen »nur« 280.000 Soldaten aufzuweisen hatte.

Doch der preußische Generalstab hatte für seine kampferprobte und in den letzten zwei Jahren umfassend weiter modernisierte Armee eine erfolgreiche »Blitzkriegs«-Strategie vorbereitet, die schnelle Vorstöße nach Westen (Hannover), Südwesten (Hessen) und Süden (Sachsen) vorsah, um die gegnerischen Truppenkontingente zu vernichten, bevor man sich gegen Österreich wandte. Und der Plan funktionierte. Hannover, Kurhessen und Sachsen kapitulierten nach wenigen Tagen, der korrupte Kurfürst von Hessen wurde gefangengenommen, sein Heer flüchtete nach Bayern. Kaum zwei Wochen später, noch bevor den Österreichern so recht bewusst wurde, was geschehen war, wurde am 3. Juli 1866 die gemächlich Richtung Norden marschierende österreichische Hauptarmee bei Königgrätz (Hradec Králové / heute Tschechien) von drei Seiten durch preußische Truppen (die mit der

Eisenbahn in Rekordzeit von der West- an die Südostfront verlegt worden waren) attackiert und zerschlagen. Binnen 18 Tagen hatte Bismarck beziehungsweise Preußen »zugelangt«, hatte alle seine »innerdeutschen« Rivalen um die Macht geschlagen und sich als alleinige Führungsmacht im deutschsprachigen Raum etabliert. Österreich blieb künftig nur der zweite Platz (und eine Außenseiterrolle). Leider hatte Österreich nach Metternich keinen Außenpolitiker von Rang mehr aufzubieten, der Bismarck oder seinen Nachfolgern hätte Paroli bieten können. Auch ein Lexa von Ährenthal wusste um die Jahrhundertwende als k.u.k.-Außenminister nichts als unentschlossen zwischen Russland und Deutschland zu lavieren, immer wieder gegen Italien zu stänkern, und auf dem Balkan auf Beute vom schwächelnden osmanischen Reich zu hoffen, was aber wiederum Russland auf den Plan rufen musste (und dann in die Katastrophe des Ersten Weltkrieges führte).

7.500 Tote und Verwundete hatte der Sieg gekostet, erneut eher ein »Spaziergang« als ein wirklicher Krieg. Nach dem Sieg über Österreich wusste Bismarck auch noch andere »Rechnungen« zu begleichen. Preußen konnte unter seiner Führung eine enorme Beute einstreichen: Handstreichartig wurden Schleswig-Holstein, das Königreich Hannover (wo Bismarck auch kurzerhand den »Welfenschatz«, den gesamten Staatsschatz beschlagnahmen ließ, zu seiner persönlichen Verfügung), Kurhessen, Nassau und die Freie Stadt Frankfurt besetzt. Bismarck selber erhielt zur Belohnung für seine erneut geglückte außenpolitische Aggression beziehungsweise Vergrößerung des preußischen Machtbereichs ein Bargeldgeschenk, »Dotation« genannt, in atemberaubender Höhe von 400.000 Talern, sowie den Grafentitel.

Der Kaiser in Wien musste der Auflösung des bisherigen Deutschen Bundes und seines Parlaments, des Bundestages, zustimmen und machte so den Weg frei für die von Preußen angestrebte Neuordnung Deutschlands (»kleindeutsche Lösung«) ohne Österreich, das eine hohe Kriegsentschädigung zahlen musste. Doch damit nicht genug, musste »Kakanien« auch noch – wie von Bismarck versprochen – das Veneto an Italien abtreten, und verfügte danach auf dem heutigen italienischen Staatsgebiet nur noch über kleinere Randbesitzungen in Südtirol und Richtung Triest. Die süddeutschen Staaten – der direkten Konfrontation entgangen, aber vor der furchtbaren preußischen Kriegsmaschinerie zitternd, der sie nicht gewachsen waren – zwang Bismarck, in Geheimverträgen sich zu verpflichten, in jedem künftigen Krieg Preußen Truppenkontingente zur Verfügung zu stellen.

Aber auch damit nicht genug: Bismarck verfolgte ja ein langfristiges Ziel, zu dem die bisherigen Schritte und Kriege und Toten nur Zwischenetappen gewesen waren: die Einigung der deutschen Lande unter preußischer Führung – und unter Ausschluss Österreichs. Als wichtigstes Ergebnis hatte der preußische Blitzkrieg die Einigung, Erweiterung und Arrondierung des preußischen Staatsgebietes gebracht, das nun um Hannover und Hessen erweitert, nicht länger in einen Ost- und einen Westteil gespalten war, sondern eine mächtige, einheitliche Landmasse mitten in Deutschland aufzuweisen hatte, die die größten Teile »Deutschlands« und zwei Drittel der deutschsprachigen Bevölkerung aufzuweisen hatte. Noch im August 1866 ließ Bismarck den von ihm per Federstrich aufgelösten Deutschen Bund – nun ohne die störende Konkurrenz Österreich – als »Norddeutschen Bund« wiederauferstehen, zu dem sich die nördlichen Teilstaaten des Deutschen Reiches unter preußischer Führung zusammenschlossen. Gegen Preußen, die mittlerweile stärkste Militärmacht in Mitteleuropa, wagte keiner der deutschen

Kleinstaaten mehr zu opponieren. Das Amt des »Bundes-
präsidenten« im »Norddeutschen Bund« und damit auch
der militärische Oberbefehl wurden als erbliche (!) Position dem preußischen König zugesprochen. Dieser hatte
auch das Recht, den »Bundeskanzler« zu ernennen, der die
Regierung leiten und zusätzlich autonom die Außenpolitik
des »Norddeutschen Bundes« bestimmen sollte. Und wer
anders kam dafür in Frage als Bismarck? Niemand.

Bismarck erweiterte so erstmals seine persönlichen
Machtbefugnisse über die preußischen Landesgrenzen
hinaus. Sein König, dem er formell unterstellt war, war
ihm geistig überhaupt nicht gewachsen, und durchschau-
te die ganzen Winkelzüge nicht, die der wie ein Hase Ha-
ken schlagende Bismarck immer wieder vollzog, freute
sich aber am Endergebnis, der immer weiter zunehmenden Bedeutung Preußens in Deutschland und in Europa.
Die dem Bund nicht angehörenden süddeutschen Länder
Bayern, Württemberg und Baden wurden über Geheim-
verträge dem Norddeutschen Bund angeschlossen. Die
Volksvertretung im Norddeutschen Bund, die 1867 neu
gewählt wurde, benannte man – im Vorgriff auf künftige
Ereignisse – »Reichstag«. Seine politische Mitwirkungs-
möglichkeit beschränkte sich aber auf das Gebiet der
Wirtschaft. Ihm übergeordnet war ein »Bundesrat«, in
dem die von den regierenden Herrschern der teilnehmen-
den Kleinstaaten entsandten Bevollmächtigten saßen.
Statt der vom Volk gewünschten gleichberechtigten allum-
fassenden Vereinigung deutscher Lande war die Unterwerfung deutscher Provinzen unter Preußen eingetreten,
was aber im Jubeltaumel zumeist unbemerkt blieb.

Auch im heimischen Preußen hatte der »glänzende
Sieg« Nachwirkungen: wie immer stimmte die siegestrun-
kene Bevölkerung für den Gewinner – die Bismarck un-
terstützenden Konservativen errangen einen Erdrutsch-

sieg, so dass Bismarck nun auch zuhause noch unangefochtener als zuvor »durchregieren« konnte. Der neue preußische Landtag beeilte sich denn auch, mit absoluter Mehrheit Bismarcks rechtswidrige Handlungen der vergangenen vier Jahre (seit 1862) nachträglich zu legitimieren. Vom verschuldeten Junker mit einer paar Hektar Grundbesitz und einigen Dutzend Leibeigenen war Bismarck binnen zweier Jahrzehnte zum unumschränkten Herrscher in Preußisch-Norddeutschland avanciert, zum Diktator über Millionen Einwohner und einer nach hunderttausenden von Quadratkilometern zählenden Landesfläche. Meisterlich hatte er bisher seinen Plan verfolgt, über viele kleine und große Schritte immer weiter darauf hin gearbeitet, Deutschland unter preußischer, sprich unter Bismarcks Führung zu einigen. Dabei setzte er auf Diplomatie, schreckte aber auch vor brutalen militärischen Überfällen nicht zurück. Diese Mischung machte ihn einzigartig, und versetzte ihn in die Lage, diesen Siegeszug ohne gleichen ins Werk zu setzen. Und dieser Siegeszug war mit der Einigung des Norddeutwschen Bundes noch keineswegs zu seinem Ende gekommen.

Bevor Bismarck allerdings außenpolitisch die nächste Eskalationsstufe herbeiführen konnte, musste er sich zunächst neuerlich der ungeliebten, weil undankbareren Innenpolitik widmen. Mit Ferdinand Lassalle war auf Seiten der entstehenden Arbeiterbewegung eine charismatische, rhetorisch glänzende Führungspersönlichkeit ins Spiel gekommen, die auf die Obrigkeit um Bismarck nachhaltigen Eindruck zu machen verstand. Die Forderungen Lassalles waren aus der Sicht seiner Zeitgenossen und Konkurrenten Marx und Engels eher harmloser, zu harmloser Natur: Abschaffung des Dreiklassenwahlrechts (das die Arbeiterklasse deutlich benachteiligte), Partizipation der Arbeiterklasse am Produktionsprozess (und den Profiten), Aufbau von Arbeiterproduktionsgenossenschaften etc. Der preußische Staat wurde als Rahmen für die Tätigkeit des neugegründeten »Allgemeinen Deutschen Arbeitervereins« (ADAV, die Nähe zum heute omnipräsenten ADAC ist deutlich) anerkannt, und trotz monarchischer Diktatur unter Führung Bismarcks nicht in Frage gestellt. Dafür fehlten in Lassalles Programm Klassenkampf, Führungsanspruch des Proletariats, internationale Solidarisierung der Arbeiterklasse, also die klassischen Forderungen aus dem Lager Marx-Engels, völlig. Die Sozialdemokratie war ins Leben getreten ☺.

Lassalles Verein war explizit nicht-revolutionär und zum Bündnis mit der reaktionären Bismarck-Regierung nur zu bereit (es war immer schon attraktiv, auch für Pseudo-Klassenkämpfer, ob sie nun SPD oder Grün heißen, in die Regierung zu kommen, und dafür ihre Überzeugungen, falls jemals welche vorhanden waren, rückstandsfrei über Bord zu werfen). Auch gegen die kleindeutsche-großpreußische Teileinigung Deutschlands unter Ausschluss Österreichs hatte Lassalles Verein nichts einzuwenden. Lassalle führte die Arbeitervereine, die künftige SPD, das war schon früh abzusehen und wurde von Marx und Engels« denn auch entsprechend angeprangert, in eine politische Sackgasse. Lassalles persönlicher Lebenswandel spiegelte seine Unzulänglichkeiten wider: Eitelkeit, persönliche Schwächen, Liebeshändel. Und so mündete auch sein Leben in eine finale Sackgasse: bei einem aus eben diesen Liebenshändeln herrührenden Duell in der fernen Schweiz wurde er von seinem Gegner in den Unterleib getroffen, und verstarb nach drei qualvollen Tagen des Todeskampfes am 31. August 1864 in Carouge bei Genf.

Der Kampf der Arbeiterschaft drehte sich in den folgenden Jahren um die Themen Streikrecht und Koalitionsfreiheit. Sowohl zu streiken als auch sich in Gewerkschaften zusammenzuschließen war zu diesem Zeitpunkt illegal. Zahllose Streiks des Jahres 1865 wurden von der Obrigkeit blutig unterdrückt. So kam es beinahe naturgemäß gegen Ende des Jahres zu ersten größeren Arbeiterzusammenschlüssen. Den Anfang machten die Zigarrenarbeiter im Dezember 1865, gefolgt von den Buchdruckern Anfang 1866. 1868 schlossen sich die knapp 100 bisher entstandenen deutschen »Arbeiterbildungsvereine« (Gewerkschaften waren ja nach wie vor illegal), der ersten Internationalen sozialistischen Arbeitervereinigung an, die in London residierte. Lassalles Stelle in der Führung der deutschen Arbeiterbewegung hatten zu diesem Zeitpunkt August Bebel und Wilhelm Liebknecht übernommen. Sie sorgten für die Gründung der ersten deutschen Arbeiterpartei unter dem Namen Sozialdemokratische Arbeiterpartei (1869 in Eisenach). Bebel und Liebknecht hatten es trotz der vielen Benachteiligungen im Wahlgesetz geschafft, Abgeordnete des norddeutschen »Reichstags« zu werden.

Während Bismarck entsprechende innenpolitische Winkelzüge vorbereitete, um die Gefahr durch die entstehende Arbeiterbewegung zu entschärfen, blieb er gleichzeitig auch außenpolitisch nicht untätig. Hier gab es noch ein williges Opfer. Nachdem Österreich düpiert und in Deutschland jegliche Konkurrenz ausgeschaltet war, konnte nur ein Krieg gegen einen äußeren Feind die notwendige Begeisterung für den noch ausstehenden Gesamtzusammenschluss Deutschlands unter preußischer beziehungsweise Bismarcks Führung (und natürlich unter fortbestehendem Ausschluss Österreichs) herbeiführen. Denn bevor er nicht Herr über ganz Deutschland war, konnte Bismarck keine Ruhe geben, das ließ sein krankhaftes Geltungsstreben nicht zu. Auch diesmal musste alles so angerichtet werden, dass die – von Bismarck nach

Kräften geschürte – Aggression von außen kam, dass also die Kriegsschuld eindeutig beim Angegriffenen (statt beim Angreifer Preußen) lag!

Und wieder hatte der Instinkt des gewissenlosen Machtpolitikers Bismarck dazu gebracht, das perfekte Opfer auszuwählen. Russland war schlicht zu groß (so viel Realismus brachte Bismarck trotz allem auf, im Gegensatz zu Wilhelm II. und Hitler, die es jeweils 1914 beziehungsweise 1941 versuchten und damit ihre Herrschaft beendeten) um es anzugreifen, ähnliches galt für das mit einem weltumspannenden Kolonialreich beziehungsweise Rückzugs- und Gegenangriffsraum ausgestattete Großbritannien, das zusätzlich die schlagkräftigste und größte Flotte des Planeten aufwies. Italien war zu klein und zu weit weg, Österreich war schon düpiert, blieb nach der schlichten Logik des Machtmenschen Bismarck nur Frankreich, um über die Kriegsbande zur uneingeschränkten Führung in ganz Kleindeutschland beziehungsweise Großpreußen zu kommen.

Napoleon III. hatte mit Enttäuschung beobachtet, dass Preußen es wider Erwarten 1866 geschafft hatte, sowohl die restlichen deutschen Kleinstaaten als auch die Großmacht Österreich militärisch aus dem Feld zu schlagen. Er versuchte vergeblich, mit erheblichen Bestechungssummen in Süddeutschland eine allgemeine antipreußische Stimmung anzufachen. Bismarck wiederum setzte alles daran, Frankreich als »Tod-« beziehungsweise »Erzfeind« Deutschlands beziehungsweise der deutschen Einigung dastehen zu lassen, und so das nötige Momentum zur Einsackung Restdeutschlands unter preußischer Führung zu erzeugen. Im Sommer 1870 war es so weit: mit Hilfe der abgefälschten »Emser Depesche« brachte Bismarck tatsächlich Frankreich dazu, die von Preußen langersehnte Kriegserklärung auszusprechen. Preußen war auch auf diesen Krieg bestens vorbereitet, lag der letzte doch schon vier Jahre zurück, waren in der Zwischenzeit die Depots und die Mannschaftsstärken aufgefüllt worden, die Bewaffnung nochmals verstärkt und modernisiert worden. Der französische Plan sah vor, Deutschlands Mitte um Frankfurt am Main zu durchstoßen, um Preußen von seinen süddeutschen Verbündeten abzuschneiden und so in Süddeutschland einen Seitenwechsel zugunsten Frankreichs herbeizuführen. Im Gegensatz zu den preußischen Aufmarschplänen basierte dieser auf vielen falschen oder nicht ganz richtigen Annahmen. Preußen dagegen verstand es einmal mehr, Fakten zu schaffen, und mit einer neuerlichen Blitzkriegs-Strategie zu punkten, auch wenn dieser »Feldzug« schon eher an einen »richtigen« Krieg gemahnte als die Waffengänge von 1864 und 1866. Während das Gros der französischen Armee weiter nördlich aufgestellt war, um zum Durchmarsch durch Mitteldeutschland anzutreten, schlugen die preußischen Truppen gegen das schwächer befestigte Elsass los und vermochten es in einer Art »Sichelschnitt« (die Lieblingsstrategie der Deutschen gegen Frankreich, daher auch 1914 und 1940 an den Start gebracht) diesmal Richtung Norden, die Hauptstreitmacht der französischen Armee am 2. September 1870 bei Sedan einzuschließen und zur Kapitulation zu zwingen. Hunderttausend französische Soldaten und Napoleon III. selbst wanderten in Gefangenschaft. Der 1. September wurde fortan in deutschen Landen als »Sedans-Tag« zum Feiertag (bis 1945).

Am 4. September 1870 gab es einen Umsturz in Paris, das Volk vertrieb die napoleonische Regierung, der Krieg hätte von Preußen-Deutschland eigentlich beendet werden können. Doch die Imperialisten in Wirtschaft und Militär waren jetzt auf den Geschmack gekommen. Paris sollte erobert, Frankreich unter deutsch-preußische Knute gezwungen werden. Die preußisch-deutschen Truppen rückten daher gegen Paris vor und schlossen einen Belagerungsring um die Stadt. Die Stadt sollte ausgehungert werden, so wie es Hitler ab 1941 mit Leningrad vorhatte. Das frisch eroberte Elsass-Lothringen kam schon mal vorab unter deutsche Verwaltung. Da die französische Regierung zu diesem Zeitpunkt noch größere Reserveverbände in den westlichen und südlichen Landesteilen Frankreichs zur Verfügung hatte, weigerte sie sich, zu kapitulieren. Ihre führenden Vertreter waren per Heißluftballon nachts aus dem belagerten Paris entkommen und hatten ihren Sitz in der westfranzösischen Küstenstadt Bordeaux genommen. Um die sich hinziehenden Waffenstillstandsverhandlungen zu beschleunigen, begann die deutsche Armee Ende Dezember 1870, Paris bis zum Waffenstillstand Ende Januar 1871 systematisch mit Artillerie zu beschießen. Da die Reichweite der deutschen Artillerie fast doppelt so hoch war wie die der veralteten französischen Geschütze, konnte sie dies gefahrlos tun, da die deutschen Geschütze außerhalb der Reichweite der französischen aufgestellt waren. Die Kriegsführung wurde von deutscher Seite ohnehin verschärft, als französische Landwehrtruppen auch im Hinterland der deutschen Front Anschläge auf Nachschubtransporte und Depots durchzuführen begannen. Die deutsche Armee verhängte nun ein grausames Sanktionsregiment über die betroffenen ostfranzösischen Gebiete, aufgegriffene Landwehr-Franzosen und Geiseln wurden standrechtlich erschossen, ganze Dörfer niedergebrannt – ein Vorgeschmack dessen, was im Ersten und Zweiten Weltkrieg auf deutscher Seite zur Standardkriegsführung auch gegen die Zivilbevölkerung werden sollte.

Die »Hängepartie« in Frankreich setzte Bismarck nun unter Zugzwang, sein übergeordnetes Projekt, Restdeutschland seiner, Bismarcks, beziehungsweise Preußens

Vorherrschaft zu unterwerfen, und dies für alle Zeiten, zum Abschluss zu bringen. Das Hauptquartier der deutschen Truppen in Frankreich war seit Oktober 1870 standesgemäß im prachtvollsten, größten französischen Schloss in Versailles untergebracht. Hier sollte sich die entscheidende Episode der endgültigen preußischen Machtergreifung in Deutschland, beziehungsweise des Durchmarschs Bismarcks auf die erste Position in ganz Restdeutschland, abspielen. Doch zunächst waren noch einige »kleinere« Vorarbeiten nötig. Der preußische König Wilhelm I. wollte – das wusste Bismarck – um die »Gnade« gebeten werden, seine Zustimmung dazu zu erteilen, deutscher Kaiser zu werden. Dazu brauchte Bismarck standesgemäße Antragsteller. Hierfür kamen nur die drei verbliebenen »unabhängigen« süddeutschen Adelshäuser in Baden, Württemberg und Bayern in Frage (alle anderen waren ja schon preußisch eingemeindet worden). Zudem war außenpolitisch zu beachten, dass das Ganze so schnell vor sich gehen musste, dass europäische Mächte anderer Auffassung (die eine deutsche Einigung verhindern wollten) nicht dazu kämen, wirksame Gegenmaßnahmen zu ergreifen. Als schwächstes Glied in der Reihe der süddeutschen Potentaten hatte Bismarck unschwer den bayerischen »Märchenkönig« Ludwig II. ausgemacht: mit seltsamen Regierungshandlungen, erratischem persönlichen Verhalten, seiner verheimlichten Homosexualität und einer überbordenden »Bauwut« hatte sich der Bayer national (aber auch im heimischen Bayern) ins Abseits gespielt und zudem hoch verschuldet. Hier ließ sich etwas machen.

Bismarck mobilisierte erhebliche Mittel aus dem requirierten Welfenfonds und dem eingesackten hessischen Fürstenvermögen, um den Bayern mit Geldgeschenken gewogen zu machen beziehungsweise ihn ganz einfach per Bestechung dazu zu bringen, den gewünschten Antrag beim preußischen König, dass dieser doch bittschön die Kaiserkrone zu übernehmen allerhuldigst in Erwägung ziehen möge, einzureichen. Insgesamt nicht weniger als sieben Millionen Goldmark flossen in unterschiedlichen Tranchen über diskrete Schweizer Banken (nach bis heute bewährter Manier) Richtung München in die weißblaue Königsschatulle, weitere nicht unerhebliche Mittel in die Taschen der übrigen süddeutschen Bonzen. Um das Ganze formaljuristisch abzusichern, schloss Bismarck nach längeren Verhandlungen mit den offiziell zum Teil »großdeutsch«/pro-österreichisch gesinnten süddeutschen Potentaten zusätzlich die »November-Verträge« ab, in denen diese im Spätherbst 1870 ihren Beitritt zum »Norddeutschen Bund« erklärten, der damit zum kleindeutsch-großpreußischen »Deutschen Reich« erweitert wurde. Diese Verhandlungen waren bereits zumeist in Versailles geführt worden, das damit als zentraler Ort des Geschehens festgelegt wurde. Dabei sollte kein neues Staatsgebilde geschaffen werden, sondern die Süddeutschen schlicht dem »Norddeutschen Bund« beitreten (analog zum Geschehen 1989/90, als der DDR eine neue gemeinsame Staatlichkeit verweigert wurde, und ihr nur der unrühmliche Beitritt zur BRD blieb). Die Verfassung des Norddeutschen Bundes sollte dabei die Grundlage der neuen Reichsverfassung werden, der »Bundespräsident«, also der preußische König, deutscher »Kaiser« werden (ein weiterer Affront gegen Österreich und seinen Kaiser, der nominell immer noch Herr aller Deutschen war). Die November-Verträge traten zum 1. Januar 1871 in Kraft, welches Datum also als die eigentliche »Reichsgründung« beziehungsweise »Bundeserweiterung« anzusehen ist.

Doch das auserwählte »Opfer«, der Bayernkönig Ludwig II., zickte herum, trotz der mittlerweile von ihm geforderten und von Bismarck bewilligten sechs Millionen Taler. Denn sein Herz hing an der »Schwesternation« Österreich, und mit Preußen verband Bayern bis dato nur die sprichwörtliche »Erzfeindschaft«. Zeitweise schlug er vor, die Kaiserwürde zwischen Preußen und Bayern zu teilen (die jeweiligen Könige sollten sich in der Kaiserwürde abwechseln). Da Bayern nach dem gemeinsam mit Österreich verlorenen Krieg von 1866 insgesamt 30 Millionen Taler Kontribution, also Strafe an Preußen bezahlt hatte, war es sowieso klamm, und die sechs Millionen als Bestechung ein gutes Geschäft für Preußen, zumal Bismarck das Geld nicht dem Staatshaushalt entnahm, sondern dem geheimen, keiner parlamentarischen oder königlichen Kontrolle unterliegenden, ihm zur persönlichen Verfügung stehenden Welfenfonds – Wilhelm I. durfte offiziell nichts von diesen ganzen Vorgängen wissen, für den Preußenpotentaten war nur wichtig, dass ihn der nach ihm selbst zweithöchste deutsche Potentat (abgesehen vom österreichischen Kaiser) die »legitime, seit 1806 ruhende deutsche Kaiserkrone« (so die offizielle Begründung) antrug. Und dass diese ihm nicht – wie schon 1848, als der damalige König das als unverschämte Anmaßung zurückgewiesen hatte – etwa, horribile dictu, von den »Volksvertretungen«, sprich den Parlamenten angetragen werde. Kronen könnten nur von Kronen angetragen werden, sprich, das müssten die Fürsten und Nobilitäten untereinander ausmachen, Volkes Stimme war hierbei unerwünscht.

Eine wichtige Rolle bei der Einfädelung des Coups spielte der bayerische Oberststallmeister Graf Holnstein, der bei Ludwig II. die entscheidenden Weichenstellungen veranlasste, er brachte ihn dazu, das – von Bismarck vorformulierte – offizielle »Bittgesuch« Ludwigs an den preußischen König, er möge doch bitte die Kaiserwürde annehmen, zu unterzeichnen. Als Oberststallmeister hatte Holnstein engsten Kontakt zu den Kürassieren der bayerischen Kavallerie, aus deren Reihen Ludwig II. angeblich seine Sexualpartner auswählte. Holnstein habe die Macht über Ludwig II., heißt es in zeitgenössischen Quellen, er könne Druck ausüben, Ludwig könne ihm nichts abschlagen, da Holnstein Dinge gegen ihn in der Hand habe. Holnstein handelte auch für sich ein gutes Zubrot aus, da er zum »Mister 10 Prozent« wurde. Ein Zehntel aller preußischen Zahlungen an den Bayern-Kini flossen ihm zu – ein einträgliches Geschäft und ein geldschweres Dankeschön Bismarcks für die geleisteten Dienste.

So war das Feld bestellt, nur einen letzten Liebesdienst sollte der »gut geschmierte« Ludwig nun noch leisten und bei der anberaumten Feier am 18. Januar 1871 in Versailles den Preußen-Kini zum Kaiser ausrufen. Doch diesmal blieb Ludwig hart. Diese Erniedrigung nahm er nicht auf sich, den verhassten Konkurrenten aus Berlin auch noch persönlich auf den Kaiserthron zu hieven. Er blieb in München, schützte Unwohlsein vor und schickte seinen Onkel (der ihn 15 Jahre später aus dem Amt und in den »Selbstmord« treiben sollte), Prinz Luitpold, der keine Skrupel hatte, und die Schmierenkomödie von Bismarcks Gnaden gerne mitspielte. Luitpold rief also wunschgemäß im Kreise der regierenden Fürstlichkeiten in der Spiegelgalerie des Schlosses von Versailles den Preußen zum Kaiser aller Deutschen aus, das Haus Hohenzollern zum erblichen Kaiserstuhlverwahrer. Bismarck war auf dem Höhepunkt angekommen. Er hatte alle seine Ziele erreicht. Der »unter ihm« amtierende Preußenkönig war Kaiser geworden, Preußen alleinige Führungsmacht im vereinten »kleinen« Deutschland, Österreich war auf Jahrzehnte abgeschlagen, die übrigen europäischen Großmächte ausgekontert, Bismarck als Kanzler des »Deutschen Reiches« nun die absolute Nummer Eins in Deutschland, in dem er nach Belieben schalten und walten konnte. Die Bestechungsgelder, die Bismarck für die Reichsgründung rundum verteilt hatte, blieben für viele Jahrzehnte geheim, und finden auch heute noch nur in Ausnahmefällen Nennung in den Geschichtsbüchern und Geschichtsdarstellungen der BRD.

Am 5. März 1871 schloss eine Siegesparade der deutschen (preußischen, bayerischen, württembergischen und badischen) Truppen über die Champs Elysées die Militärkampagne ab, der Sieg war umfassend, der Triumph auf deutscher Seite grenzenlos. Man hatten den »Erbfeind« geschlagen, das übermächtige, Deutschland immer einen Schritt voraus empfundene Frankreich. Zwei Wochen später versuchte die bürgerliche französische Regierung, die in Paris während der Besatzung gebildete »Volkswehr«, die Nationalgarde, zu entwaffnen, was allerdings am Widerstand der 300.000 Gardisten gegen die 40.000 aufgebotenen Regierungssoldaten scheiterte. Die bürgerliche Regierung räumte daraufhin Paris und überließ es der »Kommune«, den spontan gebildeten Strukturen einer Volksregierung. Statt die Bürgerlichen zu verfolgen und in Versailles zu verhaften, beschränkte sich die Volksregierung darauf, Paris gegen weitere Überfälle der Regierung zu sichern. Zudem wurden freie und geheime Wahlen für die Stadtregierung durchgeführt, die am 28. März ins Amt eingeführt wurde, im Rathaus der Stadt, über dem die Rote Fahne wehte. Die Kommunarden verwirklichten viele Arbeiterforderungen, ließen jedoch den gesamten Finanzsektor unangetastet, so auch die französische Nationalbank mit ihren zwei Milliarden Goldfrancs in den Kellertresoren, die die Finanzierung der »Revolution« hätte auf lange Zeit sicherstellen können. Aber man begnügte sich mit der Verwaltung der Stadt und der Linderung der schlimmsten Nöte. Doch die bürgerliche Regierung hatte den Plan, Paris zurückzugewinnen, nicht aufgegeben, nur aufgeschoben. Acht Wochen später schossen neu zusammengestellte Regierungstruppen die Nationalgardisten von Paris zusammen, ihre Anführer wurden im Dutzend füsiliert. Angesichts starker Verluste der bürgerlichen Streitkräfte hatte die deutsche Regierung vorfristig die Gefangenenlager geöffnet und den Bürgerlichen in Frankreich die zurückgekehrten Soldaten zur Verfügung gestellt, so dass diese die Macht im Lande erhalten und die Pariser Kommunarden niederringen konnten.

Die Rache der bürgerlichen Sieger gegen die Aufständischen von Paris war fürchterlich: Gefangene Aufständische wurden ausnahmslos erschossen, auch Verwundete, Kranke und Alte. Teilweise wurden sie auch von ausgesuchten Sadisten unter den Siegern nach allen Regeln der Kunst gefoltert, bevor sie erschossen wurden (oder unter der Folter starben). Auf Seiten der Kommunarden wurden nach den immer weiter um sich greifenden Greueltaten der Sieger, die Tausende das Leben kosteten, insgesamt 62 Geiseln, darunter der Erzbischof von Paris, erschossen. Ein moderater Blutzoll, verglichen mit dem, was die Sieger anstellten. Als Parallele fällt hier sofort die Zeit der Räteregierung in München 1918/19 auf, wo ebenfalls die von den Bürgerlichen mobilisierten »Freikorps« mit dem Abschaum der Menschheit (viele bildeten später die Kerntruppe der SS) auf die Bevölkerung losgelassen wurden und »wie die Hunnen hausten«, Massaker, Folterungen, Vergewaltigungen wurden verzeichnet, darunter – besonders eklatant – die schonungslose Ermordung völlig unschuldiger katholischer Wandergesellen, die von den Deppen der Freikorps für »Kommunisten« gehalten worden waren. Ähnliches war dann wiederum knapp hundert Jahre später in der Ukraine zu verzeichnen, als die unter westlicher Regie organisierten Freikorps erst den Kampf gegen die Polizei in Kiew und den Umsturz wuppten und dann auf die protestierende Bevölkerung in der Ostukraine losgelassen wurden, wo sie ebenfalls ein Schreckensregiment einrichteten, gegen das sich dann der von westlicher Seite schärfstens verurteilte Aufstand samt Loslösung der beiden Volksrepubliken von Lugansk und Donezk sowie die Annexion der Krim richteten.

Die bürgerliche Armee verwandelte sich mit dem Zeitpunkt des Sieges über die Aufständischen in ein gigantisches Exekutionspeloton, den aufständischen Stadtvierteln sollte ein für alle Mal das Aufständische ausgetrieben werden, ihre Protagonisten, Anhänger, oder Mitverschwörer bis ins letzte Glied ausgerottet werden. Die Arbeiterviertel wurden durchkämmt, die Häuser durchsucht, Straßenpassanten wahllos aufgegriffen und die Verhafteten zu Tausenden in die Kasernen der Regierungstruppen getrieben. Dort wurde die überwältigende Mehrheit der Gefangenen ohne Gerichtsverfahren erschossen. Erst als man die meterhohen Leichenstapel nicht mehr geordnet beseitigt bekam und die Verwesung einsetzte, deren Gestank tagelang über Paris hing, hörten die wilden Massaker auf. Zwischen dreißig- und vierzigtausend Menschen fielen diesem Massenmord zum Opfer. Weitere vierzigtausend angebliche Verschwörer wurden in den Folgemonaten zu jahrelangen Gefängnisstrafen verurteilt. Die Masse der Gefangenen kam auf die fürchterlichen Gefängnisinseln von Cayenne und Neukaledonien. Am zentralen Platz des Aufstands, auf dem Montmartre, wurde von den Siegern die geschmacklose, bei Touristen von jeher (so auch bei Hitler und Speer 1940) bis heute beliebte Kirche Sacré-Cœur errichtet, um den Angehörigen der Aufständischen auch einen möglichen Gedächtnisort zu nehmen.

Nachdem nun außenpolitisch (außerhalb Preußens) alles wie geplant geordnet worden war, der königliche »Kaiser« nominell, Bismarck faktisch die Führung des neuen Reiches innehatten, konnte sich der diesmal als Belohnung zum »Fürsten« ernannte und mit dem »Sachsenwald« bei Hamburg beschenkte Bismarck wieder seinem zweiten Steckenpferd, der innenpolitischen Unterdrückung der Arbeiterschaft, zuwenden. Die Reichsregierung bestand zu diesem Zeitpunkt nur aus einem einzigen, dem Premierminister Bismarck, und einigen Staatssekretären. Bismarck war in Personalunion auch Vorsitzender des Bundesrates, des obersten Gremiums im Kaiserreich, in dem die regierenden Fürstenhäuser und die Freien Reichsstädte versammelt waren. Die Stimmen der preußischen Mandatsträger zählten doppelt, sie konnten jegliche Initiative verhindern beziehungsweise abschmettern, wenn diese nicht in preußischem Sinne war. Auch das eigentliche Parlament, der »Reichstag«, war nur ein Scheinparlament. Schon die Einteilung der rund vierhundert Wahlkreise sorgten dafür, das eine ständige, bequeme konservative Mehrheit im Haus erhalten blieb. Zu unvorteilhaft waren die Wahlkreise geschnitten, zu ungerecht die Stimmenverteilung zwischen den konservativen Landwahlkreisen und den progressiven städtischen Wahlbezirken. Die zwei Millionen Einwohner Berlins stellten gerade einmal sechs Reichstagsabgeordnete, während das bevölkerungsarme Großherzogtum Mecklenburg sieben Reichstagsabgeordnete wählen durfte. Frauen waren »natürlich« von den Wahlen – bis 1918 – ausgeschlossen. In Deutschland herrschte somit unumschränkt Preußen, in Preußen herrschte unumschränkt Bismarck – Bismarck war also der Mann der Stunde. Sechs Jahre (1864–1870) hatten ihm genügt, um Deutschland und Europa umzukrempeln und nach seinem Gusto und zu seinen Gunsten neu zu gestalten.

Frankreich musste eine »Kontribution«, eine Strafzahlung von fünf Milliarden Goldmark an Deutschland leisten, die zur Hälfte direkt in die preußische Armee reinvestiert wurde. Die Militärausgaben im Kaiserreich lagen bis 1914 nie unter 70 Prozent des Staatshaushalts und während des Ersten Weltkriegs sogar noch deutlich höher. »Den Idealismus des Krieges zu behüten, ist Deutschlands vornehmster Beruf«, wie aus Bismarcks Reptilienfonds geschmierte Hochschullehrer à la Treitschke bereitwillig formulierten. Insgesamt hatte der »Waffengang« zur »Reichseinigung« – bei günstiger Ausgangsposition mit deutscher Truppenüberlegenheit von 2:1 – erschreckende 187.000 deutsche und französische Soldaten das Leben gekostet. Diese Toten bildeten also das Fundament, auf dem Bismarck die deutsche »Reichseinigung« im preußischen, sprich im eigenen Sinne zimmerte. Und damit Bismarck und der »Kaiser« nicht umziehen mussten, wurde aus der Königlich Preußischen Residenz Berlin nun die neue Reichshauptstadt, in der sich zahlreiche oberste Reichsbehörden, darunter der »Reichstag« und der »Bundesrat«, ansiedelten.

Bismarck sorgte auch dafür, dass sich sein Engagement für Preußen und Deutschland in Heller und Pfennig auszahlte. Sein Gehalt ließ er auf 48.000 Goldmark pro Jahr erhöhen. Außerdem bekam er vom Kaiser ein »Dotation« genanntes Bargeldgeschenk von 1,2 Millionen Goldmark als Anteil an der in Frankreich gemachten Kriegsbeute. Hinzu kam noch das Gut Schwarzenbek samt dem umliegenden Sachsenwald bei Hamburg als weitere Imperatorengabe. Das florierende Gut brachte dem in den Fürstenstand erhobenen Bismarck jährlich weitere 102.000 Goldmark ein. Ende 1871 war Bismarck, bis dato hochverschuldeter Provinzgutsbesitzer im Brandenburgischen, schuldenfrei, Fürst, Multimillionär und Großgrundbesitzer mit insgesamt über 20.000 Hektar Besitz, der auch sonst in Finanzdingen nichts anbrennen ließ. Wie das im Einzelnen zuging, zeigt folgendes Beispiel: Über seinen

Bankier Bleichröder sicherte sich Bismarck anlässlich der Gründung der Preußischen Centralbodencredit AG mit einem von Bleichröder zur Verfügung gestellten Kredit Aktien im Wert von über einer Million Goldmark. Bismarck verschaffte der Bank nun auf undurchsichtige Weise staatliche Vorteile, wodurch der Kurs der Aktien stieg. So konnte Bismarck, der bald wieder verkaufte, einen Gewinn von 250.000 Goldmark einstreichen.

Ein Streik in den Bergbaubetrieben des Ruhrgebiets im Sommer 1872 war der erste »Schreckschuss«, der Bismarck zu größerer Eile in seinem nächsten Projekt trieb. Die ADAV-Mitglieder hatten sich mittlerweile vollständig der 1869 gegründeten SPD angeschlossen. Die Führungskräfte der erstarkenden Sozialdemokratie wurden in den 1870er Jahren verstärkt juristisch verfolgt und wegen fingierter Vergehen zu langjährigen Haftstrafen verurteilt. Den weiteren Aufstieg von SPD und Gewerkschaften konnte das nicht behindern. 1875 beschlossen ADAV und SPD das Gothaer Programm – es forderte erstaunlicherweise (für den Lassalle-Flügel kaum hinnehmbar) das Ende des Privateigentums an Produktionsmitteln, also die Verstaatlichung der Industrie, ein allgemeines, gleiches und geheimes Wahlrecht (diesmal auch für Frauen) und so weiter. Schon 1877 wurde die SPD – nahezu aus dem Stand – viertstärkste Partei im Reich (da ist sie heute auch bald wieder, auf dem Weg nach unten, wenn der derzeitige Trend anhält). Insgesamt zwölf Reichstagsabgeordnete stellte die SPD nun, zum großen Ärger Bismarcks. Dieser bereitete gerade seine Schutzzoll-Initiative vor, mit der heimischen Produzenten gegen internationale Konkurrenz durch Schutzzölle geholfen werden sollte. Es war klar, dass das zu einer allgemeinen Preissteigerung (mangels internationaler Konkurrenz beziehungsweise Zufuhr) und damit zu einer Lohnentwertung führen würde.

Da kam es 1877 zu zwei Bismarck so gelegen kommenden Attentaten auf Wilhelm I., dass der Verdacht nahelag und –liegt, dass es bei diesen »Attentaten« nicht ganz mit rechten Mitteln zuging. Fingierte Attentate gehören seit der Antike zu den beliebtesten »False Flag«-Operationen von staatlichen Eliten zur Durchsetzung von Zielen gegen eine starke Opposition, und prägten noch die »Strategie der Spannung« in den Bleiernen Siebziger Jahren des 20. Jahrhunderts, die Zeit von »RAF« und »Roten Brigaden« (siehe unten). Der erste Attentäter wurde im Schnellverfahren zum Tode verurteilt und hingerichtet, der zweite richtete sich praktischerweise gleich selber, und konnte so zu Hintermännern und möglichen Auftraggebern nichts mehr aussagen. Bismarck nutzte die Gelegenheit, um den Reichstag aufzulösen und neu wählen zu lassen, in der berechtigten Hoffnung, auf diesem Wege die 12 sozialdemokratischen Störenfriede wie überhaupt die in den letzten Wahlen wieder angestiegene Opposition loszuwerden beziehungsweise zu minimieren. Tatsächlich schrumpfte die SPD-Fraktion auf neun Abgeordnete, auch die Liberalen verloren Stimmen. Bismarck gelang es mit der konservativen Mehrheit rund um die katholische »Zentrum«-Partei 1878 das »Sozialistengesetz« vom Reichstag verabschieden zu lassen. Alle SPD-Organisationen wurden damit auf einen Schlag verboten, den Gewerkschaften wurde die Zulassung gleich mit entzogen. Wenige Wochen nach dem Sozialistengesetz ließ Bismarck dann die von ihm als »Morgengabe« für das Großkapital gedachte Schutzzollverordnung im »Reichstag« verabschieden – man fühlt sich unmittelbar an die milliardenschweren, steuerbefreienden Wahlgeschenke von Rot-Grün 1998 an die Großkonzerne erinnert, die dazu führten, dass diese einige Jahre überhaupt keine Gewerbesteuern mehr bezahlen mussten. Die Schutzzölle schufen eine Win-Win-Situation: Die Gewinne der Großunternehmen stiegen und ebenso die Zolleinnahmen des Reiches. Bismarck nutzte die Mehreinnahmen natürlich für – eine weitere Aufrüstung. Und stellte somit sowohl die Rüstungskonzerne als auch die preußischen Militärs ruhig. Zudem schloss Bismarck jetzt ein Bündnis mit dem zuvor gedemütigten Österreich, und versuchte so, die Machtvertikale in Europa zugunsten Preußen-Deutschlands zu verschieben.

Die SPD erholte sich in kurzer Zeit von dem schweren Schlag: mit Solidaritätsaktionen zugunsten der Ausgewiesenen und Exilanten, sowie mit der Gründung einer ganzen Myriade von Tarnorganisationen in Form von Sport-, Gesangs- und Turnvereinen, die keinen anderen Zweck hatten, als die bisherigen SPD-Ortsvereine zu ersetzen. Redaktionssitz und Produktion der Zeitschrift »Sozialdemokrat« wurde in die neutrale Schweiz verlegt und über eine illegale Organisation, die »rote Feldpost« genannt, nach Deutschland geschmuggelt. Bei den Reichstagswahlen 1884 errangen die Sozialdemokraten dann schon 24 Mandate. Das war besonders bemerkenswert, weil Bismarck zuvor Peitsche durch Zuckerbrot ergänzt hatte: 1883 waren eine Kranken- und eine Unfallversicherung für Arbeiter eingeführt worden, hinzu kam 1889 noch eine Rentenversicherung (das Renteneintrittsalter wurde damals auf 70 Jahre festgesetzt – da sind wir jetzt, im Jahr 2016, wieder angelangt, soviel zum Thema historischer Fortschritt). Parallel dazu wurden die Sozialistengesetze ständig verlängert und verschärft.

1889 brach im von SPD und Gewerkschaften bislang wenig erfolgreich agitierten Ruhrgebiet ein großer Bergarbeiterstreik aus, der sich rasch ausdehnte und zur größten Streikaktion des 19. Jahrhunderts auf deutschem Boden wurde. Der innenpolitische Einsatz der Reichsarmee, den

Bismarck daraufhin befahl (und der heute in Bezug auf die Bundeswehr auf der Agenda der BRD-Regierung steht), zeitigte Dutzende Tote und Verletzte auf Seiten der Bergarbeiter. Was die Streikbewegung allerdings nur noch weiter anfachte. Die SPD unter Bebel organisierte umfangreiche Unterstützungsaktionen für die durch den Streik noch stärker notleidenden Bergarbeiter und ihre Familien. Schlesische, sächsische und saarländische Bergleute legten aus Solidarität ebenfalls die Arbeit nieder (als die englischen Kumpel unter Thatcher seinerzeit in den 1980er Jahren streikten, hatte das internationalistische, solidarische Ehrgefühl der BRD-Bergarbeiter schon so weit nachgelassen, dass man nicht etwa aus Solidarität mitstreikte, sondern im Gegenteil willig Sonderschichten fuhr, und so der britischen Regierung durch zusätzliche Kohle-Importe eine Niederschlagung beziehungsweise Erpressung der Streikbewegung ermöglichte).

Für den mittlerweile seit fast drei Jahrzehnten Deutschland schurigelnden, 73-jährigen Bismarck war es die bisher größte innenpolitische Niederlage, dass er das weder hatte kommen sehen, noch dass er auch nur ansatzweise geeignete Mittel zur raschen Beendigung beziehungsweise Unterdrückung der Streikbewegung fand. Er hatte – wie so viele »späte Kanzler« (Adenauer, Kohl, Schröder, Merkel) die Verbindung zur unmittelbaren Gegenwart verloren, lebte in seiner eigenen Welt. Im Oktober 1889 lehnte der Reichstag die von Bismarck beantragte weitere Verlängerung der ganz offensichtlich nutzlosen »Sozialistengesetze« ab. Bei den Reichstagswahlen 1890 errang die SPD dann sensationelle 35 Mandate, die Konservativen (Bismarck-Unterstützer) verloren ihre absolute Mehrheit. Einen Monat später endete die Kanzlerschaft Bismarcks mit seiner Entlassung durch den mittlerweile auf den Thron gelangten Wilhelm II. Bismarck wechselte nun in den ihm so verhassten »Ruhestand«, musste alle Ämter und Würden aufgeben. Materiell musste er sich keine Sorgen machen, war er doch mittlerweile mehrfacher Millionär und zählte zu den reichsten Bewohnern Deutschlands, konnte sich zusätzlich im Titel eines »Fürsten« sonnen. Zu seinem Wohlstand hatte auch beigetragen, dass er – von der preußischen Verwaltung notgedrungen toleriert (was will man auch gegen einen autokratischen Diktator vom Schlage eines Bismarck machen als einfacher Finanzbeamten?) – seit Jahrzehnten keine Steuern bezahlt hatte, für überteuerte Holzverkäufe aus dem Sachsenwald an den rheinischen Industriellen Vohwinkel (eine verdeckte Schmiergeldzahlung der Industrie an Bismarck) insgesamt eine Million Goldmark eingenommen hatte (Vohwinkel verkaufte die Bäume als Stützenholz an die Kohlezechen des Ruhrgebiets weiter), und am letzten Amtstag als Reichskanzler per Federstrich den verbliebenen Bargeldbestand aus dem Welfenfonds in Höhe von über 200.000 Goldmark als »Handgeld« mitnahm, als ob es sich um sein Privatvermögen handelte (was er vermutlich mittlerweile so gesehen hatte). Im ganzen Reich wurden ihm zu Ehren Denkmäler errichtet, Straßen nach ihm benannt, sein Name geehrt. Und noch im 20. Jahrhundert stimmte die Mehrheit der BRD-Bürger auf die Frage, wer der berühmteste Deutsche sei, für Bismarck. Da bleibt noch viel zu tun an Aufklärungsarbeit, da sich hieran auch im 21. Jahrhundert nicht viel geändert hat.

Die Familie Bismarck blieb auch nach dem Tod des »Alten« (1898) weiterhin in Tuchfühlung mit den in Deutschland jeweils tonangebenden Autoritäten. Der Enkel des »Eisernen Kanzlers«, Gottfried, saß beispielsweise unter Hitler für die NSDAP im Reichstag und war Mitglied des »Freundeskreises Heinrich Himmler«, einer Sponsoren-Runde aus der Industrie, die jedes Jahr Millionensummen für den Chef der SS sammelte, zu dessen privater Disposition. Ein anderer Enkel, Otto v. Bismarck, leitete ab 1937 die Politische Abteilung des Auswärtigen Amtes und war später Gesandter in Rom. In der BRD wurde ein Großneffe Bismarcks Intendant des WDR in Köln. Die Erben des Reichskanzlers gehören als Großgrundbesitzer (allein der der Familie nach wie vor gehörende Sachsenwald bei Hamburg, in bester Speckgürtellage, umfasst trotz Terrainverkäufen immer noch knapp 6.000 Hektar) zu den Multimilliardären der Bundesrepublik (wenn auch zuletzt mehr durch Heiratseskapaden für Schlagzeilen sorgend).

Bismarcks bleibendstes »Verdienst«, oder die größte Dummheit, die er begangen hat, beziehungsweise das am längsten nachwirkende Verhängnis von seiner Hand, die Kleindeutsche Lösung, diente natürlich im Kern dazu, sich nicht mit dem übermächtigen und keineswegs zur Unterwerfung unter Bismarck gewillten österreichischen Kaiser auseinandersetzen zu müssen. Was wäre die Alternative gewesen? Hätte Bismarck nicht so vehement und brutal auf der Ausgrenzung Österreichs bestanden, und mit politischen Winkelzügen wie mit überfallartigen militärischen Anschlägen alles dazu getan, die Österreicher zu verprellen – was wäre dann gewesen? Zusammenfassend formuliert: Es wäre eine andere deutsche Lösung und ein anderes Europa möglich gewesen. Nehmen wir für einen kurzen Moment an, die deutsche »Reichseinigung« wäre auf umfassender, »großdeutscher« Basis, unter Einschluss der k.u.k.-Monarchie erfolgt, und nehmen wir weiter an, der österreichische Kaiser wäre – natürlich – der Herrscher im neuen, vereinigten Gesamtdeutschland geworden (der preußische König wäre preußischer König geblieben, Bismarck – das war sein Alptraum, den er auf alle Fälle zu verhindern trachtete – einfach nur preußischer Kanzler, einer von vielen in den erweiterten deutschen

Landen), und die Herrschaftszentrale wäre in Wien verblieben, nur diesmal für alle deutschsprachigen Länder
(die Schweiz ausgenommen, wobei nicht ausgeschlossen
ist, dass diese sich im Überschwang der deutschen Befind-
lichkeit ebenfalls angeschlossen hätte).

Dann wäre die europäische Geschichte – das ist unstrit-
tig – anders verlaufen, und vermutlich weniger verhee-
rend. Warum? Österreich rieb sich in den Jahren nach
1871 – ausgeschlossen aus dem deutschen »Reichsver-
band« – in der Auseinandersetzung mit den immer offen-
siver auf ihren Rechten und ihrer Eigenständigkeit behar-
renden Ungarn auf, orientierte sich außenpolitisch – da
der Weg nach Westen von dem übermächtigen Preu-
ßen-geführten Deutschen Reich versperrt war – nach Osten und Südosten, und begann nun, sich in die balkanesischen Stammeshändel zu verstricken, sowie verheerende
Träume von einer Beerbung des zerfallenden osmanischen
Reiches zu hegen. Es ist so klar wie ein simpler mathema-
tischer Dreisatz, dass eine in Mitteleuropa statt in Südost-
europa verankerte Doppelmonarchie österreichisch-un-
garischer Art sich stattdessen auf europäische Belange
konzentriert hätte, und die absehbar nur in eine Sackgasse
oder in einen Waffengang mündenden balkanesischen
Verstrickungen beendet hätte. Serbien wäre für ein nach
Mitteleuropa orientiertes Österreich keine »Bedrohung«
gewesen, hätte auch durch die damit entfallenden Pläne
eines Trialismus (Weiterentwicklung der Doppelmonarchie zu einer Tripelmonarchie Österreich-Ungarn-Slawi-
en) die Einflussverluste befürchtenden Ungarn weniger in
Aufruhr versetzt und so insgesamt die Spannung in Kakanien deutlich vermindert. Vermutlich wäre es darauf hinaus gelaufen, die ungarischen Lande durch eine erneute
Militäraktion (wie schon nach dem Ausgleich 1867) stärker an die Zentrale zu binden, und so die zentrifugalen

Kräfte zu schwächen, die zentripetalen dagegen zu stärken. Daher wäre es in einem Gesamtdeutschland weder zu einem Attentat von Sarajevo noch zu einem Ultimatum an Serbien gekommen, hätte also zumindest dieser Anlass des Ersten Weltkriegs vermieden werden können.

Angesichts der Hochrüstungspolitik der europäischen Mächte und dem Interesse des militärisch-industriellen Komplexes der jeweiligen Länder (Großbritannien, Frankreich, Deutschland, Österreich-Ungarn, Russland) wäre aber vermutlich ein anderer Ansatz wenig später zum selben Ergebnis genutzt worden. Allerdings wäre der Ausgang eines solchen Ersten Weltkriegs Typ 02 vermutlich anders gewesen – die vereinigte militärische Schlagkraft Deutschland-Österreich-Ungarns hätte sowohl im Osten (»Schnelle Niederwerfung Russlands« ohne Siegfrieden, sowie Durchmarsch nach Paris im Westen mit Annexion der von deutschen Eliten geforderten lukrativen Erzgebiete Frankreichs) der Entente besser standgehalten und Italien vom Kriegseintritt abgehalten. Eine siegreiche Beendigung des Ersten Weltkriegs samt einer Verlängerung der Monarchie in Deutschland-Österreich-Ungarn mit einer absehbaren Änderung hin zu einer parlamentarischen Demokratie à la Großbritannien hätte dann letztlich Hitler verhindert. Vermutlich hätte es also kein »Drittes Reich« und keine Sowjetunion gegeben, da Kaiser Wilhelm II. dann nicht zu dem perfiden Mittel der Destabilisierung des Zarenreiches mittels millionenschwerer Unterstützung der Bolschewiken gegriffen hätte, die dann auch nicht zur »Machtergreifung« aus eigener Kraft fähig gewesen wären. Ein »bürgerliches« Russland wäre die Folge gewesen, das Zwanzigste Jahrhundert hätte – das ist logisch – anders ausgesehen, Millionen Menschen wären am Leben geblieben, der Zweite Weltkrieg, Zerstörung und Vertreibung hätten vermieden werden können.

Alfred Redl

Überdurchschnittlich intelligent, schneidig, Absolvent der elitären kaiserlichen Kadettenschule, Karriereoffizier, dreisprachig, homosexuell: Alfred Redl (1864–1913) war das, was man im Wien der Jahrhundertwende einen »Feschak« nannte, ein hübscher Bursche, dem die Herzen zuflogen, der das Leben in vollen Zügen genoss, sein Schwulsein aber wegen der öffentlichen Missbilligung nur im Rotlichtmilieu ausleben konnte, und sich dabei unheilbar mit Syphilis infizierte. Das wäre alles noch kein Grund, ihn in die Annalen der größten Täuschungen aufzunehmen, wäre da nicht seine langjährige Tätigkeit für den Armeegeheimdienst Österreichs gewesen, und das unrühmliche Ende seiner Karriere, die zu einem großangelegten, wenn auch letztlich gescheiterten Täuschungsmanöver »von höherer Stelle« führte. Redl war hoher Offizier in der Russland-Abteilung des »Evidenzbüros«, dem österreichischen Gegenstück zur Abteilung »Fremde Heere Ost« des preußisch-deutschen Generalstabs, also einer Abteilung, die sich mit dem Sammeln und Auswerten von Informationen über den »Feind im Osten« beschäftigte, sowie auch für verdeckte Aktionen im russischen Sektor zuständig war. Die russischen Aufklärer und Anwerber warfen damals in Wien reichlich mit Geld um sich, und Redl benötigte viel davon für seinen aufwendigen Lebensstil. Die Falle schnappte nur allzu bald zu.

Zurück zu seinen Anfängen. Redl wuchs in Lemberg, der Hauptstadt des österreichischen Kronlandes Galizien (in der heutigen Ukraine), auf. Sein Vater war zunächst Berufsoffizier der k.u.k.-Armee, wechselte dann aber zur österreichischen Staatseisenbahn und machte dort weiter Karriere als Eisenbahn-Oberinspektor in Lemberg. Redls

Geschwister waren alle beruflich erfolgreich: Die Söhne wurden Berufsoffiziere und Architekt, Jurist und Bahnbeamter. Die beiden Töchter ergriffen den Lehrberuf. Die Kinder wurden konsequent dreisprachig – polnisch, ukrainisch und deutsch – erzogen, was die Karriere Alfred Redls entscheidend beeinflusste, da solche Multisprachbegabungen im Militär selten waren. Redl selbst lernte später zusätzlich noch Tschechisch und Französisch. Mit 17 Jahren wurde Alfred Redl 1881 von seinem Vater in die Ferne geschickt. Er wurde Mitglied der kaiserlichen Kadettenschule Karthaus (Královo Pole), in einem Vorort von Brünn (heute Brno/Slowakei) gelegen. Nach zwei Jahren Ausbildung verließ der 19-jährige Redl Karthaus 1883 als Kadett-Offiziersstellvertreter mit sehr guten Noten. Es schlossen sich vier Jahre Truppenverwendung beim Infanterieregiment Nr. 9 im heimatlichen Lemberg an, wo der 23-jährige Redl zum Leutnant (Offizier) avancierte. Erneut hatte er überdurchschnittlich gute Beurteilungen seiner Vorgesetzten erhalten, und bewarb sich nun – gemeinsam mit mehreren hundert anderen Bewerbern – 1887 in der »Reichshauptstadt« Wien um die Zulassung zur k.u.k. »Kriegsschule« in der Lehargasse 4 im 6. Gemeindebezirk. Hier wurden Offiziere für den Generalstabsdienst ausgebildet, also für die höchste Stufe der Karriereleiter, die man in einer Armee erreichen kann.

Redls Karriere ging weiter bilderbuchmäßig voran. Fünf Jahre später gehörte der 28-Jährige zu den erfolgreichen Absolventen der Kriegsschule – dass er überhaupt aufgenommen worden war, obwohl er »nur« von einer der gewöhnlichen Kadettenschulen kam und nicht von einer der Eliteanstalten Kakaniens, spricht ebenfalls für Redls überdurchschnittliche Fähigkeiten. Als einer von 25 Offizieren des gesamten k.u.k.-Reichs gehörte Redl zu den Gewinnern des Lehrgangs und wurde 1894 zum Generalstab versetzt. Zwischendurch musste sich der Lebemann wegen einer syphilitischen Erkrankung ärztlich behandeln lassen. Die Krankheit nahm vor der Entdeckung von Antibiotika häufig einen chronischen und nicht selten tödlichen Verlauf. 1892 war die Krankheit jedoch laut einer Dienstbeschreibung des 28-Jährigen angeblich völlig ausgeheilt.

Nach der erfolgreichen Abschlussprüfung an der Kriegsschule war schon Redls erste Verwendung – wohl aufgrund seiner Sprachkenntnisse und seiner sonstigen Gewandtheit – im Spionagebereich. Er wurde zum »Eisenbahnbüro« des Generalstabs abkommandiert, wo man gegnerische Transport- und Aufmarschplanungen auskundschaftete beziehungsweise aufklärte. Dies war hinsichtlich Russlands von besonderer Bedeutung, da Landkarten im Zarenreich der Geheimhaltung unterlagen und man den Verlauf von Bahnstrecken vielfach nur durch persönliches Bereisen feststellen konnte. Dort blieb er zwei Jahre, bevor er ab 1895 – mit 31 Jahren – bei Truppenstäben Verwendung fand: zunächst in Budapest, und dann – zum Hauptmann befördert – in seiner Heimatstadt Lemberg. 1899 wurde er mit 35 Jahren von Generalstabschef Beck-Rzikowsky für einen »Sprachkurs« nach Russland geschickt. Üblicherweise waren solche Aufenthalte auch mit Aufklärungs- beziehungsweise Spionageaufträgen verbunden. Daneben profitierte Redl aber auch noch vom Aufenthalt, da er sich die Kenntnis einer vierten von ihm beherrschten Sprache aneignen konnte. Die Gefahr bestand natürlich immer darin, dass eine aufmerksame Spionageabwehr des Gastlandes nun versuchen konnte, ihrerseits den »Reisenden in Sachen Russicana« anzuwerben. Ob Redl möglicherweise schon hier vom russischen Geheimdienst »gekeilt« also angeworben wurde, konnte bisher nicht mit letzter Sicherheit festgestellt werden.

Seine frischerworbenen Russischkenntnisse waren jedenfalls der Schlüssel zu seiner nächsten Karrierestufe,
dem Dienstantritt in der »russischen Gruppe« des Wiener
»Evidenzbüros« im k.u.k.-Generalstab noch im selben
Jahr 1899. Der 35-jährige Redl begann seine Arbeit in dieser Aufklärungs- und Spionageabteilung. Hier wurden aus
verschiedensten Quellen stammende Meldungen militärischer Relevanz gesammelt. Diese mussten täglich dem
Chef des Generalstabes, und einmal wöchentlich Kaiser
Franz Joseph I. vorgelegt werden (bis 1913 ausschließlich
in handschriftlicher Form, weil der Kaiser daran gewöhnt
war, erst danach ließ er dann gnädig maschinengeschrie-
bene Übersichtsdarstellungen zu). Die Russlandabteilung
des Evidenzbüros verfügte nur über 20 Offiziere, der deutsche und der russische Generalstab hatten ein Vielfaches
an Personal für die jeweiligen Feindbelange zur Verfügung.
Dieser Personal- und Geldmangel beruhte auf der Doppel-
natur der Doppelmonarchie. Denn das Evidenzbüro unterstand aus unerfindlichen Gründen dem Außenministeri-
um, das als eines der drei »gemeinsamen« k.u.k.
Ministerien von Ungarn mitfinanziert wurde. Um die Wiener Zentralbehörden nach Kräften zu schwächen, gestand
Ungarn diesen Institutionen jeweils nur das absolute Min-
destmaß des gerade noch Vertretbaren an Budget zu.

Redl avancierte weiter. Wenige Monate später war er
bereits ins übergeordnete »Kundschaftsbüro«, welche die
eintreffenden nachrichtendienstlichen Informationen aller Regional- und Ländergruppen des Evidenzbüros sammelte, aufgestiegen. Nach weiteren fünf Jahren wurde er
1905 mit 41 Jahren zum Major befördert und übernahm
43-jährig 1907 sogar die Leitung des Kundschaftsbüros.
Doch damit nicht genug. Wenige Monate später stieg er
erneut auf, und wurde nun als Oberstleutnant im Generalstab (i.G.) stellvertretender Leiter des Evidenzbüros. Als

solcher gehörte er automatisch zu den engsten Mitarbeitern des Generalstabschefs Conrad von Hötzendorf, der mitten in den Planungen für einen k.u.k.-Befreiungsschlag gegen Serbien und Russland steckte. Nach seiner Beförderung zum Oberst im Mai 1912 war der 48-jährige Redl nunmehr »Kommandoberechtigt«, und wurde am 18. Oktober desselben Jahres als Generalstabschef zum VIII. Armeekorps nach Prag versetzt. Angefordert hatte Redl dessen Kommandeur, der ehemalige Leiter des Evidenzbüros, Giesl von Gieslingen. Diese etwas dümmliche Offizierscharge war schon in die Mayerling-Affäre rund um den »Selbstmord« des österreichischen Thronfolgers Rudolf verwickelt gewesen, und machte auch jetzt in der »Affäre Redl« keine gute Figur.

Gegenspieler auf russischer Seite war auf der einen Seite die zaristische Geheimpolizei Ochrana, die auch für die zivile Auslandsspionage zuständig war, aber auch die »Abteilung für Kundschafterwesen« im russischen Generalstab, der wie so vieles in der russischen Gesellschaft ein getreues Gegenbild des deutschen Vorbildes war. Die Österreich-Abteilung der Ochrana residierte im damals noch russischen Warschau, fünfzig Angestellte bearbeiteten hier die Informationsbeschaffung in Österreich, unterstützt von weiteren 150 angestellten Spionen vor Ort. Chef des militärischen Kundschafterwesens im Generalstab war Oberst Nikolai Stepanowitsch Batjuschin. Dieser schickte 1901 einen gutaussehenden, männlichen, perfekt deutsch sprechenden Balten-Deutschen namens Pratt als »Urlauber« nach Wien. Pratts Aufgabe war es, einen möglichst hochrangigen Zuträger eben des Evidenzbüros anzuwerben. Auf seiner Suche nach Offizieren mit Schwachstellen im Privatleben stieß er angeblich 1903 auf den 39-jährigen Hauptmann Redl, damals schon in die Kundschaftsbüro aufgestiegen war, also im Evidenzbüro an zentraler Stelle saß – ein idealer Zuträger, wenn es gelänge, ihn anzuwerben. Pratt war hierfür wie geschaffen, passte er doch perfekt in Redls Beuteschema. Redl war zu dieser Zeit mit Leutnant Meterling vom 3. Dragonerregimentes verbandelt. Laut einer verbreiteten Legende soll Pratt seine Zielperson Redl mit dem Wissen um dessen homosexuelle Umtriebe im Rotlichtmilieu erpresst und zur Spionage für die Ochrana genötigt haben.

Doch neuerliche Recherchen in Wiener und Moskauer Archiven ergaben keinerlei Hinweise auf eine solche Erpressung beziehungsweise eine solche Anwerbeoperation. Wahrscheinlicher ist, dass die wachsame russische Gegenspionage schon 1900 auf den »Sprachurlauber« Redl in Kasan aufmerksam wurde und bei einem routinemäßigen Hintergrund-Check schnell das notwendige Wissen um Person und Eigenarten Redls zusammentragen konnte. Vermutlich wurde damals – im eigenen Land geht sowas deutlich einfacher und unauffälliger – schon ein langfristig angelegter Anwerbeversuch unternommen, verbunden mit hohen Geldversprechungen bei entsprechend attraktiven Lieferungen an Material aus der russischen Abteilung des Evidenzbüros. Möglicherweise ist die Initiative zur Zusammenarbeit mit russischen Stellen aber auch von Redl selbst ausgegangen, sei es in Kasan, der Durchreisestation Moskau, oder in Wien. Redl hatte hohen Geldbedarf, um seinen aufwändigen Lebensstil zu finanzieren. Sein erster Führungsoffizier war der russische Militärattaché in Wien, Baron de Roop. Als de Roop Österreich wegen Spionagevorwürfen verlassen musste, übernahm dessen Nachfolger, Oberst Mitrofan Martschenko, die Liaison mit Redl. Dieser schrieb über Redl in einem internen Gutachten vom Oktober 1907: »Redl ist tückisch, verschlossen, aber auch konzentriert und pflichtbewusst. Hat ein ausgezeichnetes Gedächtnis, weichliche, sanfte Sprache. Eher schlau und falsch als intelligent und talentiert. Generell: Zyniker, der seinen Glauben an das Gute längst verloren hat.«

Die russischen Zuwendungen ermöglichten Redl einen Lebensstil, der in Kakanien eigentlich den Aristokraten vorbehalten war. Redl verkehrte grundsätzlich nur in Restaurants der Luxusklasse, leistete sich gleich zwei teure Automobile, Dienerschaft, Pferde, und Apanagezahlungen an seine Liebhaber, wie zuletzt Ulanenleutnant Horinka. Um seine Einnahmen weiter zu erhöhen, begann er die von ihm zusammenkopierten Materialien auch dem italienischen und französischen Geheimdienst anzubieten, wodurch sein Jahresverdienst auf 50.000 Kronen stieg. Die von Redl an seine Auftraggeber übermittelten Unterlagen waren stets umfangreich und von hoher militärischer Bedeutung. Dazu gehörten Mobilmachungspläne, Truppenstärken, Inspektionsberichte und Festungspläne, sowie die Operationsplanungen gegen Russland, Serbien und Italien. Redl fotografierte die Unterlagen in der Regel und entwickelte die Aufnahmen selbst. Redl war aber auch noch aus einem anderen Grund für Russland von eminenter Bedeutung. Als Mitglied der russischen Abteilung bekam er auch alle Zusammenarbeitsangebote von russischen Überläufern und Verrätern zu Gesicht, und leitete deren Namen prompt nach Moskau weiter. Darüber hinaus übermittelte er im Auftrag der russischen Seite an den österreichischen Generalstab falsche Berichte über angebliche russische Truppenstärken, die Qualität der Truppen und den Zeitbedarf der Mobilmachung, der höher dargestellt wurde als er tatsächlich war.

Natürlich blieb es nicht aus, dass die seit der Anwerbung Redls gehäuften Rückschläge des österreichischen Spionagedienstes Richtung Russland auffielen. Redl und seine russischen Führungsoffiziere verstanden es allerdings, diese Rückschläge durch vermeintlich »erfolgreiche Aktionen« zu kompensieren. Dazu wurden angeblich streng geheime (falsche) russische Dokumente zur Verfügung gestellt, und russische Agenten »enttarnt«, die ohnehin geopfert werden sollten. Dass die österreichische Gegenspionage beziehungsweise Spionageabwehr, deren erstes Aufgabengebiet naturgemäß innerhalb der eigenen Organisation hätten liegen müssen, alles andere als auf Ballhöhe war, wird an dem Umstand deutlich, dass man den Ursprung von Redls ungeniert öffentlich zur Schau gestelltem Reichtum niemals ernsthaft untersuchte. Redl hatte auf vorsichtige, oberflächliche Nachfragen etwas von einer Erbschaft gemurmelt, die Sicherheitsinspektoren gaben sich damit zufrieden, ohne zu überprüfen, ob eine solche Erbschaft überhaupt vorlag – tatsächlich hatte es sie gegeben, aber in weit geringerem Umfang als Redls jährliche Ausgaben.

Natürlich gehörte auch Glück zu einer erfolgreichen Laufbahn als Spion. Österreichischer Militärattaché in St. Petersburg war zu diesem Zeitpunkt Major Lelio Graf Spannocchi. Dieser hatte sich aus dienstlichen Gründen mit dem britischen Militärattaché Wyndham »angefreundet«. Wyndham vertraute Spannocchi 1909 an, er habe von seinen Quellen erfahren, dass offenbar ein hoher österreichischer Generalstabsoffizier Russland streng geheime militärischen Unterlagen zuspiele. Spannocchi teilte dies dem Chef des Evidenzbüros, Oberst Hrdlicka mit, der Spannocchi bat, sich an Oberst Redl, den Russland-Experten des Evidenzbüros, zu wenden. Redl gelang es in der Folge tatsächlich, Spannocchis Glaubwürdigkeit zu untergraben und sogar seine Abberufung aus Moskau zu erreichen.

Seit 1912 amtierte Redl in Prag als Generalstabschef des VIII. k.u.k. Armeekorps. Die prominente neue Stellung brachte es mit sich, dass er sich nicht mehr mit dubiosen Zwischenträgern und Verbindungsleuten treffen konnte, da das Risiko zu groß war, dass ein solches Rendezvous entdeckt wurde. Material- und Geldübermittlungen erfolgten von nun an meist per Post. Allerdings war auch das mit Risiko verbunden, wie sich nur allzu bald zeigen sollte. Der in Prag dienstlich länger als vorgesehen festgehaltene Redl versäumte es, eine solche postlagernde Geldsendung, gerichtet an seinen Tarnnamen »Nikon Nizetas«, auf dem Hauptpostamt Wien rechtzeitig abzuholen. Daher wurde der Brief nach Ende der Abholfrist als unzustellbar an das Herkunftspostamt in Eydtkuhnen (Ostpreußen) zurückgesendet. Interessant ist, dass die russische Seite das nahe der russischen Grenze gelegene Eydtkuhnen als Postamt zur Absendung solcher Nachrichten ausgewählt hatte. Man wollte damit wohl die Postkontrolle umgehen, die alle aus Russland nach Deutschland und Österreich geschickten Brief- und Paketsendungen betraf (ähnliches galt für die BRD bis 1989, die ebenfalls das im Grundgesetz festgehaltene Postgeheimnis nach Kräften missachtete, und den BND damit beauftragt hatte, sämtliche Postsendungen in die und aus der DDR zu kontrollieren, diese wurde unauffällig über Wasserdampf geöffnet, kontrolliert, notfalls fotografiert, wieder verschlossen, und weitergeschickt, ein weiterer Grund, warum der Postlauf von der und in die DDR mit fünf bis acht Tagen so lange ging, trotz unmittelbarer räumlicher Nähe; man verwies natürlich gerne und oft anklägerisch auf die Stasi und ihren Kontrollwahn, die Kontrollfreaks im eigenen Hause dagegen hielt man unter dem Deckmantel strengster Verschwiegenheit, erst 2015 wurden entsprechende Darstellungen erstmals publiziert, die die umfassende BRD-(P)ostkontrolle, um nicht zu sagen, Postzensur thematisierten).

Als man in Eydtkuhnen die Postsendung auf der Suche

nach Hinweisen auf den Absender öffnete, kamen 6.000 österreichische Kronen in bar und ganze Adressenlisten zum Vorschein. Das Postamt leitete den Brief sicherheitshalber an den deutschen Militärgeheimdienst weiter. Dessen Chef, der im Zusammenhang mit der Russischen Revolution 1917 später in diesem Buch nochmals auftauchende Major Walter Nicolai (siehe unten), fand im Brief bekannte russische Tarnadressen. Er informierte umgehend Major Ronge vom Wiener Evidenzbüro. Der Brief war aber mittlerweile durch die verschiedentlichen Untersuchungen so befleckt, dass ein Empfänger »Lunte riechen« musste. Major Ronge ließ daher den Brief noch einmal abschreiben und von Major Nicolai in Berlin aufgeben. Der Chef der österreichischen Staatspolizei Gayer ließ den Schalter für postlagernde Briefe im Postamt am Fleischmarkt über einen Monat lang lückenlos überwachen. Seine Hoffnung war, dass der nach wie vor unbekannte Empfänger den Brief abholen werde. Als Redl am 25. Mai 1913 im Postamt auftauchte und nach dem Schreiben fragte, wurde er nach erfolgter Aushändigung des Schreibens kreuz und quer durch Wien verfolgt und anhand der handschriftlich ausgefüllten Abhol- und Aufgabescheine, die er weggeworfen hatte, als Adressat identifiziert.

Der Chef des k.u.k. Generalstabes, Franz Conrad von Hötzendorf, war entsetzt, als er über den Vorgang in Kenntnis gesetzt wurde. Neben dem Geheimnisverrat an sich würden bei einer öffentlichen Untersuchung unzweifelhaft auch die Versäumnisse des Generalstabs hinsichtlich der Sicherheitsüberprüfung von Offizieren in Schlüsselpositionen angekreidet werden, was zu seiner Abberufung führen könnte. Er verhängte deshalb eine umfassende Nachrichtensperre zum Fall Redl. Eine Offiziersdelegation wurde damit beauftragt, Redl in seinem

Domizil, Hotel Klomser in der Wiener Herrengasse, zu verhaften. Die Delegation traf Redl in seinem Hotelzimmer an. Angesichts der ihm Gegenüberstehenden wusste Redl sofort, was die Stunde geschlagen hatte, dass seine Enttarnung erfolgt war. Er gestand ohne Umschweife (allerdings nur einen verkürzten Zeitraum angebend), dass er 1910 und 1911 Geheimnisse an fremde Staaten verraten habe, dabei aber stets und ausnahmslos ohne Komplizen vorgegangen sei. Ronge holte eine Pistole und ein Päckchen Gift aus seinem Büro (wo solches offenbar immer vorrätig war, erstaunlicherweise) und ließ Redl dann allein, um ihm die Möglichkeit zu geben, seinem Leben selbst ein Ende zu bereiten. Bei der Rückkehr eine Stunde später fand man dann seine Leiche. Conrad berichtete Thronfolger Erzherzog Franz Ferdinand, dem Generalinspektor der k.u.k. Armee, per Telegramm, Redl habe sich »aus bisher unbekannter Ursache« erschossen. Der Kaiser wurde in ähnlicher Form informiert. Eine Mitteilung identischen Inhalts ging bereits am 26. Mai an die Presse.

Eine weitere Kommission wurde nach Prag geschickt, um Redls dortige Wohnung zu durchsuchen. Und nun beginnt eine weitere Legendenbildung. Da Sonntag war, habe man angeblich keinen Beamten auftreiben können, um Türen und Safes zu öffnen. Man holte deshalb einen zivilen Schlosser. Dieser habe der Fußballmannschaft des DBC Sturm Prag angehört und durch den Auftrag ein wichtiges Spiel versäumt. Deshalb sei er vom Ehrenobmann des Vereins, dem »rasenden Reporter« Egon Erwin Kisch, gerügt worden. Als Kisch die Umstände des Fernbleibens erfuhr, habe er sogleich geschlossen, dass es sich bei dem inkriminierten Wohnungsinhaber nur um Oberst Redl handeln könne, dessen Tod die Zeitungen gerade gemeldet hatten. Damit war der Plan der militärischen Führungsspitze, alles unter den Teppich zu kehren und die

Öffentlichkeit über die Vorgänge umfassend zu täuschen, bereits gescheitert. Den Angaben des Schlossers ließ sich entnehmen, dass Spionage und Homosexualität im Spiel gewesen seien. Jetzt habe Kisch ein Problem gehabt: auf der einen Seite hatte er eine echte Sensation an der Hand, auf der anderen Seite konnte er sie aufgrund der in Österreich herrschenden strikten Pressezensur nicht publizieren. Doch Kisch sei in dieser Lage auf den genialen Ausweg verfallen, die Meldung in Form eines Dementis abzudrucken. Am Montag habe sie auf der Titelseite der *Bohemia* geprangt: »Von hoher Stelle werden wir um Widerlegung der speziell in Militärkreisen aufgetauchten Gerüchte ersucht, dass der Generalstabschef des Prager Korps, Oberst Alfred Redl, der vorgestern in Wien Selbstmord verübte, einen Verrat militärischer Geheimnisse begangen und für Russland Spionage getrieben habe.«

Dieses »Dementi« der österreichweit verbreiteten auflagenstarken Tageszeitung sorgte für großes Aufsehen; auch Kaiser und Thronfolger erfuhren erst auf diese Weise von Redls Verrat. Ob Kisch wirklich alleine für die Aufdeckung des »Falles Redl« verantwortlich war, wird heute mancherorts bezweifelt. Dabei lässt sich das Dementi in der entsprechenden Ausgabe der *Bohemia* von 1913 zweifelsfrei nachlesen. Allerdings war die allzu »literarische« Geschichte mit dem Prager Schlosser vermutlich eine Erfindung Kischs, um den eigentlichen, vermutlich hochrangigen Informanten zu schützen. Das Kriegsministerium reagierte erst drei Tage später. Redl habe sich das Leben genommen, weil man im Begriffe war, ihn wegen homosexueller Verfehlungen und Geheimnisverrat an fremde Mächte zu überführen, lautete die Mitteilung. Verschwiegen wurde bis auf Weiteres, dass Redl zum Selbstmord gedrängt worden war, und dadurch eine lückenlose Aufklärung des Falles unmöglich gemacht wurde. Der neue

Leiter des Evidenzbüros, Urbanski, behauptete später, er habe einen schonungslosen Bericht abgeliefert, dieser sei jedoch von der Militärkanzlei des Thronfolgers verharmlost worden.

Doch die Reihe der Peinlichkeiten rund um den Fall Redl war damit noch nicht zu Ende. Bei der Auflösung des Redlschen Haushalts kaufte ein Jugendlicher den Fotoapparat Redls. Als er den noch darin befindlichen Film entwickeln ließ, fanden sich darauf Ablichtungen streng geheimer militärischer Unterlagen. Kamera und Film waren bei der Durchsuchung von Redls Prager Wohnung von den Spionageexperten und der Polizei übersehen worden. Die österreichische Spionageabwehr überprüfte nun Redls Konto bei der Neuen Wiener Sparkasse, das seit 1905 Einzahlungen von insgesamt über 100.000 Kronen aufwies. Es stand somit fest, dass Redls Verrat deutlich früher begonnen hatte, als er kurz vor seinem Tod eingeräumt hatte. Doch eine endgültige Klärung war wegen Redls Suizid nicht mehr möglich. Redls Leiche wurde heimlich auf dem Wiener Zentralfriedhof (Gruppe 79, Reihe 27, Nr. 38) beigesetzt. Erst später wurde ein Grabstein aufgestellt, den die nationalsozialistischen Behörden kurz vor Kriegsende noch zerstören ließen. Heute ist das Grab neu belegt, seine Gebeine ruhen jedoch immer noch dort.

Die in Redls Privaträumen gefundenen Unterlagen, darunter die *Kriegsordre de Bataille*, die Mobilisierungsanweisungen für Eventualfälle, das Reservathandbuch, Maßnahmen der Spionageabwehr in Galizien, Deckadressen fremder Generalstäbe, Spionagekorrespondenzen, Dokumente über das Kundschafterwesen und anderes mehr, legten es nahe, dass der schlimmstmögliche Fall eingetreten war: der umfassende, komplette Verrat der österreichischen Aufmarschplanung gegen Russland an Russland, was neuerdings durch russische Historiker bestätigt wird.

Zunächst bemühte sich der österreichische Geheimdienst noch, die »Affäre« in der Öffentlichkeit herunterzuspielen. Die Verratshandlungen hätten erst kurz zuvor, im März 1912 begonnen, Redls gesteigerter Geldbedarf habe im Zusammenhang mit seiner »verhängnisvollen Leidenschaft« gestanden. Der veröffentlichte Obduktionsbericht wies auch auf eine angeblich krankhafte Veränderung seines Gehirns hin. Er sei chronisch an Syphilis erkrankt gewesen und habe nicht mehr lange zu leben gehabt. Gleichzeitig wurde die Aufmarschplanung so weit möglich überarbeitet und verändert, aber gleichzeitig der russischen Seite suggeriert, die verratenen Pläne seien noch in Kraft.

Redl wird von Historikerseite teilweise für die verheerenden Niederlagen Österreich-Ungarns zu Beginn des Ersten Weltkriegs verantwortlich gemacht, da der von ihm Russland übermittelte k.u.k.-Aufmarschplan in dem knappen Jahr zwischen seinem Tod und dem Ausbruch des Weltkriegs nicht restlos geändert werden und Russland daher bereits vorab Gegenmaßnahmen ergreifen konnte. Da Redl außerdem österreichische und deutsche Spione in Russland denunzierte, habe er verhindert, dass die massive Aufrüstung der russischen Armee dort bekannt wurde, und dafür gesorgt, dass Österreich-Ungarn sich falsche Vorstellungen von den Kräfteverhältnissen gemacht habe. Zudem sei Redl bereits im Vorfeld dafür verantwortlich gewesen, dass das Angebot des russischen Generalstabsoffiziers Laikow, Österreich seinerseits den gesamten russischen Aufmarschplan zu übermitteln, nicht angenommen wurde. Solche Fälle hätten sich wiederholt ereignet. Daher sei Österreichern und Deutschen im Jahre 1914 angeblich die Existenz von insgesamt 75 russischen Divisionen, mehr als die gesamte österreichisch-ungarische Armee, unbekannt gewesen. Vereinzelt wurde sogar behauptet, dass die österreichische Kriegserklärung nicht erfolgt wäre, wenn die realen Informationen vorgelegen hätten und wenn Redl nicht nach Kräften für deren Verschleierung gesorgt hätte – mithin sei er also für den Ausbruch des Ersten Weltkriegs verantwortlich. Auch CIA-Chef Allen Dulles bezeichnete Redl als »Erzverräter«, der zu den österreichisch-ungarischen Niederlagen in den ersten Kriegsmonaten beigetragen habe.

Andererseits sei der russische Generalstab wiederum von der unveränderten Gültigkeit des von Redl übermittelten k.u.k.-Aufmarschplans ausgegangen, und überrascht gewesen, als die österreich-ungarische Hauptoffensive deutlich weiter westlich als angenommen erfolgte, was zu den österreichischen Siegen von Kraśnik und Komarów geführt habe. Es gibt aber auch Stimmen, denenzufolge Redls Verrat für den Kriegsverlauf keine Rolle gespielt habe. Dieser sei aber als »Sündenbock« für die Niederlagen der österreichisch-ungarischen Armee nützlich gewesen. Der tatsächliche Schaden, den Redl mit seinem Verrat anrichtete, ist bis heute umstritten. Zwar habe die russische Armee durch Spione wie Redl am Vorabend des Ersten Weltkriegs über einen für die k.u.k. Armee besorgniserregenden Kenntnisstand verfügt, dies dürfe aber nicht überbewertet werden. Meist übersehen wird, dass auch nach dem Tod Redls weiterhin »Informationsabflüsse« aus dem Evidenzbüro Richtung Russland erfolgten, so zum »Kriegsfall M« (Montenegro). Es muss also noch weitere Redls im Evidenzbüro gegeben haben, wie sich später herausstellte. Allerdings konnte bisher keiner davon namentlich gemacht werden. Der erst in den Jahrzehnten nach seinem Tod in vollem Umfang zutage tretende Verrat Redls und seine »skandalösen Begleitumstände« regten sogleich die Unterhaltungsindustrie an, die ab 1925 eine ganze Serie von Verfilmungen seiner Biographie in die

Kinos brachte. Die Version des ungarischen Regisseurs István Szabó von 1984 mit Klaus Maria Brandauer, Armin Müller-Stahl und Gudrun Landgrebe wurde sogar für einen Oscar nominiert.

Russische Revolution

Der gewaltsame Umsturz im zaristischen Russland 1917 gehört zu den Fixpunkten abendländischer Geschichtsdarstellungen. Wahlweise geschmäht als Ausgangspunkt für die kommunistischen »Verbrechen an der Menschheit«, oder gepriesen als erster erfolgreicher Versuch, ein nicht-kapitalistisches Wirtschaftssystem in Europa zu installieren, weckt das damalige Geschehen bis heute das Interesse vieler Menschen. Dabei scheinen die wesentlichen Daten des Umsturzes klar und unzweifelhaft. Lenin wird von Deutschland 1917 im verplombten Eisenbahnwaggon nach Schweden geschickt, überquert dort illegal die Grenze zum damals russischen Finnland, reist inkognito beziehungsweise unerkannt weiter nach Sankt Petersburg beziehungsweise Petrograd beziehungsweise später Leningrad beziehungsweise heute wieder Sankt Petersburg, entfesselt dort die bolschewistische Oktoberrevolution, stürzt das zaristische Regime und schafft es mit seinen Mitstreitern von den Bolschewiki, den ersten »kommunistischen« Staat auf Erden zu kreieren, der bis 1991 Bestand haben sollte und zum zeitweiligen Mittelpunkt des zweitstärksten Militärbündnisses aller Zeiten wurde (Warschauer Vertrag). Interessanterweise ist die »Oktoberrevolution«, wie sich bei genauerem Hinsehen zeigt, jedoch gleich von zwei Seiten mit einem Schleier der Täuschungen umgeben worden. Und zwar sowohl von den sowjetischen Machthabern einerseits, wie auch von den westlichen Mitspielern andererseits, vor allem von Deutschland (West). Was wurde dabei unterdrückt beziehungsweise übertüncht? Das soll im Folgenden untersucht werden.

Anfang 1917 lag ein Umsturz in Russland förmlich in

der Luft, nicht zuletzt seit mehreren Jahren befördert durch millionenschwere »Beratungstätigkeiten« seitens verschiedener Mittelsmänner im Auftrag der Berliner Wilhelmstraße, sprich des Auswärtigen Amtes des deutschen Kaiserreiches, im Auftrag des deutschen Kaisers, der – man kann es nicht oft genug betonen – engste verwandtschaftliche Bande zum russischen Kaiserhaus aufwies: Nikolaus II. war ein Vetter von Wilhelm II. Bereits im einschlägig bekannten »Kriegsrat«, den Wilhelm II. am 8. Dezember 1912 ins Berliner Stadtschloss einberufen hatte, war ausdrücklich vermerkt worden, der Kampf gegen Russland sei unvermeidlich, und man müsse den Krieg gegen die eigene Verwandtschaft über die Presse im Vorfeld »volkstümlich« machen. Nachdem der Krieg begonnen hatte, verlief die weitere Entwicklung allerdings nicht, wie in Berlin geplant. Schneller Durchbruch im Westen: Fehlanzeige. Rasche Niederringung Russlands im Osten: auf unbestimmte Zeit verschoben. Der Verbündete im Süden – Italien – bereits auf dem Absprung, der dann 1915 tatsächlich erfolgte. Dennoch war im September 1914 noch – vermutlich von Kurt Riezler verfasst (siehe unten) – ein Kriegszielprogramm aufgelegt worden, das neben den bekannten Zielen im Westen (Elsass-Lothringen, die belgisch-französischen Kohle- und Erzreviere (Minette), Teile der Ärmelkanalküste, Luxemburg) auch im Hinblick auf den östlichen Kriegsschauplatz den folgenden Passus enthielt: »Russland [muss] von der deutschen Grenze nach Möglichkeit abgedrängt und seine Herrschaft über die nichtrussischen Vasallenvölker gebrochen werden.«

Riezler (1882–1956) stammte aus wohlhabender Alt-Münchner Familie, sein Großvater zählte zu den Gründern der Bayerischen Hypotheken- und Wechselbank. Der Familie gehörte ein von Leopold von Klenze erbautes Palais an der vornehmen Brienner Straße. Ab

1906 war er nach philologischen Studien und Promotion im Alter von 24 Jahren ins Pressereferat des Auswärtigen Amtes eingetreten. Unter Reichskanzler Bethmann Hollweg (Amtszeit 1908–1917) wurde er Vortragender Legationsrat in der Reichskanzlei, also dem Reichskanzler als Verbindungsmann zum Auswärtigen Amt beigegeben, eine sehr verantwortungsvolle Position für den Anfangsdreißiger Riezler. Dieser heiratete 1915 die Tochter des »Malerfürsten« Max Liebermann, Käthe Liebermann und emigrierte mit ihr 1938 in die USA. Russland war Riezler aus Vorkriegsreisen ins Land gut bekannt. Ab August 1917 war Riezler an der deutschen Botschaft in Stockholm für die Russischen Angelegenheiten zuständig, also so viel wie der Chefkoordinator vor Ort für die letzte Phase der Insurgierung beziehungsweise Revolutionierung Russlands, wie sie dann mit der Oktoberrevolution 1917 erreicht und in den schwierigen Monaten darauf von Deutschland mit weiteren Millionenbeträgen gestützt wurde (siehe unten). Rudolf Nadolny (siehe unten) hatte Riezler nach Stockholm empfohlen und darauf gedrungen, dass dieser in weitestgehender Unabhängigkeit vom offiziellen Botschafter, Freiherr von Stoedten, arbeiten könne.

Ähnliche Ziele wie Riezler hatte der »Alldeutsche Verband« Ende August 1914 formuliert: »Russlands Gesicht muss [...] gewaltsam nach Osten umgewandt werden, und dazu muss es im Wesentlichen auf die Grenzen von Peter dem Großen zurückgeworfen werden.« Matthias Erzberger, ab 1914 deutscher Auslandspropagandist (»Zentralstelle für den Auslandsdienst«, angekoppelt ans Auswärtige Amt) und Chef eines mysteriösen Geheimdienstes, später als Friedensfreund aufgetreten, forderte 1915 als Lobbyist des Thyssen-Konzerns (Stahlindustrie, Rüstungsindustrie, Interesse an den französischen und russischen Revieren) noch wörtlich »die Zersplitterung des russischen Kolosses«. Es war schon immer lohnend, mit den (Industrie-) Wölfen zu heulen: Erzberger erhielt für seine »Direktorentätigkeit« bei Thyssen bis 1917 ein Jahresgehalt von umgerechnet 400.000 Euro. Erzbergers Friedensinitiative 1917, die im Osten einen Vergleichsfrieden vorsah, wurde für diesen Teil des »Kriegstheaters« von Riezler hintertrieben, der mit entsprechenden Mitteilungen an die deutsche und russische Seite dem einen Riegel vorschob. Thyssen selbst hatte zuvor – ganz im Stil der späteren größenwahnsinnigen Forderungen während der Verhandlungen von Brest-Litowsk (den Erpressungen, wie man treffender sagen müsste) – Gebietsansprüche am Schwarzen Meer und bis in den hinteren Kaukasus hinein für Deutschland angemeldet. Generelles Kriegsziel war – wie noch im Zweiten Weltkrieg, und nach 1945 von EU-Feinden für die EG/EU-Gründung ins Spiel gebracht – ein einheitlicher Großwirtschaftsraum von Ost- bis Westeuropa unter deutscher Führung und zum Wohle der deutschen Finanz- und Industriekonglomerate.

Bismarck hatte zu seiner Zeit als Reichskanzler (bis 1890) noch die Parole ausgegeben, Deutschland könne nur im Bündnis mit Russland, aber niemals gegen Russland bestehen. Es sei geradezu selbstmörderisch, sich an Russland militärisch zu versuchen. Woran er sich auch selber bei all den von ihm geführten Kriegen gehalten hatte. Möglicherweise war die erstaunlich eindeutige, Russland als unantastbar einstufende, schon fast an Russophilie grenzende Haltung eines deutschen Spitzenbeamten jener Zeit eine Nachwirkung von Bismarcks heftiger Liebesaffäre mit der traumhaft schönen Gräfin Orlowa während seiner Zeit als preußischer Gesandter in Paris (im Sommer 1862), die ihn fast das Leben gekostet hätte, als bei einem gemeinsamen Badeausflug in Biarritz Bismarck und seine Geliebte angesichts tückischer Strömungen zu ertrinken drohten und erst in letzter Sekunde von einem französischen Fischer gerettet wurden; bekanntlich hatte Bismarck Zeit seines Amtslebens immer auf eine vertragliche Bindung an Russland hingewirkt, bis hin zum »Rückversicherungsvertrag« von 1887, der dann nach seinem Ausscheiden aus dem Amt des Reichskanzlers 1890 nicht mehr verlängert wurde – mit den bekannten Folgen. Bismarck hatte sich seinerzeit auch erfolgreich Forderungen deutscher Spitzenmilitärs nach einem Präventivkrieg gegen Russland widersetzt, wie ihn etwa Helmuth von Moltke und Alfred von Waldersee forderten.

Deutschland arbeitete spätestens seit 1914 konkret, nachhaltig, intensiv und mit hohem Finanzaufwand daran, die eigenen Verwandten in Russland vom Thron zu stoßen, um so den Krieg zugunsten Deutschlands zu entscheiden. Erst kommt das Fressen, dann die Moral, wie Brecht einmal so eingängig formuliert hat. Erst also die eigenen maßlosen Kriegszielfantasien, und dann erst die nach kurzer Reflektion beiseite geschobenen Bedenken, ob man tatsächlich gegen Schwäger, Onkel und Tanten in dieser Weise vorgehen dürfe. Ähnliche Verwandtschaftsbeziehungen bestanden ja zum britischen Königshaus, hatten aber nicht verhindert, dass Deutschland schon vor dem Ersten Weltkrieg in einen scharfen, existenziellen Konkurrenzkampf gegen die übermächtige britische Flotte und letztlich das Empire eingetreten war.

Ganze Stabsstellen widmeten sich in Berlin der »Insurgierung« und der »Revolutionierung« Russlands wie der französischen und britischen Kolonien. Gestützt auch auf Emigrantenorganisationen wurden Institutionen wie das »Komitee für die Unabhängigkeit Georgiens«, das »Finnländische Komitee«, das »Indian Independence Committee« und das »Persische Komitee in Berlin« gegründet, um so die Aktivitäten besser steuern, überwachen und finanzieren zu können. Dort wurde auch die Idee verfolgt, gemäß den Thesen von Theodor Schiemann und Paul Rohrbach eine gezielte Destabilisierungspolitik gegen die Randstaaten des russischen Kaiserreiches zu betreiben, gemäß der populären, selbst von Kaiser Wilhelm II. gutgeheißenen »Orangenschalen-Strategie«, der zufolge die einzelnen Randstaaten Russlands, die eigenständige ethnische und historische Wurzeln aufweisen (Finnland, Baltikum, Ukraine, Kaukasus, Turkestan), von Russland abzulösen seien, um Russland so drastisch zu verkleinern und damit auch zu marginalisieren; eine Strategie, die im Namen sinnigerweise an die ebenfalls von westlichen »Demokratiefreunden« unterstützten »Farb-Revolutionen«, speziell der »Orangen Revolution« in der Ukraine 2004, erinnert.

Die Idee einer für Deutschland vorteilhaften Zerschlagung Russlands lässt sich noch weiter zurückverfolgen, mindestens bis in die Mitte des 19. Jahrhunderts, als der seinerzeitige preußische Botschafter in London, Christian Carl Josias von Bunsen in einem Memorandum die Aufteilung Russlands unter deutscher Anleitung forderte. Österreich solle sich bis zum Schwarzen Meer ausdehnen, Deutschland dafür das Baltikum mit Petersburg, Schweden entsprechend Finnland übernehmen. Mit etwas Mühe ließe sich dieses Ideengebilde sicher noch weiter zurückverfolgen, auch in den Archiven in Washington, Paris und London müssten sich ähnliche Überlegungen finden lassen, wenn man sich die Politik anschaut, die von diesen Ländern gegenüber Russland betrieben wurde. Schon im späten Mittelalter machte die schiere Größe des Landes alle westlich davon gelegenen Monarchien einerseits aggressiv, verursachte andererseits offenbar auch Minderwertigkeitskomplexe, erregte aber auch schlicht die Gier der Herrschenden westlich von Russland, die sich die Reichtümer des Landes einverleiben wollten.

Im Fokus der Berliner Strategen unter anderem: Russisch-Finnland, das seit 1809 zum Zarenreich gehörte. Bereits am 6. August 1914 hatte die deutsche Botschaft in Stockholm den schriftlichen Auftrag vom Kaiser bekommen, das zuletzt 1905 von einem nationalistischen antirussischen Aufstand erschütterte russische Großfürstentum Finnland zu »insurgieren«. Den finnischen Nationalisten wurde deutsche Unterstützung bei der Gründung eines autonomen finnischen Nationalstaats versprochen. Am 26. Januar 1915 legten Generalstab, Kriegsministerium, Auswärtiges Amt und Reichsschatzamt Aufbau und Struktur der Truppe in Berlin fest. Die Ausbildungslehrgänge begannen im Februar 1915. Finnische »Freiwillige« (Söldner) erhielten militärische Ausbildung auf dem Truppenübungsplatz Lockstedt in Holstein durch die deutsche Armee. Die »Freiwilligen« sollten als Untergrund- beziehungsweise Guerilla-Kämpfer bei der Befreiung Finnlands vom »russischen Joch« helfen und später den Kern der eigenständigen (und gegen Russland zu verwendenden) finnischen Armee bilden. Auch finnische Politiker wurden »insurgiert« beziehungsweise bestochen und mit Geldmitteln zur weiteren Bestechung von gleichgesinnten Kollegen ausgestattet.

Am 16. Juni 1915 fand im Generalstabsgebäude in Berlin die erste von vielen Sitzungen des »Lenkungskreises« für Finnland statt, an dem Vertreter von Armee, Auswärtigem Amt, Reichskanzlei und Reichsschatzamt teilnehmen. Es ging um die weiteren Insurgierungsschritte, also um Geld, Waffen, Sprengstoff, Ausbildungs- und Einsatzpläne. Die militärische Schulung von finnischen Freiwilligen wurde zunächst als »Pfadfinder-Lehrgang« getarnt. Auf dem Truppenübungsplatz Lockstedt in Schleswig-Holstein drillte man zunächst 2.000 finnische »Freiwillige«. Aus ihnen formte man das finnische »Jägerbatai-

179

llon 27«. Am 9. Juli 1915 erfolgte die Genehmigung zur Aufstellung eines »finnischen Korps« mit über 7.000 Mann. Für deren Ausbildung und Ausrüstung stand ein Etat von insgesamt 600.000 Mark bereit (70 Millionen Euro). Bei einer Bestandsaufnahme am 28. August 1915 existierten bereits mehrere Kompanien. Neben Gefechtstaktiken wurden den jungen Finnen Infanterieaufklärung und Sabotagetechniken wie Zerstörung von Eisenbahnlinien und Brücken sowie von Hafeneinrichtungen und Schiffen beigebracht. Zusätzlich sollte eine »aktive Pressearbeit« (Bestechung etc.) in Schweden sowie ein Nachrichtendienst in Finnland aufgezogen werden. Im Herbst 1917 wurde folgerichtig Major Hagen vom Kriegsministerium Stabschef der neugegründeten finnischen Nationalarmee unter General Wilkmann. Das erinnert einmal mehr an die Vorgänge in der Ukraine 2013/2015 und an die Rolle, die US-Offiziere bei Ausbildung und Führung der ukrainischen Armee im »Anti-Terror-Kampf« gegen die prorussischen Aufständischen in der Ostukraine spielten.

Von Seiten des AA liefen die Fäden einmal mehr beim jungen Legationsrat v. Wesendonk zusammen, der auch die Geldmittel für die finnischen »Terroristen« beziehungsweise »Freiheitskämpfer« (je nach Standpunkt) verwaltete. Da wurden mal Beträge von 30.000 Mark (18. November 1915), mal 10.000 Mark (27. November 1915), mal 50.000 Mark freigegeben. Der finnische Staatsrat Hjelt, der von finnischer Seite aus die Aktionen betreut (und in Berlin im noblen Hotel Fürstenhof am Potsdamer Platz, um die Ecke vom Auswärtigen Amt, abzusteigen pflegt), bekam in Berlin ein Konto mit 100.000 Mark eingerichtet, von dem er monatlich bis zu 15.000 Mark abheben durfte. Den Kontakt zu Hjelt hielt Rudolf Nadolny von der Abteilung IIIb des Militärgeheimdienstes. Koordinationsstelle all dieser Maßnahmen war wiederum die deutsche Botschaft in Stockholm unter Botschafter v. Stödten, der auch in diesem Fall direkt an den Reichskanzler berichtete (so etwa am 8. Oktober 1915). In Stockholm saß auch Hauptmann Karl Heldt, der das dortige »Etappenbüro« der finnischen Freikorps führte. Er lenkte die Arbeit der 87 geheimen »Werbestellen«, die in Russisch-Finnland eingerichtet worden wurden. Dort konnten sich die »Freiwilligen« melden, erhielten Geld und Reisepapiere für den Transfer nach Deutschland ins Ausbildungslager. Die Finnen bekamen die grünen Uniformen einer Elite-Einheit des deutschen Heeres, der sogenannten Jäger-Abteilungen, und wurden daher nun »Finnische Jäger« genannt.

Im Anfang 1917 neugebildeten finnischen Parlament hatten die revolutionären Sozialdemokraten die absolute Mehrheit, bildeten aber dennoch eine paritätisch besetzte Koalitionsregierung mit den bürgerlichen Parteien. Bei einer neuerlichen Wahl im Oktober 1917 gewannen die bürgerlichen Kräfte eine knappe Mehrheit im Parlament. Richtete sich der mittlerweile aufgenommene Kampf der deutsch geführten »finnischen Jäger« zunächst gegen die »russischen Besatzer«, so entwickelt sich daraus nach der einseitigen finnischen Unabhängigkeitserklärung vom 6. Dezember 1917 (nach der Oktoberrevolution) ein blutiger Bürgerkrieg gegen »rote Kontrainsurgenten«, finnische »Freiheitskämpfer« von der linken, prorussischen Fraktion. Bei den deutschen »Stützungsmaßnahmen« gab es aber auch Fehlschläge. So wurde im Herbst 1917 das Spezial-U-Boot UC 57, vollgestopft mit finnischen Freiwilligen, Munition und Waffen, von Kiel aus Richtung Finnland in Marsch gesetzt. Die Finnen sollten gezielt die Bahnstrecke zwischen Helsinki und Petrograd sabotieren. Doch bevor das Boot die Saboteure absetzen konnte, riss der Funkkontakt ab und das U-Boot verschwand spurlos. Vermutlich liegt es bis heute auf dem Grund der Ostsee.

Die Kämpfe im Bürgerkrieg wurden von der rechten Seite sehr grausam geführt. Gefangene Rotgardisten wurden umgehend erschossen. Bei der Eroberung der »roten« Städte Tampere und Viipuri, die weitgehend zerstört wurden, füsilierten die weißen Truppen die Gefangenen ebenfalls, insgesamt sollen rund 10.000 Menschen diesen Mordaktionen zum Opfer gefallen sein. Auch alle gefangenen russischen Soldaten wurden umgebracht. Erst nach Abschluss der Kämpfe im Mai 1918 hörten diese Massenmorde auf. Gegen die Meinung aller seiner Mitstreiter (vor allem gegen Stalin und Trotzki, die hier ausnahmsweise einer Meinung waren), setzte Lenin im deutschen Sinne das Selbstbestimmungsrecht der Völker durch, und anerkannte am 31. Dezember 1917 die Unabhängigkeit Finnlands. Am 4. Januar 1918 bestätigte die russische Regierung, der Rat der Volkskommissare, formell diesen Erlass. Am selben Tag gab Kaiser Wilhelm II. Anweisung, Finnland diplomatisch anzuerkennen und damit die Unabhängigkeit zu sanktionieren. Diese Aktion erinnert an die unmittelbare Anerkennung der – selbsterklärten´– Unabhängigkeit Sloweniens und Kroatiens 1991 durch die BRD, zu einem Zeitpunkt, als der Bundesstaat Jugoslawien noch existierte und die BRD damit eklatant in die inneren Angelegenheiten eines Fremdstaates Eingriff; die BRD preschte seinerzeit damit vor, düpierte alle Partner im Osten und Westen, wurde aber damit eben auch ihrer alten, aus den Zeiten des Ersten Weltkriegs herrührenden Führungsrolle im »Insurgierungskampf« in Osteuropa gerecht, ein herausragendes Beispiel für politische Kontinuitäten im westlich-kapitalistischen Teil Deutschlands, unabhängig von der jeweiligen Regierungsform (siehe unten). Das kaiserliche Deutschland hatte sich im Gegensatz zur BRD trotz allem zurückhaltender aufgeführt, da es zumindest die formelle Anerkennung der finnischen

Unabhängigkeit durch die nominell noch zuständige russische Regierung unter Lenin abgewartet hatte. Im Falle Jugoslawiens hatte die BRD es nicht für nötig gehalten, mit der amtierenden jugoslawischen Bundesregierung ein Einvernehmen zu erzielen, sondern ignorierte diese einfach.

Ein Umsturzversuch rechter Kräfte unter Mannerheim am 25. Januar 1918 markierte dann den Beginn der eigentlichen Kämpfe. Die Weißen, die zwar den Norden Finnlands halten konnten, gerieten zunächst in die Defensive, mussten die Hauptstadt Helsinki räumen. General Mannerheim, der legendäre finnische Nationalistenchef, der im Zweiten Weltkrieg noch eine Rolle spielen sollte, forderte nun schweres Gerät, »tödliche Verteidigungswaffen« im heutigen Sprachgebrauch (vgl. Ukraine) in Deutschland an. Und Deutschland lieferte. Anfang 1918 wurden 40.000 Gewehre, 70 Maschinengewehre und vier Geschütze von Berlin Richtung Norden transportiert, vier Tage später folgten ihnen deutsche Soldaten. Da der Bürgerkrieg von den »Roten« gewonnen zu werden drohte, warf Deutschland nun auch eigenes Militär in die Schlacht. 10.000 Soldaten der neugeschaffenen »Ostseedivision« schifften sich nach Finnland ein und gaben schließlich auf dem Schlachtfeld den Ausschlag. Gleichzeitig forderten deutsche Industrielle bei einem Treffen mit finnischen Politikern ihren Anteil an den finnischen Bodenschätzen, ein lukrativer Markt, der nun deutschem Kapital geöffnet werden sollte. Die deutschen Forderungen waren so unverschämt, dass die finnischen Politiker die Konferenz empört abbrachen und vorzeitig nach Hause fuhren. Der finnische Bürgerkrieg konnte schließlich von den »weißen«, von Deutschland unterstützten Kräften entschieden werden. Zwischenzeitlich wurde in Absprache mit Deutschland noch der deutsche Adlige Friedrich Karl

v. Hessen zum neuen finnischen König gewählt, der aber am 14. Dezember 1918, nach Revolutionierung und bedingungsloser Kapitulation Deutschlands, auf das Amt verzichtete.

Deutschland spielte im Verlauf des Jahres 1918 in Bezug auf Finnland und Russland zweigleisig – einerseits ging die Förderung der Bolschewiki weiter (siehe unten), andererseits wurden deren finnische Gegner mit erheblichem Aufwand aufgerüstet und trainiert. Eine der dabei benutzten Tarnorganisationen war die von Berlin finanzierte »Liga der Fremdvölker Russlands«, ein Vorreiter innerhalb der »Randstaatenpolitik« beziehungsweise der »Orangenschalenstrategie« des kaiserlichen Deutschlands. Deren Leiter, Bernhard Baron Uexküll, schrieb 1918 an Wesendonk, im Hinblick auf seine Verdienste um die umfassende Insurgierung Russlands habe er mindestens zwei Denkmäler verdient: eines in Finnland, und eines im südlichen Kaukasus. Aber nicht nur die Randstaaten, auch Russland selbst, das »Feindland«, sollte zu Beginn des Ersten Weltkriegs »von innen« destabilisiert und am besten in einen langdauernden Bürgerkrieg gestürzt werden, bei dem das kaiserliche Deutschland dann den Schiedsrichter spielen, gleichzeitig aber auch sein östliches Vorfeld, seinen Einflussbereich dort erweitern könnte. Von deutscher Seite aus wurde das Projekt »von ganz oben« gefördert: angefangen vom Kaiser (damals 56 Jahre alt) über den 59-jährigen Reichskanzler Bethmann Hollweg, dem »Außenminister« (damals Staatssekretär genannt) Gottlieb von Jagow, 52, und seinem Stellvertreter, dem aus Ostpreußen stammenden Unterstaatssekretär (stellvertretender Außenminister) Arthur Zimmermann, 51, sowie dem 43-jährigen Staatssekretär im Reichsschatzamt (Finanzminister) Karl Helfferich und seinem Nachfolger Siegfried v. Rödern (45). Die Koordination vor Ort übernahmen die

Botschafter in Kopenhagen (Ulrich Graf Brockdorff Rantzau, 46), Stockholm (Lucius v. Stoedten, 46), und Bern
(Gisbert v. Romberg, 49). Zu ihren Informanten gehört
auch der in Deutschland geborene Heinrich Bockelmann
(Großvater des Schlagersängers Udo »Jürgens« Bockelmann), zuvor in Moskau Mitbesitzer der erfolgreichen
Junker-Bank, der nach seiner Verbannung nach Sibirien
1915 nach Stockholm flieht, allerdings hauptsächlich
Falschinformationen verbreitet und im Übrigen darauf
bedacht ist, mit Hilfe deutscher Stellen sein in Russland
verbliebenes Vermögen aus dem Land zu schaffen – 1917
wird er in Sassnitz mit knapp einer Million Rubel im Kof-
fer von deutschen Grenzbeamten verhaftet.

Im Auswärtigen Amt selber liefen die Fäden dieser Aktionen bei dem bereits genannten Otto Günther v. Wesendonk, 30, zusammen. Wesendonk, Jahrgang 1885, starb
am 27. Juni 1933 im burgenländischen St. Margarethen im
Alter von 48 Jahren. Ob es sich um Selbstmord oder einen
krankheitsbedingten Tod handelt, ließ sich nicht feststellen. Unterstützend halfen der Gesandte Diego v. Bergen,
43, Richard v. Kühlmann (später selbst Außenstaatssekre-
tär, 42) sowie der Nachfolger Helfferichs als Staatssekretär
im Reichsschatzamt (= Finanzminister), Siegfried v. Rödern, 45. Für die Abrechnung waren der Kassenwart des
Auswärtigen Amtes, Fritz Fröhlich, und ein Herr Steinwachs zuständig. Auf dem zugehörigen, strengster Geheimhaltung unterliegenden Aktenkonvolut stand »Inhalt:
Die Revolutionierung Russlands«. Neben dem Auswärtigen Amt war die 1. Abteilung (Russland) des Großen Generalstabs (Berlin, Königsplatz 6 – heute Platz der Republik, nördlich des Kanzleramts, mit dem Nebeneingang
Moltkestr. 8) sowie der 1889 gegründete Militärgeheimdienst »Abteilung IIIb« unter dem 42-jährigen Oberstleutnant Walter Nicolai an den Operationen beteiligt. Die

entsprechenden Belege finden sich im Politischen Archiv des Auswärtigen Amtes, Bestand »Geheime Akten – Krieg 1914«, Signatur R 21005ff., Titel: »Unternehmungen und Aufwiegelungen in Russland, besonders in Finnland [sic] und den Ostseeprovinzen«.

Innerhalb der Abteilung IIIb leitete der aus Ostpreußen stammende Legationsrat Rudolf Nadolny, ebenfalls 42 Jahre alt, die »Sektion Politik«, die sich speziell mit Insurgierungsaktionen befasst. Für Nadolny wie für viele andere Beteiligte auf deutscher Seite gilt, dass sie über ihre Insurgierungstätigkeiten später strengstes Stillschweigen bewahrten. So wurde dieser Teil von Nadolnys beruflichen Aktivitäten beispielsweise auch bei der offiziellen AA-Trauerfeier zu seinem 100. Geburtstag 1973 mit keinem Wort erwähnt. Nadolny war 1916 auch mit einer Insurgierungsaktion im britisch-russisch besetzten Persien befasst, die allerdings fehlschlug. Von 1924 bis 1933 war er Botschafter in der Türkei, 1933 bis 1934 Botschafter in Moskau, trat allerdings auf eigenen Wunsch vom Amt zurück. Nach dem Zweiten Weltkrieg widmete er sich bis zu seinem Tod der deutsch-deutschen Annäherung. Sohn und Enkel von Nadolny wurden Schriftsteller.

Außerdem unterstützt die von dem 55-jährigen Max v. Oppenheim gegründete »Nachrichtenstelle für den Orient« (NfO) als Sammelbecken für die islamische Insurgierung gegenüber Russland, Großbritannien und Frankreich die gesammelten deutschen Insurgierungstätigkeiten. Oppenheim (1860–1946), aus wohlhabender Kölner Bankiersfamilie mit jüdischen Wurzeln stammend und von Hause aus Orientalist, machte sich später als Mäzen in Berlin einen Namen, da er einen Großteil seiner privat gesammelten Kunstschätze in dem auf eigene Kosten errichteten »Tell-Halaf-Museum« präsentierte, das im Zweiten Weltkrieg zerstört wurde. Die Artefakte des Museums überlebten im Depot des Pergamon-Museums und sollen dort künftig prominent zur Aufstellung kommen. Oppenheims geplante Karriere im Auswärtigen Amt scheiterte am dort tiefverwurzelten Antisemitismus. In der NfO arbeitete zeitweise auch Nahum Goldmann, der spätere Präsident des Jüdischen Weltkongresses, mit. In deren Umfeld wurden zu Beginn des Ersten Weltkriegs die Begriffe »Dschihad« (Heiliger Krieg) und »Islamismus« in ihrer heutigen Bedeutung als Kampfmittel gegen die Entente geprägt.

Brockdorff Rantzau fasste 1915 in einem Memorandum zusammen, warum man gegen das verwandtschaftlich eng verbundene Kaiserhaus Romanow mit umstürzlerischen Mitteln vorgehen dürfe. Im Hinblick auf den letzten Romanow-Herrscher Nikolaus II. schrieb er – angesichts der schon vor Kriegsbeginn konzipierten deutschen Umsturzabsichten einigermaßen verlogen: »Dieser schwache und unaufrichtige Herrscher, dessen Thron schwankt, während er im Banne mystischer Flagellanten [Rasputin] von Siegen über einen Gegner träumt, der nie zu ihm in Feindschaft treten wollte, hat eine furchtbare Schuld vor der Geschichte auf sich geladen und das Recht auf Schonung von unserer Seite verwirkt.« Dann kommt der entscheidende Satz: »Der Sieg und als Preis *der erste Platz in der Welt* ist aber unser, wenn es gelingt, Russland rechtzeitig zu revolutionieren.« Er kann als weiterer Beleg dafür dienen, dass es bei dem Entschluss, den Krieg 1914 vom Zaun zu brechen, für Deutschland tatsächlich um den vom Historiker Fritz Fischer geprägten »Griff nach der Weltmacht« ging. Und dass man bei diesem Versuch gewillt war, über Leichen zu gehen, und zwar über die Leichen der engsten Verwandten.

Brockdorff Rantzau formuliert in seiner Darlegung weiter: »Nach Friedensschluss wäre der innerpolitische

[sic] Zusammenbruch Russlands für uns von geringem Wert, vielleicht sogar unerwünscht.« Ein bemerkenswertes Eingeständnis, dass man sich völlig darüber im Klaren ist, mit der Revolutionierungsstrategie die Büchse der Pandora zu öffnen, ohne die Auswirkungen dieser Strategie mittelfristig auf Russland eingrenzen zu können, also gleich dem Goetheschen Zauberlehrling die »Geister«, die man mit Millionenmitteln, Gewehren, Sprengstoff und allem Sonstigen für den Umsturz nötigen versorgte, nicht mehr loszuwerden. Und im Gegensatz zur Ballade des »Alten aus Weimar« kommt tatsächlich 1918 kein Hexenmeister, um die einmal in die Welt gesetzten Geister wieder zu bannen, stattdessen stürzt auch das deutsche Kaiserhaus, ist das deutsche Kaiserreich mit der Revolution vom 9. November 1918 selbst Geschichte, erleidet also mithin das Schicksal, das man dem russischen Bruderhaus zugedacht hatte. Brockdorff Rantzau schließt seine Ausarbeitung mit einem Anflug von Verzweiflung (Ende 1915!): »Ich verkenne keineswegs die Rückwirkungen, die der Schritt auf unser innerpolitisches Leben nach sich ziehen kann. Sind wir militärisch im Stande, eine endgültige Entscheidung zu unseren Gunsten herbeizuführen, so wäre eine solche allerdings vorzuziehen. Andernfalls bleibt nach meiner Überzeugung nur der Versuch dieser Lösung [›Revolutionierung‹], weil unsere Existenz als Großmacht auf dem Spiel steht, vielleicht sogar noch mehr.«

Eine für die weitere Entwicklung der »Insurgierung« Russlands wichtige Person kommt Anfang Januar 1915 ins Spiel, als der 48-jährige Dr. Israel Lasarewitsch Gelfand alias Alexander Parvus, im Getreide- und Waffenhandel zum Millionär geworden, bei der Kaiserlich Deutschen Botschaft in Istanbul beziehungsweise beim dortigen Botschafter Hans v. Wangenheim vorspricht. Der 1867 in Weißrussland geborene »Revolutionär« Gelfand alias Parvus, ein studierter Volkswirtschaftler und zeitweiliger Weggefährte von Lenin und Trotzki (gemeinsame Haft 1905) war nach längeren Aufenthalt in Deutschland und Zusammenarbeit mit der SPD (die nach einem Unterschlagungsskandal mit seinem Parteiausschluss endete) 1910 nach Konstantinopel gegangen, wo er bald als Geschäftspartner des berüchtigten internationalen Waffenhändlers Basil Zaharoff mit Waffenlieferungen an die in die Balkankriege verstrickte Türkei und nach Russland äußerst wohlhabend geworden war. Parvus dürfte also in der Botschaft zumindest dem Namen nach bekannt gewesen sein, kümmerte man sich in Botschaften damals wie heute ja unter anderem auch um die Wirtschaftsförderung, da dürfte jemand, der für deutsche Rüstungskonzerne wie Krupp Millionengeschäfte einfädelte, auf verschiedenen Listen gestanden haben. Parvus hatte offenbar trotz seiner millionenschweren Geschäfte seinen revolutionären Impetus noch nicht verloren, oder er war – mittlerweile 48 Jahre alt – so zynisch geworden, dass er selbst mit der Revolution weitere Millionen zu scheffeln plante. Er wollte jetzt das ganz große Ding drehen.

Dabei kam ihm der Umstand zuhilfe, dass er in den Wochen zuvor eine aberwitzige Geschäftsidee entwickelt hatte. Parvus hatte eine »win-win-win«-Situation erkannt und war jetzt gewillt, seine Vorteile daraus zu ziehen. Es gab drei Parteien in diesem Spiel, denen der Plan, den Parvus entwickelt hatte, schönste Erfolgsaussichten generierte. *Deutschland* musste daran interessiert sein, angesichts des eher ungünstigen Kriegsverlaufs die Entente zu sprengen. Und dafür bot sich naheliegenderweise das von Unruhen ohnehin schon erschütterte Russland an, das bisher jedoch noch fest auf Seiten der westlichen Alliierten stand. Es gab nur eine Partei, die angesichts von personeller Zusammensetzung und Entschlossenheit Aussicht auf revolutionären Erfolg hatte: die *Bolschewiki*. Deren Interesse war es wiederum, möglichst finanzkräftige Unterstützung bei ihrem Versuch zu bekommen, das zaristische Russland zu zerschlagen, dort die Revolution ins Werk zu setzen und die Herrschaft des Proletariats beziehungsweise der Partei zu errichten. Und es war natürlich im Sinne von Parvus, beides zu befördern, dabei von beiden Seiten zu kassieren und seinen persönlichen Profit zu maximieren.

Der seit 1912 in Istanbul amtierende deutsche Botschafter, der berüchtigte Exzentriker Hans v. Wangenheim, 56 Jahre alt, erkennt das Potential des von Parvus ihm gegenüber mündlich skizzierten Vorhabens von welthistorischem Rahmen und schickt am 8. Januar 1915 unmittelbar im Anschluss an das Gespräch ein Geheimtelegramm »eilt« an die Zentrale in Berlin. Wangenheim bestätigt in seinem Telegramm, dass es zuvor schon eine geheimdienstliche Zusammenarbeit mit Helphand im Hinblick auf die Aufrüstung und prodeutsche Einstellung der Türkei gab und empfiehlt dringendst, Herrn Helphand in Berlin anzuhören. Jetzt geht es Schlag auf Schlag. Am 10. Januar weist Außen-Staatssekretär (der »Finsterling«) v. Jagow seinen Stellvertreter Zimmermann an, Helphand umgehend zum Gespräch zu empfangen. Hinzugezogen wird – daran lässt sich die eminente Bedeutung ablesen, die man diesem und den folgenden Gesprächen zumisst – auch der Vortragende Legationsrat im Reichskanzleramt, Dr. Kurt Riezler, 33. Es dauert dann noch wegen verschiedener Vorfeldprobleme (Helphand gilt zu diesem Zeitpunkt noch als »feindlicher Ausländer« mit Einreiseverbot) bis Ende Februar, um einen tatsächlichen Termin für das »Gipfeltreffen« in Berlin zu finden.

Über das Gespräch selbst sind bislang keine Aktenbelege gefunden worden, sie dürften größtenteils vernichtet worden sein. Fest steht, dass Helphand als nächstes Anfang März eine 23seitige Denkschrift vorlegt, in der er eine detaillierte Planung der künftigen Zusammenarbeit skizziert hat. Als zentrale Ansatzpunkte für die Insurgierung des Romanow-Reiches schlägt er *Finnland* und die *Ukraine* vor. Finnland hat eine gemeinsame Grenze mit dem neutralen Schweden, über die verschiedene Schmuggelrouten für Waffen und Sprengstoff bereits etabliert sind. Die Ukraine wiederum liegt im Vorfeld der Türkei, über die man auf der Südroute entsprechende Unterwanderungsaktionen starten könne. Helphand schlägt neben der klassischen Propaganda mit Flugblättern, Organisation (und Finanzierung) von Demonstrationen, Streiks, Unruhen auch handfeste Aktionen wie die Sprengung von Eisenbahnbrücken, Sabotage der Ölquellen in Baku, Bombenanschläge vor.

In dem umfassenden Unterwanderungsplan ist auch der erforderliche Finanzbedarf enthalten. Als Testballon nannte er dort die Summe von 20 Millionen Rubel (rund 200 Millionen Euro) als erforderliche Gesamtsumme für die umfassende »Revolutionierung Russlands« (eine Summe, die später natürlich weit überschritten wird), von denen eine Million Rubel sofort zur Unterstützung der notwendigen Vorarbeiten fällig seien. Zu seiner großen Freude bekommt Parvus schon nach kurzer Zeit positive Antwort – Berlin ist gewillt, seinen Plan, eine Koalition »aus russischen Proletarierfäusten und deutschen Bajonetten« zu schmieden, das kaiserlich-imperialistische Deutschland und die kommunistischen Bolschewiki im vereinten Kampf gegen das russischen Kaisertum zusammenzuspannen, zu unterstützen. Dafür ist man bereit, tief in die geheimen, vor Parlament und Öffentlichkeit sorgsam geheimgehaltenen, milliardenschweren »außerordentlichen Etats« zu greifen, und das gemeinsame Projekt nach Kräften zu unterstützen.

In Absprache mit dem Auswärtigen Amt (AA) verlagert der 48-jährige Helphand im Sommer 1915 seinen Wohnsitz von Istanbul ins neutrale Dänemark, in die Hauptstadt Kopenhagen, die sich ebenfalls zum Drehkreuz für Schmuggel- und Handelsaktionen entwickelt hat (und die noch bis in die achtziger Jahre eine Hochburg westlicher Geheimdienste im Kampf gegen die Warschauer Vertragsstaaten bleiben sollte). In Stockholm, der Hauptstadt des ans russische Finnland grenzenden Schweden, das Helphand im Hinblick auf seine persönliche Sicherheit zu nahe an Russland liegt, will er eine Dependance seiner wirtschaftlichen Tarnorganisation, einer wenig später gegründeten und eingetragenen Handelsgesellschaft, einrichten.

Helfferich stellt – auch das ein Hinweis auf die Bedeutung, die man dem Unternehmen beimisst – schon am 11. März 1915 eine Anschubfinanzierung von vier Millionen Mark bereit, zwei Millionen »für Propaganda in Rußland [sic]« und weitere zwei Millionen »für besondere Preßzwecke«. Am 24. März erfolgt die erste Überweisung von nicht weniger als 500.000 Mark an Helphand. Die Abwicklung der Bankgeschäfte erfolgt in diesem wie anderen Fällen über die Depositenkasse A der Deutschen Bank in der Berliner Mauerstraße (Mitte). Helphand hat seinen Spaß mit den kapitalistischen Finanziers seiner Umsturzpläne gegen die russische Monarchie: er verlangt als Selbstverständlichkeit, dass diese auch die Kursverluste beim Umtausch der Reichsmark in die örtlichen Währungen tragen, so dass er in den Genuss der vollen, bereitgestellten Summen kommt. In linken Kreisen als »Mister 90 Prozent« verschrien, dürfte ein Großteil der von Deutschland zur Verfügung gestellten Millionenbeträge in den Taschen von Helphand gelandet sein. Ähnlichen Spaß treibt er – allerdings an der Grenze zur Gefährdung seiner Tarnung –

mit den dänischen Behörden, mit denen er jahrelang um seine Weigerung, die Hundesteuer in Höhe von zwölf Kronen zu bezahlen, prozessiert (solche Dinge hätte er eigentlich im Sinne eigener Unauffälligkeit unterlassen müssen).

Parvus selbst hat sich dabei noch auf keine der linken Fraktionen in Russland als bevorzugten Ansprechpartner festgelegt, er will das gesamte linke Spektrum fördern, um so eine breite Massenbasis für den geplanten Staatsstreich zu schaffen. Der entscheidende Hinweis, der dazu führte, dass sich die deutsche Seite speziell auf eine gezielte Förderung Lenins festlegte – so legen es die erhaltenen Aktenbelege zumindest nahe; da keiner der direkt Beteiligten auf deutscher Seite sich später jemals zu diesen Vorgängen geäußert hat, ist man hier teilweise auf Vermutungen angewiesen – kam von dritter Seite, von dem russischen Staatsbürger estnischer Herkunft, Alexander Kesküla, 32, der seit geraumer Zeit als V-Mann für die deutsche Seite arbeitete. Kesküla lebte zu Beginn des Ersten Weltkriegs in der beschaulichen Schweiz und verkehrte sehr vertraut in den Kreisen der russischen Bolschewiken um Lenin, die in Zürich Asyl gefunden hatten. Die Verbindung zu den Bolschewiken hatte Kesküla ab 1905 geknüpft, als er 23-jährig in Estland an bolschewikischen Protestaktionen teilnahm. Sein »Agentenführer« seit Herbst 1914 ist der deutsche Botschafter in Bern, Gisbert v. Romberg (später Leiter des Osteuropa-Referats des AA, 49). Romberg war der geeignete Mann für solche Undercover-Operationen, koordinierte er doch gleichzeitig beispielsweise auch »Insurgierungsaktionen« im dem britischen Machtbereich zugerechneten Jemen (wie die gescheiterte Stotzingen-Mission). Romberg vermittelt Kesküla an Rudolf Nadolny, einen Legationsrat des Auswärtigen Amtes, der seit Kriegsausbruch der neugeschaffenen (Geheimdienst-) »Abteilung IIIb« des deutschen Generalstabs (Sektion Politik) vorsteht und sich hauptamtlich der Insurgierung Russlands widmet – er wird nach 1918 Leiter des Ostreferats im Auswärtigen Amt und 1933 kurzzeitig deutscher Botschafter in Moskau.

Kesküla lobte in einem Rudolf Nadolny zugestellten Lagebericht über die linken russischen Oppositionsbewegungen vom 3. Mai 1915 Lenin als den entschlossensten aller Gegner des Zarentums. »Lenin verfügt über die brutalste und rücksichtsloseste Energie.« »Gewissenlose und rücksichtslose Draufgängerei« sei sein Kennzeichen. Auffällig sei, dass Lenin – obwohl offiziell ohne Anstellung – immer über große Geldmittel zu verfügen scheine. Das erinnert an die Beobachtungen von Jutta Ditfurth, dass die »Fischer/Schily-Fraktion« schon in der Frühphase der Grünen Partei zu Parteitagen und sonstigen Treffen immer mit Luxuskarrossen angefahren kam, die einigermaßen im Widerspruch zu grünen Parteiidealen standen. Mit den Geldmitteln war nicht das Vermögen von Lenins Familie gemeint, das für seine weitausgreifenden Unternehmungen bei Weitem nicht ausgereicht hätte. Zudem sei Lenin der einzige unter den russischen Exil-Revolutionären, dem Kesküla zutraute, die Revolution auch wirklich ins Werk zu setzen. Im Gegensatz zu anderen linken Revolutionären aus Russland setzte Lenin nicht auf eine Massenbewegung, sondern auf eine straff organisierte Gruppe von Berufsrevolutionären, die als »Umsturzprofis« im entscheidenden Moment dem wankenden Zarentum den letzten Stoß versetzen sollten. Die Menschewiki dagegen, denen Kesküla besonders große Unterstützung unter der jüdischen Bevölkerungsgruppe unterstellt, seien vor allem in den »Judennestern Litauens und Westrusslands« zuhause – ein Begriff, der ahnen lässt, dass auch Kesküla offenbar dem in baltischen Ländern verbreiteten Antisemitismus anhing.

Das Problem für Lenin war es, seine russischen Mitstreiter, bei aller revolutionären Gesinnung dennoch auch Patrioten, von der Notwendigkeit zu überzeugen, eine militärische Niederlage des Zarenreiches herbeiführen zu müssen, um der Revolution zum Durchbruch zu verhelfen. Auch wenn dies im Umkehrschluss heiße, den reaktionären Kaiserreichen Deutschland und Österreich-Ungarn zum Sieg gegenüber Russland zu verhelfen. Dies bewerkstelligte Lenin auf der geheimen Konferenz der Auslandssektionen der SDAPR (Sozialdemokratischen Arbeiterpartei Russlands), die zwischen 27. Februar und 4. März 1915 in Bern stattfand. Kesküla berichtete im Herbst 1915, er habe mit Lenin über konkrete Bedingungen verhandelt, unter denen die russischen Revolutionäre bereit wären, mit Deutschland zusammenzuarbeiten und wie gewünscht umgehend Friedensverhandlungen aufzunehmen. Dazu gehörten Abschaffung der Monarchie in Russland (für die deutschen Unterhändler kein Problem), Beschlagnahmung des Großgrundbesitzes, Autonomie der Nationalitäten (das war genau im Sinne der deutschen Randstaatenideologie), russischer Rückzug von der Front mit dem osmanischen Reich, und merkwürdigerweise auch der Einmarsch russischer Truppen in Indien. Ob Kesküla hier korrekt berichtet, oder ob es sich um eine Phantasiebehauptung handelt, kann heute nicht mehr festgestellt werden. Ein möglicher Vorstoß russischer »revolutionärer« Truppen Richtung Indien, dem »Zentrum des britischen Empires«, im Sinne der Weltrevolution, wird einige Jahre später von Lenin nochmals aufgegriffen.

Kesküla, für den von deutschen Stellen Zahlungen in Höhe von rund 250.000 Mark nachweisbar sind (die realen Zahlungen dürften höher liegen), verlegte nun ebenfalls seinen Wohnsitz Richtung der Insurgierungsdrehscheibe Skandinavien, in diesem Fall nach Stockholm (die

Insurgierungsdrehscheibe zur Unterwanderung der Ukraine und des Transkaukasus liegt in Istanbul bei Botschafter v. Wangenheim). Kesküla empfiehlt, auf der Linie des schon festgestellten Antisemitismus, »die Judenschaft« Russlands verstärkt zu unterwandern und aufzuwiegeln. Dazu müsse man den polnischen Juden die Befreiung in Aussicht stellen, um sie zu verstärkten Protesten zu motivieren. Das werde dann wieder verstärkte russische Repressionen nach sich ziehen, die dann zu Protesten der »Judenschaft« in Frankreich, Großbritannien und den USA führen werde, und damit »Sand ins Getriebe« der politischen Zusammenarbeit innerhalb der Entente streuen werde. Kesküla bezieht seinerseits eine Luxusvilla am Stocksund, einem gehobenen Vorort von Stockholm. Auch er hält Verbindung zu Lenin und wird mit 20.000 Mark monatlich versorgt (also deutlich geringeren Beträgen, als sie Helphand zur Verfügung gestellt werden). Kesküla wurde im weiteren Verlauf des Jahres 1915 von Helphand verdrängt, der die alleinige Organisationshoheit für die Revolutionierung seines heimatlichen Russland beanspruchte. Kesküla wechselte daraufhin die Seiten und beriet nun die Entente in Sachen Russland, wofür er weitere Mittel erhielt. Zu einem späteren Zeitpunkt zog er von Stockholm in das besonders in rechten Kreisen als Exilort geschätzte Madrid um, wo er 1964 starb. Sein Nachlass kam über seine Tochter Ingeborg Weidmann-Kesküla 1965 ins Archiv der Universität Yale (USA).

Dagegen war jetzt Helphands Stunde gekommen, der für die nächsten zwei Jahre der zentrale Akteur im deutschen Umsturzunternehmen gegen Russland wurde. Er bezog – standesgemäß – im Sommer 1915 eine (erhaltene) prachtvolle Villa am Vodroffsvej 50 B, in bester Kopenhagener Innenstadtlage, mit Wasserblick und Ufergrundstück (der Hamburger Binnenalster vergleichbar), legte sich ein Luxusautomobil der angesagten Marke »Adler« zu, seinerzeit einer der führenden deutschen Automobilhersteller der Oberklasse, mit einem Marktanteil von 20 Prozent. Bei seinen häufigen Besuchen in Berlin residiert er im Luxushotel »Kaiserhof«, direkt gegenüber von Reichskanzlei und Auswärtigem Amt am Wilhelmplatz. Als Geschäftssitz seiner Tarnfirma »Handels- og Eksportkompagniet AS«, für die er ein Kapital von 80.000 Kronen einzahlt, mietet er ein Haus an der Haupteinkaufstraße Nørre Voldgade 15 an (nicht erhalten), knapp 500 Meter Luftlinie von seiner Villa entfernt. Er schafft es tatsächlich, über viele Monate das viele Geld, das ihm aus Deutschland zufließt, so diskret in Russland zu verteilen, dass keinerlei Gerüchte entstehen. Dennoch sorgt sich die deutsche Botschaft um seine Tarnung, und verpflichtet ihn, nun auch wirklich wirtschaftlich tätig zu werden, auf einem Gebiet, in dem erneut hohe Profite abfallen werden, im Embargo-Handel, also im Handel mit Gütern, die dem britischen Kontinentalembargo gegen die Mittelmächte unterliegen, die aber gleichzeitig auch dem deutschen Embargo gegen Russland unterliegen, und für die in den Zielländern jeweils deutlich überhöhte Preise gezahlt werden, von denen Helphand einen Gutteil als Provisionen einstreicht. Neben den teilweise in Deutschland gedruckten und über Kopenhagen / Stockholm nach Russland geschmuggelten Flugblättern, Demonstrationspamphleten, Spruchbändern, Fotos und Zeitschriften verlangt Helphand aber auch nach richtigem Insurgierungs-Handwerkszeug: So ist Mitte 1915 von der geplanten Deponierung von Sprengstoff in den von Helphand angemieteten Lagerhäusern die Rede, Sprengstoff, der ebenfalls in Russland zur Anwendung kommen soll. Das mit den geschmuggelten Demonstrationspamphleten und Spruchbändern erinnert natürlich an die 1989/1990 von Westdeutschland nach Ostberlin geschmuggelten Demo-Materialien, auf denen aus »Wir sind *das* Volk« plötzlich und für die eigenen Demonstranten überraschend »Wir sind *ein* Volk« wurde. Ähnliches gilt für die Demonstrationen in Kiew 2004 und 2013/14 sowie für alle »Farben-Revolutionen« der Nach-Wendezeit.

Am 6. Juli 1915 werden weitere fünf Millionen Mark von der deutschen Seite für Helphands Unternehmungen bereitgestellt. Helphand mietet ein zusätzliches Büro- und Geschäftshaus an, diesmal in der Altstadt von Kopenhagen, auf der Östergade 58, wenige Schritte vom Kopenhagener Königsschloss und der deutschen Botschaft an der Amaliengade. Weitere eingetragene Gesellschafter seiner wirtschaftlichen Tarnfirma werden der berüchtigte Berliner Schieber Georg Sklarz, der zuvor ebenfalls als V-Mann in der Schweiz gearbeitet hatte und sich jetzt dem Embargohandel widmen soll, sowie der Lenin-Vertraute Jakob Hanetzki-Fürstenberg. Für den informierten Beobachter der Szene in Kopenhagen, sprich die alliierten Geheimdienste, hätte diese Konstellation eigentlich alle Alarmglocken schrillen lassen müssen. Doch es geschah nichts von dieser Seite, Helphand & Co. konnten die nächsten Monate und Jahre ungehindert und ohne von den Entente-Diensten überwacht zu werden, arbeiten. Für die umfangreichen Transporte kreuz und quer über die Ostsee wurde von Helphands Firma eine eigene Schiffsflotte angekauft. Neben der Deutschen Bank wurden die Bankgeschäfte in Deutschland auch über die Bleichröder-Bank abgewickelt. Selbst mit amerikanischen Firmen kam Helphand ins Geschäft und gründete hierfür neue Tochterfirmen, in denen Hanetzki-Fürstenberg als Direktor fungiert.

Im Herbst 1915 sprach sich Helphand strikt gegen eine deutsche Offensive Richtung Petrograd aus, von der er vorab Wind bekommen hatte. Und dies nicht nur aus mi-

litärisch-politischen Gründen, sondern weil ein deutscher
Einzug in der russischen Hauptstadt natürlich sein »Ge-
schäftsmodell« in den Grundfesten erschüttert und mittelfristig überflüssig gemacht hätte. Vorerst begnügte er
sich damit, vor der dabei anzunehmenden negativen Stimmung in der Bevölkerung der Stadt gegenüber den deutschen Besatzern und den damit verbundenen absehbaren
Schwierigkeiten (Partisanenkampf) hinzuweisen. Das genügte offenbar (zusammen mit anderen Einflüssen), um
die schon recht konkret gewordenen Planungen des Großen Generalstabs zunichte zu machen. Helphand empfahl
stattdessen einen Vorstoß in die Ukraine (Kornkammer)
sowie Richtung Donezbecken (Kohle- und Erzgruben).

Am 24. Dezember 1915 berichtete Brockdorff Rantzau
über ein weiteres Gespräch mit Helphand bezüglich der
künftigen Insurgierungsbemühungen. Helphand habe
über seine an den Tagen zuvor in Berlin geführten Gesprä-
che reportiert, und dabei vermerkt, dass er bei allen kon-
taktierten Regierungsstellen auf großes Entgegenkommen
gestoßen sei. Auswärtiges Amt und Reichsschatzamt seien
zur weiteren Förderung des Vorhabens bis zum endgültigen Sturz der Zarenmonarchie bereit. Helfferich stehe dem
Projekt nicht nur aus politischen Gründen positiv gegenüber, sondern auch, weil er dessen »Zweckmäßigkeit vom
Gesichtspunkt der Reichsfinanzer her« anerkenne (sprich:
die paar Millionen für Insurgierungen u. ä. waren natürlich deutlich billiger als die Milliarden für die konventio-
nelle Kriegsführung, siehe unten). Helfferich habe betont,
dass die absolute Geheimhaltung der Unternehmungen
unerlässlich sei. Brockdorff Rantzau lobte Helphand abschließend dafür, dass dessen Planungen und Vorschläge
beziehungsweise dringende weitere Finanzanforderungen
jeweils rein sachliche Erwägungen zugrunde lägen und
keinerlei privater Vorteilsnahme oder »Pression« ent-

sprungen zu sein schien. Damit stellte Brockdorff Rantzau dem deutsch-russischen Revolutionsunternehmer also eine Art Blankoscheck hinsichtlich seiner Glaubwürdigkeit aus. Daher zahlte er ihm auch die kurzfristig geforderte eine Million Rubel am 26. Dezember 1915 aus.

Während die deutsche Botschaft in Kopenhagen (Brockdorff Rantzau) also mit der Steuerung und Überwachung Helphands beschäftigt ist, widmete sich die deutsche Botschaft in der frontnäher gelegenen schwedischen Hauptstadt Stockholm trivialeren Dingen, sprich den »Realien« des Insurgierungsgeschäfts. In enger Absprache mit dem direkt involvierten Reichskanzler Bethmann Hollweg wurden hier detaillierte Waffengeschäfte eingefädelt, Waffen gelagert und Attentäter Richtung Russland in Marsch gesetzt (vor diesem Hintergrund kann man sich unschwer vorstellen, was in den westlichen Botschaften in Kiew 2013 und 2014 los war, auf dem Höhepunkt der angeblichen »Euromaidan-Proteste«). Gemeinsam mit Rudolf Nadolny vom Militärgeheimdienst Abteilung IIIb erhielt ein russischer »Freiwilliger« (Söldner) namens Lbow im Herbst 1915 10.000 Rubel, um eine der großen Wolgabrücken der Transsibirischen Eisenbahn zu sprengen, und zwar – das ist explizit festgehalten – einen über dem Flusswasser befindlichen Bogen (um die Reparatur zu erschweren). Es wurde auch ein Codetext für das Vollzugstelegramm vereinbart. Außerdem sollte er als nächstes 1.500 Pistolen und nicht weniger als 375.000 Schuss Munition bekommen. Mittelfristig bekam Lbow den Auftrag, für die Revolutionierung zentralrussischer Gouvernements zu sorgen und die Kohleproduktion im Donez lahmzulegen. Dafür wurden ihm eine Million Rubel zur Verfügung gestellt, für den Erfolgsfall winkten weitere zwei Millionen Rubel als Belohnung.

Auch in Insurgent »Litscheff« wurde von Stockholm

aus in direkter Absprache mit dem AA in Berlin geführt. So schrieb Buchhalter Steinwachs an den Gesandten v. Bergen am 8. Mai 1916, dass Litscheff in Stockholm und am Schmuggelzentrum Haparanda (im Norden Schwedens, direkt an der finnischen Grenze) etabliert und mit der Rekrutierung von Exil-Russen beschäftigt sei. Litscheff habe auch zahlreiche revolutionäre Pamphlete in Stockholm drucken lassen und nach Russland geschmuggelt. Dafür erhielt er monatlich 6.000 Mark. Im Juli bekam Litscheff weitere 50.000 Mark. Entlang der Schmuggelroute über Haparanda nach Petrograd wurden an den verschiedenen Stationen Aufpasser und Helfer positioniert, die monatlich 300 Mark erhielten. Über Haparanda wurde auch der gesamte Postverkehr zwischen den verfeindeten Kriegsparteien abgewickelt, was es für Spione zusätzlich interessant machte. Botschafter v. Stödten berichtete in diesen Angelegenheiten erstaunlicherweise direkt an Reichskanzler Bethmann Hollweg (also keineswegs auf dem normalen Dienstweg über das eigentlich für ihn zuständige Auswärtige Amt), so auch am 29. Juni 1915 über den von einem Herrn v. Festenberg zusammengekauften und in von der Botschaft angemieteten Schuppen lagernden Waffenvorrat, der 4.000 Gewehre und 300 Säbel umfasste, die zur Verfügung des Herrn v. Oppell gehalten werden sollten.

Natürlich erwähnten die zentralen Akteure wie Stödten, Brockdorff Rantzau, Bethmann Holleg oder Riezler von diesen entscheidenden, pikanten Vorgängen später nichts in ihren Memoiren oder nachgelassenen Werken. Riezler schweigt sich selbst in seinen »Tagebüchern« (oder dem, was man als seine Tagebücher – in Wahrheit von seinem Bruder nach dem Tod Riezlers redigierte Abschriften – publiziert hat) komplett darüber aus. Um Riezlers Tagebücher entspann sich später eine Art Historiker-Streit, der sich seit den achtziger Jahren bis in die jüngste Vergangenheit hinzieht. Dabei ging es um die Frage, inwieweit Reichskanzler Bethmann Hollweg 1914 den Ersten Weltkrieg bewusst mit herbeiführte, basierend auf den entsprechenden, und von den beiden Lagern unterschiedlich interpretierten Tagebucheinträgen seines engen Vertrauten Riezler. Der Streit ging aus wie das Hornberger Schießen – letztlich ist die Tatsache, dass Deutschland den Ersten Weltkrieg bewusst ins Werk gesetzt hat, um angesichts der »günstigen Gelegenheit« zur führenden Weltmacht aufzusteigen, unbestreitbar. Zuletzt versuchte Christopher Clark (»Die Schlafwandler«) mit großem publizistischen Erfolg (endlich eine Abschwächung der bisher geltenden deutschen Alleinschuld!) die These von der deutschen Alleinschuld einmal mehr zu entkräften, allerdings mit schwachen Argumenten.

Der enge Mitarbeiter des deutschen Geheimdienstchefs Nicolai, Major Marguerre, erklärte später in entwaffnender Ehrlichkeit, »natürlich« habe man am 9. November 1918 in der Abteilung IIIb im Berliner Generalstabsgebäude alle vorhandenen Akten verbrannt, da man einen Sturm der Revolutionäre auf die entscheidenden Schaltstellen der Spionage und Sabotage befürchtete (der dann aber gar nicht erfolgte; ähnlich ging man in Wien vor, wo ebenfalls fast der gesamte Aktenbestand der Geheimdienste den Flammen zum Opfer fiel). Daher sind die direkten Aktenbelege verloren. Das erinnert natürlich an die Situation 1989 beim »Sturm« von »Demonstranten« auf die Stasi-Zentrale in Ostberlin, als unter den normalen Demonstranten Spezialisten vom BND, CIA und anderen westlichen Geheimdiensten versuchten, ins Gebäude zu gelangen, und die Stasi-Offiziere daher begannen, sensible beziehungsweise brisante Akten zu verbrennen beziehungsweise zu schreddern, was allerdings nur teilweise gelang, und nun als Arbeitsbeschaffungsmaßnahme in der Stasi-Unterlagen-Behörde dafür sorgt, dass mit Computerhilfe Millionen von Papierschnipseln wieder zu vollständigen Aktenbelegen zusammengesetzt werden. Man geht derzeit davon aus, dass circa 2030 alle restlichen vorhandenen Schnipsel (circa 100.000 Säcke voll) zusammengesetzt sein könnten.

Dagegen haben sich – von den damaligen Aktensäuberern übersehen – in der Chiffrierstelle des Auswärtigen Amtes die kompletten Transkripte aller gewechselten Telegramme erhalten, aus denen sich ein Großteil der Aktionen rekonstruieren lässt. Doch noch war der Umsturz Zukunftsmusik, die Entente-Front stand, Russland dachte nach dem Umsturz vom Februar 1917 unter Führung der Provisorischen Regierung samt den Menschewiki gar nicht daran, sich Deutschland zu unterwerfen. Das ganze Umsturzunternehmen krankte somit an zentraler Stelle: es fehlte in Russland ein »Vollstrecker«, eine »durchsetzungsfähige« Persönlichkeit, die den so vielfältig vorbereiteten Umsturz auch ganz praktisch und real umsetzen konnte. Über Mittelsmänner war der seit 1908 im Schweizer Exil befindliche, mittlerweile 47 Jahre alte Lenin allerdings schon längere Zeit in Verhandlungen mit deutschen Stellen, ihm die sichere Durchreise in sein Heimatland zu gestatten, wo er die revolutionäre Gelegenheit so groß wie nie zuvor erachtete. War er zuvor von der deutschen Seite »dilatorisch« (hinhaltend) behandelt worden, so kam nun Hektik auf. Möglichst schnell soll Lenin jetzt nach Russland geschafft werden, um aus dem »halben« Umsturz vom Februar 1917 einen ganzen zu machen.

Innerhalb von drei Wochen wurden die Details des Transports Lenins nach Russland ausgehandelt. Vereinbart wurde, deutscherseits auf eine Gepäckkontrolle zu verzichten und die Wagen als »exterritoriales Gebiet« anzusehen. Als Begleitoffizier für den Lenin-Transport in zwei D-Zug-Wagen 2. Klasse entsandte die Abteilung IIIb des Generalstabs den Rittmeister Arwed v. d. Planitz, der mit der Reisegruppe von Gottmadingen bis Sassnitz fuhr. Zusätzlich ließ die deutsche Regierung den Zug von Wilhelm Jansson, einem Vertreter der regierungstreuen Gewerkschaften, begleiten, der vergeblich versuchte, unterwegs Kontakt zu den russischen Revolutionären aufzunehmen. Die russischen Reisenden bezahlten – das war eine der Bedingungen Lenins im Sinne der Dekompromittierung – den vollen Reisepreis 3. Klasse an die Deutsche Reichsbahn, den von der deutschen Seite angebotenen kostenlosen Transport lehnten sie ab. Es gelang der deutschen Seite im Vorfeld, den Transport vor der Presse weitgehend geheim zu halten. Lenin ließ parteiintern – um sich gegenüber Kritikern abzusichern – die Meldung verbreiten, im Sinne des weiteren, intensivierten Kampfes des internationalen Proletariats auch gegen die imperialistischen Regierungen in Russland, Österreich und Deutschland (!) habe er das Angebot der Durchreise akzeptiert.

Die Reise begann am Montag, den 9. April 1917 fahrplanmäßig um 15.10 Uhr ab Zürich. Noch auf dem Bahnhof wurden Lenin und die 30 anderen Reisenden von Vertretern anderer linker Gruppen als Verräter und Provokateure beschimpft. Doch der Zug verlässt unbehelligt den Bahnhof. In den nächsten Wochen sollten auf diesem Weg noch 400 weitere »Reisende« Umstürzler Russland erreichen. In Berlin haben die beiden Kurswagen 20 Stunden Aufenthalt – bis heute halten sich Gerüchte, die Reisegruppe habe damals zusätzliche Instruktionen und Finanzmittel in Millionenhöhe entgegengenommen –, und kommt am Mittwoch, den 11. April 1917 spätnachts am Fährhafen Sassnitz auf Rügen an. Von deutschen Historikern heißt es hierzu, von einer Zusammenarbeit mit den russischen Revolutionären von deutscher Seite könne vor März 1917 nicht gesprochen werden. Man sammelte lediglich Unterlagen, habe sich im Übrigen aber zurückgehalten. Diese »vertuschende« Haltung ist bezeichnend und korrespondiert mit der Abneigung westdeutscher Historiker, sich mit diesen Vorgängen intensiver zu beschäftigen – bis heute steht eine fundierte wissenschaftliche Untersuchung von deutscher Seite aus.

In Sassnitz wurden die Reisenden bis zur Abfahrt der Fähre nach Trelleborg / Schweden in einen Warteraum geführt. Die auf Wunsch des deutschen Kaisers bereitgestellten deutschen Propagandamaterialien ließen die russischen Reisenden unberührt. Ihr Auftrag: baldmöglichster Sturz der nach der Februar-Revolution an die Macht gekommenen Provisorischen Regierung, die den Krieg wider Erwarten an der Seite der Westmächte fortzusetzen im Begriff war, und umgehender Waffenstillstand mit den Mittelmächten. Der deutsche Generalstab hatten zwischenzeitlich seine Bereitschaft erklärt, für den Fall einer Einreiseverweigerung seitens der russischen Regierung, die Reisenden notfalls an der finnischen Front durch die Hauptkampflinie auf die russische Seite zu schmuggeln. Aber der Grenzübertritt wurde von der Provisorischen Regierung überraschend gestattet. Lenin und seine Mitstreiter reisen daher ab Trelleborg mit der Bahn tausend Kilometer durch Schweden bis zum nördlichen Grenzstädtchen Haparanda unweit des Polarkreises.

Der britische Secret Service, der von der Reise Wind bekommen hat, versucht in letzter Sekunde, über das russische Innenministerium in Petrograd ein Einreiseverbot für Lenin zu erwirken beziehungsweise dessen Verhaftung. Die Entente-Mächte befürchten nämlich genau das, was die Mittelmächte herbeisehnen: den von Lenin ins

Werk gesetzten Sturz der Provisorischen Regierung und den sofortigen Waffenstillstand beziehungsweise Separatfrieden mit Deutschland und Österreich-Ungarn. Doch ihre Bemühungen kommen zu spät. Lenin und seiner Begleiter können ungehindert ihre Fahrt Richtung Petrograd fortsetzen, wo sie am Montag, den 16. April 1917, eine Woche nach ihrer Abreise von Zürich, am Finnischen Bahnhof ankommen. Dort erwartet sie bereits eine größere Menge ihrer Anhänger bereitet ihnen einen begeisterten Empfang. Der Schweizer Sozialist Fritz Platten, der den Transport ebenfalls begleitet hatte, bedankte sich anschließend bei Freiherr von Romberg für die korrekte Durchführung der Reise. Bereits am nächsten Tag, am 17. April 1917, kommt ein Drahtbericht im Auswärtigen Amt an: »Lenins Eintritt in Russland geglückt. Er arbeitet völlig nach Wunsch.«

Und das sah folgendermaßen aus: Noch im April gibt Lenin seine zentralen Forderungen bekannt. Darin enthalten: Die Ausrufung einer Räteregierung, sofortige Beendigung des Krieges, Enteignung der Großgrundbesitzer und der Industrie, Verstaatlichung der Banken, Errichtung einer Räterepublik (Sowjetrepublik). Zusammengefasst in den Schlagworten: »Friede, Freiheit, Land und Brot!« An seine eigene Partei, die Bolschewiki, richtete er die Aufforderung, zeitnah die Macht im Land zu übernehmen. Doch trotz zunehmender Popularität dieser Forderungen gelang der direkte Griff nach der Macht zunächst nicht. Die konkurrierenden Menschewiki wurden dagegen in die Regierung aufgenommen. Das Problem für Deutschland: Um Lenin gemäß seinem Potential einzusetzen, müssen die ihm zur Verfügung gestellten Mittel jetzt vervielfacht werden. Die erforderlichen Strukturen sind hierzu bereits vorhanden, Helphand hat entsprechend vorgearbeitet. Seine Petrograd-Connection besteht aus einem kommunistischen Pärchen, das in der Basken-Gasse Nr. 4 / Ecke Sergeiewski-Straße (heute Majakowski-Straße) Nr. 34 östlich des nur einen Steinwurf entfernten Stadtzentrums eine Wohnung bezogen hat und dort den konspirativen Geschäften im Auftrag des deutschen Spitzenagenten nachgeht – es stellt eine der Merkwürdigkeiten oder Ironien der Geschichte dar, dass in eben dieser Basken-Gasse der langjährige Geheimdienstmann und spätere russische Präsident Wladimir Putin 1952 geboren wird, drei Häuser weiter (Baskengasse 12) in einer im fünften Stock gelegenen »Kommunalka« (städtischen Kleinwohnung) mit Eltern und Großeltern aufwächst und in der nebenangelegenen Städtischen Schule Nr. 193 (Baskengasse 8) zum Unterricht geht. Putin blieb seinem Viertel auch noch nach dem Universitätsstudium treu und begann 1975 mit 23 Jahren seine Laufbahn beim KGB in der örtlichen Niederlassung am Liteini-Prospekt Nr. 4, dem sogenannten Großen Haus, nur fünfhundert Meter von der Wohnung seiner Eltern entfernt (heute Sitz der FSB-Dependance St. Petersburg).

Das Haus Baskengasse Nr. 4 hat den Vorteil, dass es mehrere Ein- und Ausgänge hat (auch in die Sergeiewski-/ Majakowski-Straße), so dass Besucher mögliche Beschatter leicht abhängen können. Das kommunistische Pärchen besteht aus Lenins engstem Finanzberater Dr. Mieczyslaw Koslowski (in Polen geboren) und seiner finnischen Freundin Jewgenia Sumenson. Sie gründen weitere Tarnfirmen, über die alle möglichen »Handelskontrakte« abgewickelt werden, bei denen auffällt, dass wenig Ware, aber viel Geld den Besitzer wechselt. Die Entfernung zur ehemaligen kaiserlich-deutschen Botschaft am Isaaks Platz beträgt nur einen Kilometer Luftlinie, aber so einfach ist die Sache nicht: Die Botschaft ist geschlossen, der Botschafter nach Kriegsausbruch 1914 nach Deutschland ausgereist. Außerdem muss die Herkunft der plötzlich auftauchenden Millionen-Beträge natürlich sowohl vor den politischen Konkurrenten in Russland, vor der Provisorischen Regierung, aber auch vor den Geheimdiensten der Entente sorgfältig verborgen werden. Sumenson ist offiziell Buchhalterin einer »Enkelfirma« einer weiteren Tochterfirma aus Helphands Firmenimperium. Offizieller Geschäftszweck ist der Import von Waren aus den neutralen skandinavischen Ländern. Dass Jewgenia Sumenson eine Verwandte des Lenin-Vertrauten Jakob Hanetzki ist, spielt natürlich ebenfalls eine Rolle. Die Tarnfirma überweist Erlöse aus dem Verkauf der Importwaren nach Stockholm, enthält von dort aber wiederum Kredite und Entschädigungszahlungen für »beschädigte« Ware. Dass diese Zahlungen weitaus höher sind als die Umsätze der Firma fällt den russischen und alliierten Geheimdiensten erst sehr spät auf. Jedenfalls hebt Sumenson immer wieder größere Beträge ab, die spurlos verschwinden. Tatsächlich bringt sie sie als Bargeld in die Koslowski-Wohnung in der Baskengasse, von wo aus sie ihr Lebensgefährte durch vertrauenswürdige Boten direkt zur Parteizentrale der Bolschewiki bringen lässt.

Es gibt in Petersburg zwar immer wieder Gerüchte über die den Bolschewiki zufließenden deutschen Gelder, aber bislang konnte niemand einen Beweis dafür erbringen. Die Bolschewiki streiten alles ab, damit ist die Sache zunächst gegessen. Dafür intensivieren die französischen und britischen Agenten vor Ort in Petrograd ihre Bemühungen, Licht ins Dunkel der mysteriösen Finanzierungsquelle der Bolschewiki zu finden. Sie lassen auch den Telegrammverkehr zwischen Petrograd und Kopenhagen überwachen, und werden schließlich fündig. Sie schicken einen Abgesandten mit einem Bündel verdächtiger Telegramme an den örtlichen Chef des russischen Geheimdienstes. Da in den Telegrammen zwischen Sumenson und Helphands Firmenkonsortium in Kopenhagen unvorsichtigerweise auch die Klarnamen von Lenins Vertrauter Alexandra Kollontai und von Koslowski genannt werden, fällt es den Alliierten nun nicht mehr schwer, eins und eins zusammen zu zählen. Es war aber auch zu offensichtlich. Die Parteizeitung *Prawda* der Bolschewiki, die jahrelang nur in einigen hundert Exemplaren vertrieben wurde, schraubte ihre Auflage im Verlauf des Jahres 1917 in atemberaubende Höhe. Statt einigen hundert wurden jetzt einige hunderttausend Exemplare täglich unter die Leute gebracht, dazu »Soldatenausgaben« für die Einheiten an der Front und Flugblätter ebenfalls in hunderttausender Auflage. Im Juli 1917 wurde die Millionengrenze bei der Auflage der Bolschewiki-Zeitungen überschritten. Mit deutscher Hilfe waren Kauf und weitere Finanzierung moderner Druckereien und Versandfirmen bewerkstelligt worden. Der Geheimdienst der Provisorischen Regierung konnte schließlich nachweisen, dass Sumenson in einem halben Jahr rund zwei Millionen Rubel (20 Millionen Euro) abgehoben hat, von denen sich in den Büchern keine Spur mehr fand. Am 8. Juli 1917 wurde Sumenson festgenommen und vor Gericht gestellt. Vorwurf: landesverräterische Finanzgeschäfte mit dem Feind (Deutschland). Sumenson selbst sagte aus, dass sie vermutete, dass die Gelder letztlich aus Deutschland stammten. Damit war es der Provisorischen Regierung endlich gelungen, Lenin & Co. mit deutlich mehr Grund als bisher der Zusammenarbeit mit Deutschland zu beschuldigen.

Ebendort liefen in diesen Tagen die Drähte heiß zwischen Reichskanzlei, Auswärtigem Amt, Generalstab und Abteilung IIIb. Sollte die millionenschwere Förderung der Bolschewiki fortgesetzt werden oder nicht? War es angesichts der Enthüllungen in Petrograd, die darauf schließlich lassen, dass man einem erheblichen Teil des Helphand-Netzwerks auf die Spur gekommen war, besser, die einseitige Millionenförderung einzustellen oder umzuverteilen? Schließlich setzte sich die Fraktion um Brockdorff Rantzau durch, die für eine unbeirrte Weiterförderung der Bolschewiki plädierte, die als einzige Partei in Russland bereit war, nach Machtantritt einen sofortigen Waffenstillstand und zeitnah einen Friedensvertrag abzuschließen und so die Entente zu sprengen. Im Gegenteil, Brockdorff Rantzau und Co. plädierten dafür, die Förderung jetzt noch zu intensivieren, um den Umschwung in Russland zu schleunigen. Bei einem missglückten Putschversuch der Bolschewiki Mitte Juli 1917 revanchierte sich die Provisorische Regierung mit einer Verhaftungswelle gegen Spitzenfunktionäre der Bolschewiki. Doch die wichtigsten Köpfe waren ausgeflogen. Weder Lenin noch die anderen Anführer der Partei konnten gefasst werden – sie wurden gewarnt und konnten sich rechtzeitig absetzen. Lenin tauchte bei treuen Genossen im vom Bürgerkrieg erschütterten Finnland unter und wartete die weitere Entwicklung ab.

Die Provisorische Regierung versuchte parallel dazu im Sommer 1917, mit einer neuen Offensive ihre Verhandlungsposition mit den Mittelmächten hinsichtlich eines Waffenstillstands zu verbessern. Diese sogenannte Kerenski-Offensive schlug jedoch nach wenigen Tagen fehl. Als das ganze Ausmaß des Debakels an der Front sichtbar wurde, trat die Provisorische Regierung zurück, Kriegsminister Kerenski übernahm das Amt des Ministerpräsidenten vom Fürsten Lwow. Kerenski berief nun eine »Große Staatskonferenz« ein, auf der Lösungsvorschläge für die andauernde Krise diskutiert werden sollten, und ernannte gleichzeitig General Kornilow zum Nachfolger von Brussilow. Als Kornilow sich im Folgenden jegliche Einmischung der Politik in die Kriegsführung verbat und entgegen den Vereinbarungen des Befehls Nr. 1 die volle, traditionelle Befehlsgewalt innerhalb der Befehlskette wiederherstellen wollte, berief ihn Kerenski am 9. September 1917 wieder ab. Angeblich habe Kornilow heimlich eine Militärdiktatur vorbereitet. Kornilow wandte sich nun an die Öffentlichkeit und forderte zu Demonstrationen zu seinen Gunsten auf. Jedoch erschien niemand. Stattdessen wurde er verhaftet.

Am Freitag, den 14. September 1917 zog Kerenski seinen letzten Trumpf und rief die Russische Republik aus. Er beendete damit die tausendjährige Adelsherrschaft in Russland. Doch der erhoffte Effekt verpuffte. Am 2. Oktober 1917 ließ sich Kerenski daher als Führer einer vom Parlament unabhängigen Direktoriumsregierung ausrufen. Gleichzeitig rückten angesichts der zunehmenden Auflösungserscheinungen an der Front deutsche Truppen auf Petrograd vor. Es wurde die Verlegung der Hauptstadt nach Moskau vorbereitet. Neuwahlen wurden für den 25. November 1917 angekündigt. Am Montag, den 22. Oktober 1917 wählte der Petrograder Sowjet ein Militärisch-revolutionäres Komitee (MilrevKom / Петроградский военно-революционный комитет), dem die Verteidigung der Stadt gegen die vorrückenden deutschen Truppen übertragen werden sollte. Am Sonntag, den 4. November (nach dem russischen Kalender am 22. Oktober) forderte das MilrevKom letztmalig die Befehlsgewalt über die Truppen des Petrograder Militärbezirks, was der dortige Truppenkommandant ablehnte. Der Regierungssitz Kerenskis im Winterpalais wurde von Roten Truppen umstellt. Die »Mehrheitsfraktion« der Sozialdemokratischen Arbeiterpartei Russlands (SDAR) (Bolschewiki) hatten sich die Loyalität der ihnen unterstehenden Truppen unter anderem dadurch gesichert, dass sie – dank der deutschen Millionen – in der Lage waren, ihren Truppen einen Sold zu bezahlen. Leo Davidowitsch Bronstein (Kampfname Trotzki) war zuvor bereits zum Vorsitzenden des Petrograder Sowjets gewählt worden. Daher beanspruchte nun das MilrevKom die Befehlsgewalt in der Stadt und im Militärbezirk für sich.

Der Smolny-Palast, Sitz des Zentralkomitees der SDAR (B), wurde mit Sandsäcken und Barrikaden verteidigungsfähig gemacht. Doch noch war die endgültige Entscheidung nicht gefallen. In der Nacht vom Mittwoch, den 7. November 1917 (nach russischem Kalender 25. Oktober 1917, daher »Oktoberrevolution«) besetzten rote Truppen die Waffenkammern in der Stadt, der kommunistische Staatsstreich hatte begonnen. Der im Hafen liegende Panzerkreuzer Aurora feuerte verabredungsgemäß als Signal für den Sturm auf die Stadt einen Schuss aus der Bordkanone ab. Der Winterpalast wurde gestürmt und besetzt, alle Regierungsmitglieder festgenommen. Kerenski hatte es im letzten Moment geschafft, zu fliehen und Petrograd zu verlassen. Am nächsten Morgen, Donnerstag, den 8. November 1917 war die Stadt Petrograd in der Hand der siegreichen Bolschewiken, die sich nun daran machten, die Macht im russischen Riesenreich zu übernehmen.

Lenin übernahm nun das Amt des Ministerpräsidenten. Gleichzeitig begannen die Sitzungen des noch vor dem Umsturz von Kerenski einberufenen 2. Allrussischen Rätekongress (Sowjetkongress), an dem die Vertreter von über 400 regionalen Räten teilnahmen. Im Kongress hatten die Bolschewiki die Mehrheit, so dass die Abstimmungsergebnisse dank Einhaltung der Fraktionsdisziplin in Lenins Sinne ausfielen. Es wurde beschlossen: die Enteignung des Großgrundbesitzes und der Finanzaristokratie, die Aufnahme sofortiger Friedensverhandlungen, die Verteilung von Grund und Boden, und das Selbstbestimmungsrecht der im russischen Reich vorhandenen Völker. Die Regierung übernahm nun der Rat der Volkskommissare (Minister, aber 1946 Ministerrat), dem Lenin als Vorsitzender vorstand. Trotzki wurde Verteidigungskommissar, Tschitscherin Außenkommissar, Rykow Innenkommissar und Josef Wissarionowitsch Dschugaschwili alias Stalin Kommissar für Nationalitätenfragen.

Lenin fuhr fort, ganz im Sinne der deutschen Führung zu handeln. So schloss er bereits knapp vier Wochen später am 15. Dezember 1917 eine Waffenstillstandsvereinbarung mit den Mittelmächten. Sofort begannen die Verhandlungen, wie ein künftiger Friedensvertrag zu gestalten sei. Die Mittelmächte diktierten mehr oder weniger die Bedingungen, die russische Seite unter Trotzki stimmte notgedrungen zu, sah man sich doch nun Bedrohungen von mehreren Seiten ausgesetzt. Eigentlich hätte jetzt die Macht in der Hand der örtlichen Räte und des übergeordneten Obersten Rates Russlands liegen sollen, doch Lenin bestand weiter auf dem Machtmonopol der SDAR (B), die wenig später in Kommunistische Partei Russlands – Bolschewiki (KPR-B) umbenannt wurde. Erst 1952 wurde ihr endgültiger Name festgelegt, Kommunistische Partei der Sowjetunion (KPdSU). Doch noch war gar nicht klar, ob sich die SDAR überhaupt würde an der Macht halten können. Als sie bei den Wahlen vom 25. November 1917 nur 25 Prozent der Stimmen bekam, lehnte Lenin eine Anerkennung des Wahlergebnisses ab und reklamierte die Staatsführung weiterhin für sich. Trotzki übernahm derweil den Oberbefehl über das russische Heer, das jetzt Rote Armee genannt wurde. Am 7. Dezember 1917 wurde die Außerordentliche Allrussische Kommission zur Bekämpfung von Konterrevolution, Spekulation und Sabotage (Tscheka / *Всероссийская чрезвычайная комиссия по борьбе с контрреволюцией, спекуляцией и саботажем*) unter Leitung des polnischen Adelssohnes Felix Dserschinski gegründet, die sich – teilweise in personeller Kontinuität – als Nachfolgeorganisation der zaristischen Ochrana etablierte. Erste Aufgabe der Tscheka war es, den Streik der zaristischen Beamten, die damit gegen den Staatsstreich protestieren, zu zerschlagen.

Für Parvus kam mit der erfolgreichen Revolution das Ende seiner vorteilhaften deutschen Geschäftsbeziehung, die Gelder wurden jetzt auf anderen Kanälen direkt den Bolschewiki zugeschoben, statt über den umständlichen und wegen seiner Prozente teuren Parvus. Dieser machte alles in allem mehrere Millionen Rubel Gewinn bei den Geschäften in deutschem Auftrag und mit deutscher Finanzierung. Wie viel davon er wirklich an die Adressaten, die Bolschewiki um Lenin weitergeleitet hat, bleibt ein Geheimnis, das er bei seinem Tod 1925 mit ins Grab genommen hat. Dagegen intensivierte sich die »Geschäftsbeziehung« zwischen der kaiserlich-deutschen Regierung und den Bolschewiki jetzt nochmals drastisch. Denn diese hatten seit der Revolution zwar nominell die Regierung im russischen Riesenreich übernommen. Aber noch war überhaupt nicht klar, ob sie diese auch wirklich durchsetzen können beziehungsweise wie lange sie sich überhaupt an der Macht halten würden. Da alle anderen russischen Parteien Friedensverhandlungen mit Deutschland ablehnten und auf Seiten der Entente standen (dafür sorgen auch ebenso millionenschwere Zahlungen der Entente an die Gegner Deutschlands im russischen Parteienspektrum), blieben die Bolschewiki für Deutschland einziger Ansprechpartner und einzige Hoffnung auf ein schnelles Kriegsende im Osten, Voraussetzung für die Kriegswende im Westen und den »Endsieg«, von dem deutsche Militärs und Politiker auch zu diesem Zeitpunkt immer noch träumten.

Auf Gedeih und Verderb war man also darauf angewiesen, die Regierungsfähigkeit ausgerechnet jener russischen Partei sicherzustellen, die sich den Sturz aller autokratischen, imperialistischen, kapitalistischen Systeme auf die Fahne geschrieben hat – was für Deutschland nicht ohne Folgen bleiben wird, jedoch nicht im von Deutschland erhofften Sinne. Zwei Tage nach der »Oktoberrevolution« tagt am 9. November 1917 in Berlin einmal mehr der informelle »Russlandausschuss« aus Diplomatie, Geheimdiensten, Finanzbereich und Politik. Wie hektisch die Tage waren, zeigte sich daran, dass in der Beschlussvorlage aus den nun »umgehend« benötigten weiteren zehn Millionen Reichsmark (100 Millionen Euro) »für politische Propaganda in Russland« (wie die Sache nach wie vor verbrämt wird) per Federstrich noch am selben Tag fünfzehn Millionen wurden, die Summe also ohne Federlesens um schlankweg 50 Prozent aufgestockt wurde. Aus den offenbar unerschöpflichen Geheimfonds der Regierung (»außerordentlicher Etat«) wurde die Summe noch am gleichen Tag bereitgestellt. Am 11. November 1917 wurde in einem der nun täglich abgeforderten geheimen Lageberichte erleichtert festgestellt, dass die neue Regierung (Bolschewiki) im Land an Boden gewinne. Hauptanliegen der Bolschewiki war – ganz in deutschem Sinne – der sofortige Abschluss eines Waffenstillstandsvertrags. Das war genau der Punkt, auf den alle »Insurgierungsbemühungen« seit Jahren abzielten.

Im Dreieck der deutschen Botschaften in Kopenhagen, Stockholm und Bern wurde für die Zentrale in Berlin an einem Hilfsnetz zur weiteren Unterstützung der »Sowjetmacht« gestrickt. Weitere Revolutionäre wurden per Bahn nach Russland verschickt, gleichzeitig »Wasserstandsmeldungen« für die Zentrale gesammelt. Romberg/Bern meldete sich per Geheimtelegramm am 26. November 1917 in der Zentrale, dort entschlüsselte der Gesandte v. Bergen den Inhalt: »Regierung in Petersburg hat mit großen finanziellen Schwierigkeiten zu kämpfen. Es ist daher sehr erwünscht, ihr Geld zuzuführen«, und leitete den Befund auch an den Kollegen Nadolny vom Militärgeheimdienst weiter. Das Problem für die Revolutionäre: ihre Gegner in der russischen Gesellschaft saßen – noch – in den Schaltstellen. Im Beamtenapparat, im Finanzwesen, in der Industrie Russlands. Um diese Widerstände zu überwinden, brauchten sie Geld, viel Geld: um ihre eigenen Leute zu bezahlen, um den Staatsapparat am Laufen zu halten, um Löhne, Gehälter und Sold auszubezahlen. Die Entente warf jetzt ihrerseits größere Beträge in den Ring, um die Gegner der Bolschewiki (und des Waffenstillstands) wieder ans Ruder zu bringen. Zudem prangerten sie die angebliche Zusammenarbeit von Bolschewiki und deutschen Imperialisten öffentlich an.

Der neue Staatssekretär (=Außenminister) im Auswärtigen Amt, Richard v. Kühlmann, Nachfolger der »Finsterlinge« Jagow und Zimmermann, riet am 3. Dezember 1917 dringend dazu, die möglicherweise nur kurze Regierungszeit der Bolschewiki dazu zu nutzen, maximale Zugeständnissen von deren Seite zu erzielen. Dazu müssten sie aber »über Wasser gehalten werden«. Die weitere Finanzierung solle als Vorschuss auf künftige Reparations- und Vertragsleistungen gewährt werden. Kühlmann erwähnte dabei, dass auch Österreich-Ungarn an einem engeren Verhältnis mit »Sowjet-Russland« arbeite, dass aber Deutschland in einer besseren Verhandlungsposition sei, aufgrund der langjährigen Zusammenarbeit mit den Bolschewiki. Der weitere Aktenbestand in Deutschland und Russland (noch sind nicht alle Konvolute bearbeitet) lässt bisher keine Aussagen darüber zu, wie lange die deutsch-bolschewistische Zusammenarbeit wirklich andauerte, ob sie mit der »Revolution« in Deutschland im November 1918 zum Erliegen kam, oder ob auch noch die junge »Weimarer Republik« die »Dauerinsurgierung« Russlands weiterfinanzierte. Hier bleibt noch viel zu tun von Historikerseite.

Tod John F. Kennedys in Dallas am 22. November 1963

Gerade noch fuhr der leutselig lächelnde John F. Kennedy mit seiner Autokolonne in einer offenen Limousine mittags durch Dallas, winkte den jubelnden Menschen an der Dealey Plaza zu. Zwei Stunden später war der Präsident tot und Lyndon B. Johnson als sein Nachfolger vereidigt. Der gewaltsame Tod des US-Präsidenten hat den Lauf der Weltgeschichte verändert. Er ist bis heute von zahlreichen Merkwürdigkeiten und Unklarheiten umgeben, die »wirkliche Wahrheit« bis heute nicht vollständig ans Licht gekommen. Lassen Sie uns gemeinsam die bekannten Fakten und die prominentesten Theorien zu Tatablauf und Hintergründen unter die Lupe nehmen.

Zunächst das Geschehen in Kurzform: John F. Kennedy, 35. Präsident der Vereinigten Staaten von Amerika, besuchte am 22. November 1963 die texanische Stadt Dallas auf einer Wahlkampfreise (1964 standen Präsidentenwahlen an, Kennedy wollte sich eine zweite Amtszeit sichern). Während eines Autokorsos durch die Stadt wurde der 46-jährige Kennedy mittags um genau 12.30 Uhr von Gewehrschüssen tödlich getroffen. Als Tatverdächtigen verhaftete die Polizei wenige Stunden später einen jungen, etwas verstörten Mann namens Lee Harvey Oswald, der wiederum zwei Tage später von dem bekannten Mafioso und Nachtclubbesitzer Jack Ruby erschossen wurde. Ruby erhielt eine langjährige Haftstrafe und starb hinter Gittern an Krebs, ohne jemals seine Auftraggeber genannt zu haben. Die von Kennedys Nachfolger Lyndon B. Johnson eingesetzte und mit der Untersuchung des Attentats beauftragte Warren-Kommission kam zu dem Ergebnis, bei Oswald habe es sich um einen Einzeltäter gehandelt. Genau dies ist bis heute umstritten. Mittlerweile gibt es eine Vielzahl von Verschwörungstheorien zum Kennedy-Mord. Diese wurden begünstigt durch die Tatsache, dass die Aufklärung des Mordfalls von Beginn an eine Geschichte von Pleiten, Pech und Pannen, von »merkwürdigen« Versäumnissen und haarsträubenden Fehlern der Ermittlungsbehörden, Ärzte und Untersuchungskommissionen war. Für die öffentliche Meinung innerhalb und außerhalb der USA besteht heute kein Zweifel mehr daran, dass Kennedy einer Verschwörung zum Opfer fiel.

Der seit drei Jahren amtierende, von einer äußerst wohlwollenden Presse begleitete, jugendlich wirkende Präsident hatte auf der Reise nach Dallas seine Traumfrau Jackie dabei (das Weiße Haus wurde während seiner Präsidentschaft als »Camelot« bezeichnet, also als der legendäre Hof des Sagenkönigs Artus, mit dem er gern verglichen wurde aufgrund seines strahlenden Lachens und seines gewinnenden Wesens). Die heute bekannte Geschichte seiner schon früh zerrütteten Ehe, die zu diesem Zeitpunkt nur noch öffentlich bestand, seiner Sex- und Medikamentensucht, der Rolle von »Big Money« während seiner Präsidentschaft, seiner im Grunde äußerst konservativen Präsidentschaft, seiner Vorliebe fürs Militär lagen damals noch im Dunkeln. Der Empfang durch die Bevölkerung von Dallas war überwiegend freundlich, obwohl Texas als konservativ geprägter Bundesstaat kein »Kennedy-Staat« war und er mit vielen seiner Thesen und Wahlkampfreden hier im konservativen Milieu stark angeeckt hatte. Tatsächlich gab es in diesem Milieu Gruppierungen, die Kennedy offen feindselig gegenüberstanden. Doch die Stimmung an diesem Tag wurde davon nicht beeinflusst, die Menschen jubelten Kennedy und seiner in den Klatschgazetten zu einem Wunder an Eleganz und Lebenskunst hochstilisierten Frau zu. Kennedy hatte seine Frau gezielt mitgenommen, um durch sie positiv zu punkten. Dallas galt damals wie heute als »Brutstätte des rechtsextremen Konservatismus«. Eine besonders lautstarke Gruppierung namens »Ermittlungsausschuss frei und amerikanisch denkender Bürger« schaltete am Tag seines Besuchs eine großformatige Zeitungsanzeige, in der Kennedy vorgeworfen wurde, er habe die Monroe-Doktrin gegenüber Moskau aufgegeben und damit amerikanischen Interessen massiv geschadet. Das war eine Anspielung auf die Kuba-Politik des Präsidenten, die nach Schweinebucht und Kuba-Krise, als der Dritte Weltkrieg unmittelbar bevorzustehen schien, deutlich zurückhaltender geworden war. Ein Flugblatt wurde entlang der Strecke verteilt, dass Kennedy per Steckbrief wegen Hochverrats gesucht werde.

Wenige Tage zuvor war ein geplanter Autokorso Kennedys durch Miami abgesagt worden, weil dem FBI konkrete Anhaltspunkte für ein Attentat vorlagen. In Dallas waren die Sicherheitsvorkehrungen dennoch auffallend schwach: Gerade einmal 350 Polizisten verteilten sich entlang der kilometerlangen Autokorso-Strecke. Von seiner Leibwache waren nur 28 Secret-Service-Agenten nach Dallas beordert worden, zwölf begleiteten die Autokolonne selbst. Deren Route führte durch die gesamte Innenstadt von Dallas bis zum Messegelände, wo Kennedy eine Wahlkampfrede halten wollte. Thema der Rede war die Fortsetzung des militärischen Engagements der USA in Vietnam, durch das sich Kennedy als zuverlässiger Hüter amerikanischer Interessen weltweit positionieren wollte. Anders als in Tampa (Florida), das Kennedy wenige Tage zuvor besuchte, waren auf den Hausdächern entlang der Strecke keine Polizei-Scharfschützen postiert. Kennedy fuhr in einem 1961er Lincoln Continental X-100 mit offenem Verdeck. Auf ausdrücklichen Wunsch des Präsidenten fuhren in der Limousine nur zwei Leibwächter mit, einer als Chauffeur und einer auf dem Beifahrersitz. Die übrigen Personenschützer des Secret Service fuhren in gesonderten Fahrzeugen vor und hinter der Präsidentenlimousine.

Außer Kennedy und seiner Frau saßen noch der äußerst konservative, Kennedy nicht gerade freundschaftlich verbundene texanische Gouverneur John Connally, dessen Frau Nellie sowie der Fahrer William Greer und ein Sicherheitsbeamter, beide vom Secret Service, mit im Wagen. Knapp vier Kilometer vor dem Ende der »Schaufahrt« rollte die Wagenkolonne die Houston Street hinunter, bog dann auf die Dealey Plaza ein und fuhr direkt auf das texanische »Schulbuchlager« zu, um dort ein weiteres Mal abzubiegen. Um exakt 12.30 Uhr Ortszeit fielen drei Gewehrschüsse. Nach der später amtlich anerkannten Einzelprojektil-Theorie der Warren-Kommission (siehe unten) ging der erste Schuss fehl, die zweite Kugel durchschlug Kennedys Hals, Connallys Brust, Handgelenk und Oberschenkel. Connally fiel seitlich auf den Schoß seiner neben ihm sitzenden Frau. Da Kennedy wegen seiner Rückenprobleme ein Korsett trug, musste er aufrecht sitzen bleiben. Der dritte Schuss traf ihn in den Kopf und verletzte den Präsidenten schwer. Jackie Kennedy kletterte auf das Heck der Limousine, der Secret-Service-Agent Clint Hill, der inzwischen auf den Wagen aufgesprungen war, schob sie in ihren Sitz zurück. Der Fahrer, der nach dem zweiten Schuss abgebremst hatte, um sich nach dem Präsidenten umzusehen, beschleunigte nun den Wagen, um ihn aus der Schusslinie zu bringen.

Fünf Minuten später traf die Präsidentenlimousine in der Notaufnahme des Parkland Memorial Hospitals ein. Die fahle Hautfarbe, die fehlende Reaktion der Pupillen auf Lichtreize deuteten schon auf einen todesähnlichen Zustand hin, noch schlug das Präsidentenherz jedoch. Gleichzeitig traten große Mengen Blut und Hirnmasse aus der klaffenden Kopfwunde aus. Eine genauere Untersuchung der Wunde fand nicht statt. Vermutlich war Kennedy bereits bei der Einlieferung hirntot. Gegen 13 Uhr wurde er von den Ärzten offiziell für tot erklärt. In einer improvisierten Pressekonferenz gab der Pressesprecher des Präsidenten den Tod Kennedys bekannt. Nach texanischem Recht hätte der Leichnam nun für die weiteren Untersuchungen in Dallas bleiben müssen. Secret-Service-Agenten und Jackie Kennedy setzten jedoch durch, dass er zur Obduktion ins Bethesda Naval Hospital bei Washington geflogen wurde. Lyndon B. Johnson wurde an Bord des Flugzeugs als 36. Präsident der Vereinigten Staaten vereidigt.

Im Bethesda Naval Hospital obduzierten drei Ärzte von acht Uhr abends bis Mitternacht Kennedys Leichnam. Der Bruder des Präsidenten, Justizminister Robert F. Kennedy, und Jackie Kennedy waren im Krankenhaus anwesend und warteten auf den Abschluss der Untersuchungen. Aus diesem Grund unterblieben mehrere Standardprozeduren wie eine Kopfrasur zur Freilegung der tödlichen Wunde oder ein Vergleich der Einschusslöcher in Körper und Kleidung, denn diese war in Dallas geblieben. Auch ein Abgleich der Ergebnisse mit denen des Parkland Hospitals fand nicht statt. Im Unterschied zu den Ärzten in Dallas kam man im Naval Hospital zu dem Schluss, dass die beiden Schüsse Kennedy von hinten getroffen hatten, und fand auch die Einschusslöcher an Kennedys Hals und Kopf. Drei Tage später wurde John F. Kennedy auf dem Nationalfriedhof Arlington beigesetzt.

Unmittelbar nach dem Attentat waren Sicherheitskräfte zum Schulbuchlager gerannt, in dessen Fenster einige Passanten und Besucher den Schützen gesehen haben wollten. Andere rannten in die entgegengesetzte Richtung, zu einem Grashügel am Rand des Platzes, weil sie glaubten, die Schüsse seien von dort gekommen. Sie suchten auf dem angrenzenden Parkplatz und dem Eisenbahngelände dahinter nach dem oder den Attentätern. Die Polizisten stießen in einem abgestellten Güterwaggon auf drei »Landstreicher«. Diese wurden festgenommen, nach drei Tagen aber wieder freigelassen. Der Attentäter, Lee Harvey Oswald, ein 24-jähriger Ex-Marine und Gelegenheitsarbeiter, befand sich zu diesem Zeitpunkt noch im Schulbuchlager, wo er seit knapp einem Monat beschäftigt war. In der Kantine des Gebäudes wurde er von einem Polizisten kontrolliert. Oswalds Vorgesetzter Roy Truly bezeugte, dass Oswald zur Belegschaft gehörte, und so konnte der Attentäter das Gebäude verlassen, bevor es von Sicherheitskräften abgeriegelt wurde. Er lief mehrere Blocks zu Fuß, bestieg dann einen Omnibus, der jedoch wegen des Verkehrsstaus in der gesamten Innenstadt nicht vorankam. Daher stieg er nun in ein Taxi, das ihn in der Nähe seines Wohnsitzes in Oak Cliff absetzte, einem Vorort von Dallas. Gegen 13 Uhr kam Oswald in seiner Wohnung an, gerade rechtzeitig, um im Radio die Nachricht vom Tod des Präsidenten zu hören.

Kurz nach dem Attentat gab die Polizei bereits eine Personenbeschreibung des mutmaßlichen Attentäters durch, den mehrere Zeugen am Fenster des Schulbuchlagers gesehen haben wollten. Oswald verließ nach wenigen Minuten seine Wohnung erstaunlicherweise wieder (obwohl die ein perfektes Versteck für die nächsten Stunden abgegeben hätte) und lief Richtung Bahnhof, um die Stadt per Zug zu verlassen. Ein Polizist hielt Oswald an. Nach kurzem Wortwechsel erschoss Oswald den Polizisten und floh. Die Polizei nahm die Verfolgung auf und stellte Oswald in einem Kino. Weil er sich widersetzte, kam es zu einer kurzen Rangelei, bei der Oswald im Gesicht verletzt wurde. Vor dem Kino standen Hunderte wütender Menschen, die Oswald lynchen wollten, da sie glaubten, die Polizei habe ihn wegen des Kennedy-Attentats und nicht wegen des Mordes an dem Streifenpolizisten festgenommen.

Bei der Durchsuchung des Schulbuchdepots fand die Polizei im fünften Stock ein Gewehr Marke Mannlicher-Carcano (Italien) aus der Zeit des Zweiten Weltkriegs, mit Zielfernrohr, daneben lagen drei Patronenhülsen. Auf der Waffe fand sich ein Handballenabdruck Oswalds (aber keine Fingerabdrücke von ihm). Die ballistische Untersuchung des Projektils, das Connallys Oberschenkel verletzt hatte, ergab Übereinstimmungen mit dem Gewehrlauf. Gewehr und einen Revolver hatte Oswald in den Monaten zuvor unter dem Alias »Alek Hidell« per Post bestellt. Oswald selbst – mittlerweile im Hauptquartier der Polizei in Dallas angekommen – wurde vom FBI und der Polizei unter chaotischen Umständen vernommen. Protokolle wurden nicht angefertigt, die Presse hatte freien Zutritt zum Polizeigebäude. Oswald stritt konsequent jede Verwicklung in den Anschlag ab und rief, man wolle ihn zum »Sündenbock« machen.

Die Polizei beschloss zwei Tage später, Oswald vom Hauptquartier ins Bezirksgefängnis von Dallas zu überstellen. Obwohl erste Morddrohungen bereits eingegangen waren, wurde der Termin gegenüber der Presse bekanntgegeben. Am Sonntag, den 24. November 1963, gegen halb zwölf mittags begaben sich die Wachen mit ihm in die Tiefgarage des Polizeihauptquartiers, wo sich auch Jack Ruby aufhielt. Ruby rief: »Du hast meinen Präsidenten getötet, du Ratte«, und feuerte vor laufenden Fernsehkameras auf Oswald, der mit einem Bauchschuss ins Parkland Memorial Hospital gebracht wurde, wo er kurz darauf starb. Ruby wurde ein halbes Jahr später zum Tode verurteilt. Noch während er auf seinen Berufungsprozess wartete, starb er Anfang Januar 1967 an einer »Lungenembolie«. Angeblich hatte er geschossen, um der von ihm verehrten Jackie Kennedy eine Zeugenaussage im Prozess zu ersparen. Zudem habe er den Verdacht, hinter der Ermordung des Präsidenten stecke eine jüdische Verschwörung, entkräften wollen.

Der Tod des Präsidenten traf die Öffentlichkeit wie ein Schock. Im In- und Ausland äußerten Politiker ihre tiefe Betroffenheit. In Westberlin versammelten sich am 25. November 250.000 Menschen vor dem Rathaus Schöneberg, wo Kennedy wenige Monate zuvor seine »Ich bin ein Berliner«-Rede gehalten hatte. Der Westberliner Bürgermeister Willy Brandt, seit langem Amerika herzlich verbunden, sagte, eine Flamme sei erloschen für alle Menschen, die auf einen gerechten Frieden und auf ein besseres Leben hofften, die Welt sei an diesem Abend ärmer geworden. Eine noch im November 1963 durchgeführte Umfrage ergab, dass in Amerika große Scham darüber vorherrschte, dass »so etwas in unserem Land geschehen« konnte. Nur ein knappes Drittel der Amerikaner glaubte laut Umfragen zu diesem Zeitpunkt an eine Alleintäterschaft Oswalds, wie sie die Mainstream-Presse propagiert hatte. Die Zweifel beruhten unter anderem auch darauf, dass der Täter Oswald so kurz nach der Tat durch Ruby erschossen worden war. Man vermutete, Oswald habe mundtot gemacht werden sollen.

Besonders in Europa wurden in der Presse bald Zweifel an der Alleintäterthese laut. In Großbritannien wurde ein *Who-Killed-Kennedy-Komitee* gegründet, dem Bertrand Russell, der Verleger Victor Gollancz und der Historiker Hugh Trevor-Roper angehörten. Der Mord an Kennedy wurde generell als historische Zäsur empfunden. Die negativen Seiten der US-Politik wurden nun stärker Gegenstand der Berichterstattung in Europa, von den Rassenunruhen über die Morde an Martin Luther King und Robert

Kennedy, den Vietnamkrieg bis hin zur Watergate-Affäre. Parallel zum zunehmend negativ eingefärbten Amerikabild entstand ein immer stärker alles andere überdeckender Kennedy-Mythos, der den Präsidenten zu einer Lichtgestalt machte. Noch 2003 erklärte eine Mehrzahl der Amerikaner Kennedy zum größten amerikanischen Präsidenten seit Abraham Lincoln. Gleichzeitig verstärkten sich mit den Jahren die Zweifel an der Einzeltäterthese. Kennedys Witwe Jackie hatte kurz nach der Tat ihre Verwunderung darüber geäußert, dass ein »alberner, kleiner Kommunist« ihren Mann ermordet haben sollte. Die Zeitschrift *Esquire* listete schon 1966 sechzig verschiedene Verschwörungstheorien zum Kennedy-Attentat auf. Die Zweifel wurden noch verstärkt, als der im September 1964 vorgelegte Bericht der Warren-Kommission kein plausibles Tatmotiv des »Einzeltäters« Oswald benennen konnte. Die mittlerweile unüberschaubare Zahl von Verschwörungstheorien zum Kennedy-Mord hängen natürlich mit der Prominenz dieses Verbrechens und dem weitverbreiteten Glauben an Fälschungen und Manipulationen von Beweisen zusammen.

Unmittelbar nach dem Attentat auf Kennedy übernahm die US-Bundespolizei FBI die Ermittlungen. Am 9. Dezember 1963, nur 17 Tage nach dem Attentat, wurde der Ermittlungsbericht des FBI veröffentlicht. Darin wurde offiziell mitgeteilt, dass drei Schüsse abgefeuert worden seien. Der erste habe Kennedy in den Rücken getroffen, der zweite Connally, der dritte sei der tödliche Kopftreffer gewesen. Einer der Gründe für das FBI, die Untersuchung (und damit die öffentliche Diskussion über den Fall) möglichst rasch zu beenden, bestand darin, dass das FBI befürchtete, in diesem Zusammenhang in schlechtes Licht zu geraten. Nicht nur hatten das FBI und die anderen Geheimdienste der USA das Attentat nicht verhindern können. Zusätzlich stellte sich heraus, dass ein FBI-Agent bereits in den Wochen vor dem Attentat Informationen über Oswald gesammelt hatte, aber keinerlei Gefahr für den Präsidenten erkannt haben wollte. Oswald war als angeblich »bekennender Marxist«, der von 1960 bis 1962 in der Sowjetunion gelebt hatte, ins Fadenkreuz des FBI geraten. Eine Beschwerde Oswalds über die »Nachstellungen des FBI« und weitere Unterlagen wurden nach Oswalds Ermordung vernichtet.

Als parlamentarisches Nachspiel zum Attentat wurde Ende 1963 die Warren-Kommission einberufen, um die näheren Umstände des Anschlags zu untersuchen. Benannt nach ihrem Vorsitzenden Earl Warren, damals Oberster Richter am Supreme Court, umfasste die Kommission neben Warren sechs Mitglieder. Zu ihnen gehörte auffallenderweise mit Allen Welsh Dulles ein ehemaliger Direktor des US-Geheimdienstes CIA, den Kennedy wegen der misslungenen Invasion Kubas 1962 entlassen hatte – jemanden, der damit automatisch »Partei« war, in eine solche Kommission zu berufen, war schon recht merkwürdig. Zu den weiteren Kommissionsmitgliedern gehörten der spätere US-Präsident Gerald Ford sowie der in der BRD wohlbekannte, ehemalige »Hohe Kommissar« für Westdeutschland, John Jay McCloy. Die Kommission stand unter großem Zeitdruck, da ihr Bericht vor der »heißen Phase« des nächsten Präsidentschaftswahlkampfes im Sommer 1964 fertig werden sollte. In 51 Sitzungen wurden mehr als 600 Zeugen befragt und rund 3.000 Beweisstücke begutachtet. Wiederholt Einfluss auf die Ermittlungen nahmen Ford, der den Obduktionsbericht änderte, und Dulles, der unter anderem dafür sorgte, dass die von der CIA geplanten Attentate auf den kubanischen Revolutionsführer Castro nicht thematisiert wurden.

Nach zehnmonatiger Arbeit wurde im September 1964

der rund 900 Seiten umfassende Abschlussbericht veröffentlicht, der sogenannte Warren-Report, im Laufe der nächsten Jahre auch die 26 Bände mit Anhörungsprotokollen und Unterlagen. Die Warren-Kommission befand abschließend, dass Oswald der alleinige Täter gewesen sei und es keine wie auch immer geartete Verschwörung im Hintergrund gegeben habe. Als Motiv konnte die Kommission nur eine »psychische Zerrüttung« Oswalds benennen. Auch Oswalds Ermordung sei keine Verschwörung gewesen, Schütze Ruby habe spontan und allein gehandelt. Die Kommission kritisierte allerdings das »Missmanagement« im Personenschutz von US-Präsidenten (also des damit beauftragten »Secret Service«), der in der Folge deutlich verbessert wurde. Der Warren-Report wurde von Anfang an stark kritisiert. Vor allem die These, dass ein einziges »magisches Projektil« sieben Verletzungen an Kennedy und Connally verursacht haben solle, stieß auf Ablehnung. Zudem sickerte durch, dass die Kommission Hinweisen, die auf mehr als einen Täter deuteten, nicht weiter nachgegangen sei. Auch die Vorgehensweise und Ergebnisse des FBI wurden von der Kommission nicht problematisiert, von den Fotografien und Röntgenaufnahmen, die während der Autopsie angefertigt wurden, lag keine einzige der Kommission vor. Kennedys Nachfolger Johnson lobte den Bericht der Kommission nach der Veröffentlichung, bezweifelte jedoch gegenüber Vertrauten deren Schlussfolgerungen. Johnson vermutete, dass die Ermordung Kennedys mit den geheimen CIA-Attentaten auf ausländische Staatsführer in Verbindung stehe. Aus heutiger Sicht hat die Kommission keine unvoreingenommene, ergebnisoffene Untersuchung des Falles durchgeführt und die Möglichkeit, dass andere Täter im Spiel waren oder Oswald völlig unschuldig sein könnte, mehr oder weniger vorab schon ausgeschlossen.

Zweifel an den Ergebnissen der Warren-Kommission wurden von offizieller Seite erstmals mit den von Staatsanwalt Jim Garrison aus New Orleans im März 1967 angestrengten Untersuchungen geäußert, mit denen er nachweisen wollte, dass das Kennedy-Attentat Ergebnis einer Verschwörung der CIA gewesen sei. Oswald, so Garrisons These, habe zusammen mit dem Piloten David Ferrie, bei dem Oswald als Jugendlicher eine militärische Vorausbildung absolviert hatte, und Clay Shaw, einem undurchsichtigen Geschäftsmann, die Verschwörung ins Leben gerufen, Shaw habe für die CIA gearbeitet. Garrison ließ Shaw wegen Mittäterschaft verhaften und präsentierte im Laufe der Verhandlungen Indizien, die gegen die Alleintäterschaft Oswalds sprachen. Der Staatsanwalt vermutete, dass Oswald im Auftrag der CIA tätig gewesen sei, und zwar innerhalb einer Gruppe, der auch Ruby angehörte. Im Zuge des Prozesses ließ Garrison auch zum ersten Mal öffentlich den Zapruder-Film abspielen, der der Warren-Kommission zwar vorgelegen hatte, von dem die Öffentlichkeit aber bisher nur Einzelbilder kannte. Garrison wies darauf hin, dass der Film zeigt, wie Kennedys Kopf beim tödlichen Treffer nach hinten abknickt, obwohl der Schütze angeblich hinter ihm, vom Schulbuchdepot aus, geschossen habe und nicht von vorn, vom Grashügel aus. Daher hätte der Kopf laut Garrison bei einem Schuss von hinten nach vorn abknicken müssen (siehe dazu unten). Besonderes Augenmerk widmete Garrison der »Magic Bullet«, dem »Wundergeschoss«, beziehungsweise dem wundersamen Weg, den ein einziges der abgefeuerten Projektile genommen haben müsste, um – wie vom Warren-Report behauptet – insgesamt sieben Wunden bei Kennedy und Connally zu hinterlassen. Garrison bezeichnete dies als völlig unglaubwürdig.

Garrisons Hauptangeklagter Ferrie starb, während der

Prozess noch andauerte, am 22. Februar 1967 an einem Aneurysma. Der zweite Hauptzeuge Shaw behauptete nun, seine Aussagen unter Einfluss von Hypnose und starken Medikamenten gemacht zu haben. In der Abstimmung zum Fall kamen die Geschworenen am 29. Januar 1969 nach kurzer Beratung zu dem einstimmigen Ergebnis, dass Shaw unschuldig sei. Garrisons gesamtes Argumentationsgebäude stürzte daraufhin in sich zusammen. Er zog sich verbittert aus der Öffentlichkeit zurück, nutzte aber sein in den Prozessjahren und danach zusammengetragenes Material, um zwei Bestseller zu veröffentlichen, die auch in der BRD hohe Auflagen erreichen: *A Heritage of Stone*, 1970, und *On the Trail of the Assassins*, 1988 (deutsche Ausgabe: *Wer erschoss John F. Kennedy? – Auf den Spuren der Mörder von Dallas*, 1992).

Ab 1968 befasste sich ein weiterer Ausschuss unter dem Vorsitz von Justizminister Ramsey Clark erneut mit dem Attentat, der Schwerpunkt lag diesmal auf den medizinischen Befunden. Im Abschlussbericht wurde zwar moniert, dass Aufbewahrung und Herkunft der Beweisstücke nicht immer lückenlos dokumentiert waren, aber dennoch die Ergebnisse der Warren-Kommission valide seien. Kennedy sei demnach von zwei Kugeln getötet worden, die von einem hinter und oberhalb von ihm gelegenen Standpunkt aus abgefeuert wurden. Das mit illegalen Geheimdienstmachenschaften im Umfeld der CIA befasste Church-Komitee des US-Senats untersuchte 1975 auch das Kennedy-Attentat auf mögliche Hinweise, ob US-Geheimdienste oder Dienste von Drittländern in den Anschlag verwickelt gewesen sein könnten. Doch auch dieser Ausschuss anerkannte letztlich die vom Warren-Komitee zusammengetragenen Schlussfolgerungen. Das FBI, dessen Chef Hoover und ungenannte »höhere Regierungsbeamte« hätten jedoch viel Druck ausgeübt, die Ermittlungen möglichst schnell abzuschließen. Möglicherweise hätten hochrangige Mitglieder beider Behörden potentiell wichtige Informationen vorsätzlich nicht zur Sprache gebracht. Doch wurde dies nicht weiterverfolgt.

Weil die Zahl der Verschwörungstheorien über die Anschläge auf die Kennedy-Brüder und Martin Luther King mit den Jahren deutlich zu- statt abnahm, beauftragte 1976 das US-Repräsentantenhaus einen weiteren parlamentarischen Untersuchungsausschuss, das *House Select Committee on Assassinations* (HSCA), mit zusätzlichen Ermittlungen. Der 1979 vorgelegte Bericht bestätigte im Wesentlichen ein weiteres Mal die Ergebnisse der Warren-Kommission. Die Ermittlungen des FBI wurden jedoch als »grob fehlerhaft« kritisiert. Vorleben und Täterschaft Oswalds sei zwar adäquat ermittelt worden, jedoch habe man die Möglichkeit einer Verschwörung nicht ausreichend geprüft. Mangelnde Kooperation der Geheimdienste, Zeitdruck und das Bestreben verschiedener Spitzenpolitiker und Spitzenbeamter, jeglichen Anschein einer Verschwörung zu vermeiden, seien hierfür die Gründe gewesen. Das HSCA bestätigte einmal mehr die »Wundergeschoss«-Theorie, dieser zufolge schoss Oswald dreimal auf Kennedy und habe ihn mit dem dritten Schuss getötet. Doch wurde erstmals nicht ausgeschlossen, dass es noch einen weiteren, bislang unbekannten Attentäter gegeben habe, der einen vierten Schuss vom Grashügel abgegeben habe, der jedoch sein Ziel verfehlte. Die Komitee-Mitglieder konnten aber nicht angeben, wer das gewesen sein sollte. Mögliche sowjetische oder kubanische Beteiligungen wurden – aus heutiger Sicht der neuerlichen verschärften Blockkonfrontation beziehungsweise der ungebremsten Aggressivität des Westblocks gegenüber Russland erstaunlich – ausgeschlossen. Auch das FBI sei nicht in den Anschlag verwickelt gewesen. Dass die amerikanische Mafia oder Exilkubaner damit zu tun hatten, wurde jedoch nicht gänzlich ausgeschlossen.

Eine eminent wichtige Rolle für alle weiteren Theorien zum Anschlag auf Kennedy spielte ein Tonband, das den Funkkontakt eines Motorradpolizisten aus Kennedys Eskorte mit seiner Polizeistation aufzeichnete. Das HSCA betraute eine Spezialfirma mit der Untersuchung des Bandes. Diese befand nach eingehenden Untersuchungen und Vergleichsschüssen, dass mit fünfzigprozentiger Wahrscheinlichkeit ein vierter Schuss aus Richtung des Grashügels zu hören sei. Eine weitere Untersuchung kam sogar zu dem Schluss, dass die Wahrscheinlichkeit bei 95 Prozent liege. 1982 wurde dieser Befund wiederum in einer weiteren Untersuchung des Tonbands ins Reich der Märchen verwiesen. Die Wissenschaftler kamen nun zu dem Ergebnis, dass es diesen Schuss keinesfalls gegeben habe. Die entsprechenden Knallgeräusche fänden sich erst etwa eine Minute nach den tödlichen Schüssen auf Kennedy auf dem Band, zudem habe sich das Motorrad zum Zeitpunkt der Aufzeichnungen gar nicht auf der Dealey Plaza, sondern einige Kilometer weit weg befunden. Im August 1992 veranstaltete die Vereinigung amerikanischer Rechtsanwälte, Richter und Jura-Studenten einen fiktiven Prozess gegen Oswald. Er dauerte zwei Tage und endete ohne Urteil. Die eingesetzten Geschworenen sprachen Oswald zwar mit einer Mehrheit von sieben zu fünf Stimmen des Mordes an Präsident Kennedy schuldig. Da jedoch in den USA bei Strafprozessen Einstimmigkeit unter den Geschworenen für ein Urteil notwendig ist, hätte dieses in der Realität mit dem Freispruch Oswalds geendet.

Die Akten der staatlichen Behörden zum Kennedy-Attentat waren zunächst für 75 Jahre bis 2039 für öffentliche Einsicht gesperrt worden. Angesichts der nach wie vor stark zunehmenden Verschwörungstheorien zum Anschlag auf Kennedy beschloss der US-Kongress 1992 per Gesetz, diese Akten 2017 der Öffentlichkeit zugänglich zu machen, sofern der dann amtierende Präsident keine Verlängerung der Geheimhaltung verfügt. Die nicht der Geheimhaltung unterliegenden etwa 400.000 Dokumente wurden bereits öffentlich zugänglich gemacht. Weiterhin geheim sind die Akten des HSCA, der Polizeibehörden, der verschiedenen US-Geheimdienste und der Armee. Mehrere Untersuchungen des bisher publizierten Aktenkonvoluts beklagten den weiterhin schlampigen Umgang mit Dokumenten und Beweisstücken aus der Obduktion des Präsidenten.

Bereits kurz nach dem Attentat entzündete sich vor allem an der umgehend veröffentlichten Einzeltäterthese Kritik. Viele Zeugen, die das Geschehen an der Dealey Plaza selbst gesehen hatten, machten Aussagen, die nicht zum Befund der Warren-Kommission passen. Geäußert wurde etwa, man habe Schüsse gehört, die eindeutig vom Grashügel an der Dealey Plaza (also von gegenüber des Schulbuchdepots) abgegeben worden seien. Dort habe man Pulverdampf aufsteigen beziehungsweise Männer mit Gewehren weglaufen sehen. Oswald sei zudem noch eine Viertelstunde vor den Schüssen im Pausenraum im Erdgeschoss gesehen worden. Nach dem Warren-Report war er aber bereits eine halbe Stunde vor dem Attentat im fünften Stock. Und nur anderthalb Minuten nach den Schüssen kontrollierte ein Polizist Oswald im Erdgeschoss des Schulbuchdepots. Oswald hätte also in kürzester Zeit in dem Gebäude vom fünften Stock ins Erdgeschoss gelangt sein müssen. Auch im Zusammenhang mit dem Mord an Polizist Tippit gab es für die Minuten unmittelbar vor ihrer Begegnung keine Augenzeugen sowie keine klare Identifizierung Oswalds als Einzeltäter (siehe unten).

Da die Warren-Kommission darauf verzichtete, alle

Augenzeugen zu vernehmen, die auf der Dealey Plaza anwesend waren, lässt sich heute nicht mehr feststellen, was davon wahr und was Spekulation war. Verfechter der Einzeltäterthese verweisen auf die Mehrheit an Zeugen, die Oswald mit dem Gewehr am Fenster im fünften Stock gesehen haben wollten und von denen die erste Täterbeschreibung stammte. Mehr als drei Viertel aller Zeugen habe nur drei Schüsse gehört. Die unterschiedlichen Aussagen, was die Richtung betrifft, aus der die Schüsse kamen, lassen sich mit Echoeffekte vor Ort erklären. Wichtige Argumente gegen die Version des Warren-Berichts liefert der Film, den Augenzeuge Abraham Zapruder vom Geschehen auf der Dealey Plaza aufnahm, nach Ansicht von Kritikern der Einzeltäterthese der stärkste Beweis für eine Verschwörung. Zapruder, 1905 im damals russischen Kowel geboren (seine Familie stammte wahrscheinlich aus dem zwanzig Kilometer nordöstlich von Kowel gelegenen Sapprudja – »Teichdorf« –, daher auch der Name) und 1920 mit seiner Familie in die USA gekommen, mittlerweile erfolgreicher Textilunternehmer in Dallas, erhielt samt seiner Familie insgesamt 16 Millionen Dollar für den Film, den einzigen, der das Attentat aus nächster Nähe und in Farbe zeigt. Er zeigt, wie Kennedys Kopf und sein ganzer Körper vom tödlichen dritten Schuss nach hinten geschleudert werden. Deshalb wurde behauptet, der Schuss müsse von vorn gekommen sein, vom Grashügel, und nicht von hinten, vom Schulbuchlager. Von anderer Seite wiederum wurde behauptet, der Zapruder-Film sei eine Fälschung der CIA.

Auch über Persönlichkeit und Motivation Oswalds gehen die Meinungen auseinander. Er sei weder »psychisch zerrüttet« gewesen, wie der Warren-Bericht behauptet habe, noch habe er auch nur ansatzweise ein Motiv gehabt, Kennedy zu ermorden. Ob und ab wann Oswald »als bekennender Linker« eine Rolle spielte, die von außen vorgegeben war, ist ebenfalls umstritten. Er hatte sich in den Jahren vor dem Attentat – unmittelbar nach seiner Militärausbildung in einer Spezialeinheit – als linker Konvertit gegeben, zog ja auch zwei Jahre in die Sowjetunion, bevor er mit seiner dort geehelichten Frau zurück in die USA kam und weiter als Linker auftrat, der beispielsweise für die Revolution auf Kuba Werbung machte. Einige Kritiker der Alleintäterthese bezweifeln auch die Behauptung des Warren-Reports, Oswald habe keinerlei Beziehungen zu amerikanischen Geheimdiensten gehabt. Seit seinem 16. Lebensjahr sei Oswald als »Kommunist« aufgetreten, sei als Soldat auf der geheimen und abgeschirmten U2-Basis in Japan eingesetzt gewesen, anschließend in die Sowjetunion übergelaufen und nach seiner Rückkehr als Castro-Unterstützer aufgetreten, habe sogar versucht, dorthin zu reisen. Nimmt man alles zusammen, sei nicht vorstellbar, dass die US-Dienste nicht ab einem bestimmten Punkt Oswald auf dem Schirm gehabt hätten. Zudem unterhielt Oswald auch Beziehungen zu Antikommunisten wie George de Mohrenschildt, einem russischen Emigranten mit Kontakten zur CIA (sein Bruder Dimitri *von* Mohrenschildt – er hatte das Adelspräfix bei der Emigration in die USA nicht geändert, im Gegensatz zu seinem Bruder – war im OSS und Mitbegründer von *Radio Free Europe*).

Aufgrund der Unstimmigkeiten bestreiten Kritiker die angeblich linke Orientierung Oswalds. Oswalds erratisches Auftreten für das linke »Komitee für einen fairen Umgang mit Kuba«, dessen Ortsgruppenleiter und einziges Mitglied er in New Orleans war, habe dazu gedient, die Glaubwürdigkeit des Komitees zu untergraben, gemäß den Standardprozeduren des COINTELPRO-Programms des FBI zur Neutralisierung und Zerstörung »linker« Bewegungen in den USA. Die auf Oswalds Flugblättern genannte Kontaktadresse gehörte zu einem Haus, in dem auch Guy Banister sein Büro hatte, ein ehemaliger FBI-Mann, der mit Exilkubanern und der Mafia verkehrte. Staatsanwalt Garrison kam deshalb bei seinen Untersuchungen zu dem Schluss, dass Banister beziehungsweise das FBI etwas mit dem Attentat zu tun hatte. Die CIA wiederum hatte umfangreiches Material zu Oswald zusammenstellen lassen. Doch als die CIA-Niederlassung in Mexico Informationen über ihn anforderte, erhielt sie nur eine schmale, nichtssagende Akte – für Insider ein Beleg dafür, dass die CIA starkes Interesse an Oswald hatte. Die kubanische und die sowjetische Botschaft in Mexico-City wurden von der CIA überwacht, »Oswald« suchte beide während seines Besuchs in Mexico auf. Doch die Personenbeschreibung, die die CIA am 10. Oktober ans FBI und andere Bundesbehörden schickte, war die eines deutlich älteren, kräftigeren Mannes. Ein aufgezeichnetes Telefonat »Oswalds« mit der sowjetischen Botschaft belegt, dass der Anrufer schlechtes, kaum verständliches Russisch sprach. Oswald selbst hatte nicht nur zwei Jahre in der Sowjetunion gelebt, sondern sprach auch mit seiner Frau ständig Russisch. Er hatte keine Sprachprobleme. Akten der CIA-Niederlassung in Mexico zu Oswald wurden 1971 von James Jesus Angleton, dem berühmt-berüchtigten, paranoiden Leiter der Spionageabwehr der CIA, persönlich abgeholt und verschwanden. Das verstärkte den Verdacht, dass nicht Oswald, sondern jemand, der sich für ihn ausgab, in Moskau das Kuba-Visum zu beantragen versuchte (um eine falsche Spur zu legen) und dass die CIA diese »falsche Flagge«-Operation zu tarnen suchte.

Kritiker des Warren-Reports weisen auch auf Widersprüche zwischen den medizinischen Unterlagen zu Kennedy vom Parkland Hospital und dem Bethesda Naval Hospital hin. Die Aussagen aus dem Bethesda- und dem

Parkland-Krankenhaus differieren bezüglich der Lokalisation der Kopfwunde (am Hinterhauptbein oder am Scheitelbein oberhalb des rechten Ohrs), ob Hirnmasse sichtbar austrat und ob an der Wunde noch Kopfbehaarung hing oder nicht. Die Abweichungen in den Unterlagen wurden offiziell mit dem Zeitdruck erklärt, unter dem die Untersuchungen durchgeführt werden mussten. Dass der Leichnam gesetzwidrig aus Dallas fortgeschafft wurde, war ebenfalls Ursache für anhaltende Kontroversen. Von Kritikern der Alleintäterthese wurden zudem ballistische Argumente ins Spiel gebracht. Das einzelne Geschoss, das sieben Verletzungen an Kennedy und Connally hervorgerufen haben soll, stieß von Anfang an auf Skepsis. Diese Kugel sei unverformt auf Connallys Trage (oder einer ganz anderen Trage daneben, die Berichte widersprechen sich) im Parkland Hospital gefunden worden. Kritiker gehen davon aus, dass sie nachträglich dort platziert wurde.

Gegen die Theorie der einzelnen Kugel spricht nach Ansicht von Kritikern auch Connallys Rückenwunde, die vom Team des Parkland Hospitals als normale Einschusswunde beschrieben wurde. Hätte die Kugel zuvor ein anderes Objekt (Kennedy) getroffen, hätte sie bereits verformt sein müssen und beim Aufprall auf Connally eine größere Wunde hervorrufen müssen. Auch sei unwahrscheinlich, dass eine Kugel, die mehrere Körper durchschlage, völlig unverformt bleibe. Garrison hatte sich bei seiner Verschwörungstheorie darauf gestützt, dass dieses Geschoss mehrfach seine Richtung geändert haben müsse, um alle ihm zugeschriebenen Wunden bei Kennedy und Connally zu verursachen. Dem wurde entgegengehalten, dass Garrison von einer falschen Sitzhaltung Kennedys und Connallys ausgegangen sei. Connally habe auf dem niedrigeren Notsitz vor dem Präsidenten Platz genommen, so dass eine einzelne Kugel auf einer Geschossbahn von schräg-hinten-oben tatsächlich alle sieben Wunden erzeugen konnte.

Ebenfalls umstritten ist, ob es für einen angeblich schlechten Schützen wie Oswald technisch möglich war, mit dem veralteten Carcano-Karabiner innerhalb von sieben Sekunden drei wohlplatzierte Schüsse durch eine Baumgruppe hindurch auf ein fahrendes Ziel abzugeben. Zudem sei Zeuge James Tague in der Nähe der Straßenunterführung am Südende der Dealey Plaza von einem Geschossfragment verletzt worden. Diese Kugel könne unmöglich von einem Projektil stammen, das vom Schulbuchlager am anderen Ende des Platzes abgefeuert wurde. Auch die Warren-Kommission hatte nicht zu erklären vermocht, welchem der drei Schüsse der Querschläger zuzuordnen sei. Kritiker der Einzeltäterthese interpretieren auch Oswalds anschließende Ermordung zwei Tage nach dem Attentat als Indiz für eine Verschwörung. Der Nachtclubbesitzer und Mafioso Jack Ruby habe nicht spontan gehandelt, um angeblich (wie von ihm selbst verbreitet) der von ihm verehrten Jackie Kennedy den schmerzlichen Strafprozess zu ersparen, sondern um zu verhindern, dass die wahren Hintermänner und Hintergründe des Attentats ans Licht kämen. Umstritten ist auch, auf welchem Weg Ruby ins Polizeipräsidium gelangte. Er sei über die Zufahrtsrampe ins Gebäude gelaufen, sagte er aus. Polizisten, die die Rampe bewachten, verneinten dies. Ruby müsse also über einen Nebeneingang ins Gebäude gelangt sein, was belege, dass er die wahren Hintergründe seiner Tat vertuschen wollte.

In einem Fernsehinterview während der Haft 1964 deutete Ruby an, dass er das Opfer einer Verschwörung sei. Die Welt werde niemals die wahren Tatsachen erfahren beziehungsweise seine wahren Motive. Diese Leute, die ihn in diese Lage gebracht hätten, würden niemals zulassen, dass die wahren Tatsachen ans Tageslicht kämen. Rubys geistiger Gesundheitszustand verschlechterte sich seit seinem Prozess angeblich ständig. Verwandte erklärten, Ruby sei von paranoiden Vorstellungen geplagt, denen zufolge die US-Regierung einen neuen Holocaust plane, dem alle Juden als Sündenbock für die Ermordung Kennedys zum Opfer fallen sollten. 160 Millionen Juden seien bereits in den USA ermordet worden. Fotos vom Frühjahr 1963, auf denen Oswald mit kommunistischen Zeitungen und einem Gewehr in der Hand posiert, werden von Kritikern der Alleintäterthese als Fälschungen bezeichnet. Das Mannlicher-Carcano-Gewehr war angeblich dieselbe Waffe, mit der Oswald bereits im April 1963 ein Attentat auf einen rechtsradikalen General namens Walker verübt habe. Filmaufnahmen, die zeigen, wie die Waffe aufgefunden wurde, belegen, dass es sich um eine Mannlicher-Carcano handelte. Oswald war gesehen worden, wie er am Morgen des 22. November beim Betreten des Lagerhauses einen in Papier eingewickelten länglichen Gegenstand trug. Darauf angesprochen, hatte er gesagt, es handele sich um Gardinenstangen, die er zur Dekoration seines Zimmers benötige. Die Annahme von Verschwörungstheoretikern wie Jim Garrison und Jim Marrs, Mitglieder gleich mehrerer großer Organisationen (Mafia, CIA, FBI, das US-Militär) seien in den Kennedy-Mord verstrickt gewesen, wird für unglaubwürdig gehalten: Je mehr Mitwisser die angebliche Verschwörung gehabt habe, desto höher sei die Wahrscheinlichkeit, dass Informationen darüber irgendwann an die Öffentlichkeit gelangten. Speziell der Liste von über hundert Zeugen oder Mitwissern des Attentats, die gewaltsamen oder ungeklärten Todesfällen zum Opfer gefallen sein sollen, stehen mehr als 10.000 Menschen gegenüber, die von der Warren-Kommission oder anderen Untersuchungsausschüssen im Zusammenhang mit dem Kennedy-Mord vernommen wurden und noch lange Jahre danach lebten.

Ein naheliegender Gegenstand für Verschwörungsspekulationen war die amerikanische Mafia. Als Urheber des Attentats habe sie auf den Verfolgungsdruck reagiert, den Robert Kennedy als Justizminister gegenüber Bossen wie Sam Giancana, Santo Trafficante und Carlos Marcello aufgebaut habe. Sie standen alle mit Jimmy Hoffa in Kontakt, dem Chef der mafiösen Teamster-Gewerkschaft, und erhielten aus der Pensionskasse seiner Organisation hohe Zahlungen. Die bevorstehende Verurteilung Hoffas drohte, diese Finanzquelle zum Erliegen zu bringen. Die Mafiosi hatten – das war der Öffentlichkeit damals noch unbekannt – im Rahmen der *Operation Mongoose* bei verschiedenen Anschlagsversuchen auf Castro eng mit der CIA zusammengearbeitet. Zum anderen hatte Giancana für Kennedys Wahlkampf gespendet und zeitweise parallel dieselbe Geliebte wie Kennedy (Judith Campbell). Nach dem Attentat habe die Mafia Ruby damit beauftragt, Oswald zu beseitigen, um alle Spuren zu verwischen und mögliche Aussagen Oswalds hierzu für immer zu unterbinden. Kennedy wiederum soll nach einem Bericht der *New York Times* 1963 gedroht haben, die CIA aufzulösen. Oswald sei daher ihr Werkzeug gewesen und mit psychischer Bewusstseinskontrolle, wie die CIA sie im Rahmen des MKULTRA-Programms entwickelte, gefügig gemacht worden. Die wahren Schützen seien andere gewesen. Etwa die drei »Landstreicher«, die von der Polizei kurz nach dem Attentat auf dem Bahnhofsgelände festgenommen wurden, aber bald wieder freikamen. Auf Fotos der drei »Landstreicher« glauben Kritiker die CIA-Agenten Charles Harrelson, Frank Sturgis und E. Howard Hunt zu erkennen, die später nochmals im Zuge des Watergate-Skandals als Einbrecher von sich reden machten. Oswald könne auch von vornherein als Sündenbock aufgebaut worden sein.

Kennedys Nachfolger Lyndon B. Johnson habe – so eine weitere Theorie – als Auftraggeber des Attentats die Ermittlungen der Warren-Kommission nachweislich gebremst. Kennedy habe zuvor angekündigt, bei den Präsidentschaftswahlen 1964 nicht mehr mit Johnson, sondern mit einem anderen Kandidaten für das Amt des Vizepräsidenten antreten zu wollen. Andere Verschwörungstheoretiker sahen Fidel Castro als Urheber des Attentats auf Kennedy, als Vergeltung für zahlreiche Mordversuche, die CIA und Mafia gemeinsam gegen ihn unternommen hätten. Noch 2006 wurde diese These in Deutschland erneut thematisiert. Demzufolge habe Oswald in der kubanischen Botschaft in Mexico-City im September 1963 sogar Bargeld in Höhe von 6.500 US-Dollar dafür erhalten, Kennedy umzubringen. Aus den von der CIA lückenlos abgehörten Telefongesprächen der Botschaft geht allerdings unzweifelhaft hervor, dass zu keinem Zeitpunkt über ein Attentat auf den Präsidenten gesprochen wurde. Eine weitere gern durchs westliche Mediendorf getriebene Sau war die These, die Sowjetunion stecke hinter dem Attentat. Chruschtschow selbst habe dafür gesorgt, dass ein Doppelgänger Oswalds in die USA zurückkehrte und im Auftrag des KGB den Präsidenten erschoss. Motiv sei Rache für die Kuba-Krise gewesen. Jack Ruby habe ebenfalls dem KGB angehört.

Auch Exilkubaner wurden als Hintermänner des Attentats verdächtigt. Obwohl die Kuba-Krise vorbei war, hätten sie weiterhin einen Regimewechsel auf der Insel angestrebt, Sabotage- und Mordanschläge organisiert. Daher hätten sie gemeinsam mit der Mafia Oswald dazu gebracht, Kennedy, der das aus außenpolitischen Gründen zu unterbinden suchte, zu erschießen. Oswalds angeblich kommunistische Überzeugung sei nur ein Deckmantel gewesen, um die USA dazu zu bewegen, das Castro-Regime zu beseitigen. Auch Fidel Castro äußerte 1963 die Vermutung, Kennedys Ermordung habe im Zusammenhang mit konterrevolutionären Umtrieben gegen Kuba gestanden. Aber auch ein weiterer mächtiger Protagonist der Weltgeschichte konnte natürlich in Sachen Kennedy nicht außen vorbleiben. Kennedy habe Druck auf Israel ausgeübt, um dessen Atomprogramm zu beenden, das laut Kennedy die Region destabilisiere und an den Rand des Atomkriegs bringe. Israel habe also hinter dem Attentat gestanden. Ähnliches galt für FBI-Chef J. Edgar Hoover. Dieser habe versucht, die Kennedy-Brüder zu erpressen, um trotz Erreichen der Altersgrenze weiter im Amt bleiben zu können, aber ohne Erfolg. Daher habe er den Befehl erteilt, die dem FBI bekannt gewordenen Attentatsvorbereitungen der Mafia nicht zu unterbinden. Zudem habe er ebenfalls vorab bekannt gewordene Informationen über Oswalds damit verbundene Pläne nicht weitergegeben und damit das Attentat eigentlich erst ermöglicht. Nach dem Attentat seien alle Indizien über die Mitwirkung der Mafia unterdrückt worden. Tatsächlich wurde Hoover einige Tage vor seiner Aussage gegenüber der Warren-Kommission von Kennedys Nachfolger Johnson 1964 zum FBI-Direktor auf Lebenszeit ernannt.

Der sogenannte militärisch-industrielle Komplex der USA, der seine mittelfristige Profitplanung auf den Vietnamkrieg ausgerichtet habe, sei über Kennedys Pläne, die US-Truppen bis 1964 aus Vietnam zurückzuziehen, entsetzt gewesen. Außerdem seien weite Kreise im amerikanischen Militär- und Geheimdienstapparat über das angeblich von Kennedy verursachte Scheitern der Schweinebucht-Invasion wütend gewesen. Obendrein habe Kennedy der Sowjetunion versprochen, keine weitere Invasion Kubas zu versuchen, und nach der Kuba-Krise auch die amerikanischen Kurzstrecken-Atomraketen aus der Türkei abgezogen. Bis heute sind Täterschaft und Hintergründe des Kennedy-Attentats also völlig umstritten. Weniger als ein Drittel der US-Bevölkerung glaubt repräsentativen Umfragen zufolge an die Einzeltäterthese. Drei Viertel aller Amerikaner glauben dagegen an die Existenz mehrerer Attentäter und vermuten in diesem Zusammenhang die Mafia als Auftraggeber. Die Zahl der Buchveröffentlichungen zum Kennedy-Mord ist mittlerweile fünfstellig. Die Einzeltäterthese ist heute trotz aller Verschwörungstheorien die dominierende Theorie zum Kennedy-Mord. Kennedy-Attentat und -Verschwörungstheorien sind mittlerweile fester Bestandteil der US-Kultur. In dem 1975 erschienenen Roman *Illuminatus!* von Robert Anton Wilson und Robert Shea, einer Satire über Verschwörungstheorien, wird Kennedy an der Dealey Plaza von fünf verschiedenen Schützen gleichzeitig ermordet. Don DeLillo schildert in seinem 1988 erschienenen Roman *Libra*, wie Oswald, der eigentliche Protagonist des Buches, von CIA-Agenten dahin manipuliert wird, das Attentat vorzubereiten, das sie eigentlich scheitern lassen wollen. Warum es dann doch gelingt, lässt der Autor offen.

Norman Mailer thematisierte das Attentat auf Kennedy in zwei Büchern. Als langjähriger Kritiker der Warren-Kommission veröffentlichte er 1991 den Roman *Harlot's Ghost*, dessen Protagonist, ein CIA-Agent namens Harry Hubbard, darüber spekuliert, ob nicht die CIA selbst den Mord an Kennedy organisiert oder die wahren Hintergründe vertuscht habe. 1995 publizierte er eine umfangreiche Biographie Lee Harvey Oswalds. Das Buch basiert unter anderem auf Material, das in den inzwischen geöffneten Archiven des KGB zugänglich geworden war, sowie auf Interviews mit ehemaligen KGB-Aufklärern, die

Oswald während seines Aufenthalts in der Sowjetunion überwachten. Mailer befand diesmal, dass Oswald als Einzeltäter anzusehen sei. Stephen King veröffentlichte 2011 den Roman *11/22/63*. Darin wird Lee Harvey Oswald auf eine Zeitreise geschickt und so daran gehindert, sein geplantes Attentat auf Kennedy auszuführen. Zurück in der Gegenwart muss er erkennen, dass diese dadurch viel schlimmer geworden ist. Der Vietnamkrieg fand auch unter Kennedy statt, den Civil Rights Act von 1964 gab es nie, Kennedys Nachfolger im Präsidentenamt wurde George Wallace, ein Anhänger der Rassentrennung, der die USA in einen Atomkrieg führte und so weiter. Am Ende gelingt es, die Änderung des Geschichtsablaufs wieder rückgängig zu machen.

Eine erste kinematographische Auseinandersetzung mit dem Kennedy-Attentat lieferte Henri Verneuil mit dem in die Kinogeschichte eingegangenen, als klassisch angesehenen Thriller *I wie Ikarus* von 1979. Der Handlungsverlauf ist eng an das Attentat von Dallas angelehnt. So trägt der angebliche Attentäter den Namen »Daslow« (ein Anagramm für »Oswald«). Ähnlich wie in der Version Jim Garrisons entpuppt sich das Attentat schließlich als eine Verschwörung des Geheimdienstes, die von Generalstaatsanwalt Volney (gespielt von Yves Montand) aufgedeckt wird. Oliver Stone löste mit seinem Film *JFK – Tatort Dallas* 1991 eine heftige Kontroverse aus. Stone hatte die Rechte am Buch des Verschwörungstheoretikers Jim Marrs erworben und selbst zum Kennedy-Attentat recherchiert. Sein Film ist ein Konkoktium der Verschwörungstheorien, die im Lauf der Jahre seit dem Attentat in die Welt gesetzt wurden. Stone wurde Demagogie vorgeworfen: Er verdrehe die Geschichte, mische Spekulationen und Tatsachen und beeinflusse in bedenklicher Weise das Geschichtsbild jüngerer Zuschauer. An der Kinokasse war der Film ein großer Erfolg, der auch die Diskussion um die Hintergründe des Attentats erneut anfachte. *In the Line of Fire – Die zweite Chance* (1993) zeigt Clint Eastwood einen ehemaligen Secret-Service-Agenten, Frank Horrigan, der darunter leidet, dass er beim Anschlag auf Kennedys Leben diesen nicht hatte retten können. Er kann dann aber – Happy End obligatoire! – trotz fortgeschrittenen Alters ein weiteres Attentat desselben Attentäters (gespielt von John Malkovich) verhindern.

Lassen Sie uns nun einen Blick auf die Antagonisten dieses Dramas werfen. Speziell der Attentäter, der zum Zeitpunkt des Anschlags 24-jährige Lee Harvey Oswald, weist einige Merkwürdigkeiten in seinem Lebenslauf auf, die wie geschaffen dafür sind, weitere Verschwörungstheorien zu erzeugen. Seinen Vater, der als US-Soldat am Ersten Weltkrieg teilgenommen hatte, lernte Oswald nie kennen, da dieser mit 43 Jahren zwei Monate vor Oswalds Geburt an einem »Herzinfarkt« starb. Seine strenge, zeitweise den Kindern gegenüber gewalttätige und übergriffige Mutter zog anschließend von New Orleans nach Dallas, wo Oswald aufwuchs. Sie wechselte danach noch mehrfach den Wohnort, lebte mit den Kindern ein knappes Jahr in New York, um schließlich wieder in die Südstaaten zurückzukehren. Für den jungen Oswald bedeutete das häufigen Schulwechsel und soziale Entwurzelung. Er besuchte zu seinem 16. Lebensjahr zwölf verschiedene Schulen und wohnte an 22 verschiedenen Adressen. Bei dem Durcheinander hätte auch das ausgeglichenste Kind etwas gestört werden können.

Seit seiner Schulzeit bezeichnete sich die »Leseratte« Oswald nach der angeblichen Lektüre einschlägiger Literaturtitel als Marxist. Von den meisten Historikern wird diese Aussage für bare Münze genommen. Allerdings nur von solchen, die mit dem »Zeitgeist« der fünfziger Jahre in den USA im Allgemeinen und dem allgegenwärtigen Antikommunismus und der Sowjet-Hysterie im Speziellen nicht vertraut sind. Wer sich etwas auskennt mit dieser Epoche der US-Geschichte und auch mit ihrer erweiterten Kulturgeschichte, weiß, dass seinerzeit eine sehr populäre Fernsehserie namens »Ich lebte drei Leben« (1953–1956) in den USA ausgestrahlt wurde, die zeigt, wie ein aufrechter Bürger als geheimer FBI-Informant *undercover* die Kommunistische Partei der USA infiltriert, um einen kommunistischen Spionagering in den USA unschädlich zu machen. Mit dem »Marxismus« von Oswald – das kann vorab schon mal angemerkt werden – ist es jedenfalls nicht weit her. Weder war er jemals Mitglied der Kommunistischen Partei der USA, noch gibt es sonstige schriftliche Zeugnisse dafür. Es bleibt bei den schieren Behauptungen. Und bei dem deutlichen Verdacht, dass Oswald mit seinem öffentlich zur Schau getragenen (aber ohne innere Überzeugung gelebten) »Marxismus« einen perfiden Plan verfolgte: dem Protagonisten der genannten Serie, Herbert Philbrick (»Bürger, Bolschewik und Beweisbeschaffer«), nachzueifern, sich deshalb öffentlich als »Kommunist« auszugeben, und so seiner über alles geliebten Heimat USA zu helfen, den perfiden Sowjetfeind noch besser zu bekämpfen – durch Infiltration. Erstaunlich an Oswald: Er hielt diese Haltung bis zu seinem Tod durch. Dennoch hatte – was aufmerksamen Beobachtern schnell auffiel – seine gesamte »linke Überzeugung« etwas Präsumtives, Demonstratives, Aufgesetztes, Lügenhaftes. Nicht zuletzt fehlte die gesamte humanistische Dimension, das auf der linken Seite so verbreitete, markentypische, von rechtskonservativer Seite gern belächelte »Gutmenschentum«, das dem fanatischen US-Nationalisten Oswald komplett abging.

Und weiter: Merkwürdig genug für einen jungen

»Kommunisten«, hatte der vom Leben schon einigermaßen gebeutelte Junge gleichzeitig (oder sollte man eher sagen: eigentlich?) eine Vorliebe fürs US-Militär und nahm 1955 einige Male an Veranstaltungen und Schulungen der *Civil Air Patrol* in New Orleans teil, einer Anwerbeorganisation für die US-Luftwaffe. Mit 16 Jahren brach Oswald die Schule ab und arbeitete als Bürobote in New Orleans. 1956 meldete sich der 17-jährige Oswald als Freiwilliger zum United States Marine Corps, einer Elite-Einheit der US-Streitkräfte. Fotos aus dieser Zeit zeigen ihn als Babyface, als noch deutlich kindlichen Charakter in Uniform. Wenige Jahre und eine harte Ausbildung später wird aus dem Babyface ein entschlossener, finster dreinblickender »Man with a mission«, jemand, der eine geheime Obsession verfolgt. Doch zunächst macht Oswald noch nicht viel her: In den Aufnahmeunterlagen des Marine-Corps wird er als 1,73 Meter groß beschrieben, mit einem Gewicht von 61 Kilogramm, also als schmächtiges Fliegengewicht. Die Frage drängt sich auf: Hatte er als »Kommunist« nichts Besseres zu tun? Gab es keine andere Organisation, in der er seiner »Weltverbesserungssucht« hätte mehr Genüge tun können? Warum also versuchte er mit aller Macht, bereits in jungen Jahren US-Soldat zu werden? Oder war das Teil seiner Tarnung, als angeblicher »Kommunist« die US-Streitkräfte unterwandern zu wollen? Während seiner gesamten Dienstzeit pflegte er weiterhin seine pseudo-»kommunistische Attitüde« (offenbar, um in seiner Umgebung lauernde Kryptokommunisten aus der Deckung zu locken, also in höherem Auftrag). Ebenso pflegte er Kontakte in homosexuelle Kreise. Ob er selbst schwul war, ist nicht gesichert. Aber auch dies könnte ein Auftrag gewesen sein, in dem für Erpressungen anfälligen Schwulenmilieu nach möglichen Verrätern Ausschau zu halten.

Nach der Grundausbildung wurde er der sorgsam abgeschirmten Radar-Abteilung zugeteilt, was extensive Sicherheitsüberprüfungen nach sich zog, die er offenbar – weitere Merkwürdigkeit – trotz seines demonstrativen »Linksextremismus« problemlos überstand. Spätestens an dieser Stelle wird das Konstruierte in seinem Lebenslauf unübersehbar: Ganz offensichtlich wurde Oswald schon längere Zeit von höherer Stelle protegiert und trotz seiner demonstrativ »staatsfeindlichen« Einstellung in streng geheimen Einrichtungen mit streng geheimen Aufträgen (der Überwachung der US-Spionageflüge) bedacht (siehe unten). Mit den so beschafften Sicherheitsprüfbescheinigungen in der Tasche, begann er im Mai 1957 die Ausbildung zum »Flugelektronik-Anwender«. Direkt nach Abschluss des Trainings ging es weiter nach Japan, zur *Marine Air Control Squadron Nr. 1* (MACS1) auf der Atsugi Naval Air Facility, der größten Navy Airbase in der Pazifikregion, die zentrales Drehkreuz sowohl im Korea- wie auch im Vietnamkrieg war. Die MACS1 sorgte damals für die Überwachung des gesamten Luftraums über Japan und bis weit nach China und die Sowjetunion hinein sowie für die Koordination der Luftbewegungen des US-Militärs. In den südwestlichen Vororten Tokios gelegen (an der Sugami Bucht), wurden von hier aus auch verdeckte US-Geheimdienst-Operationen gestartet. Weitere Besonderheit dieser Airbase war, dass auf ihr ab 1957 die brandneuen U2-Spionageflugzeuge stationiert waren, die über China und Sibirien Luftaufklärung für die USA betrieben – ebenfalls streng geheimer Bestandteil der Aktivitäten dieser US-Garnison. Von hier aus startete übrigens auch der wenig später zur allgemeinen Überraschung des US-Militärs – so etwas war nicht für möglich gehalten worden – von der sowjetischen Luftabwehr problemlos abgeschossene Pilot Gary Powers zu seinem letzten U2-Flug.

Auffälligerweise verfügte der als sparsam bekannte Oswald (sein gesamtes Gehalt schickte er nachweislich seiner Mutter als finanzielle Unterstützung) dennoch über erstaunliche Summen, die es ihm erlaubten, mehrmals im Monat den teuersten Nachtclub Tokios (*Queen Bee* genannt) zu besuchen und dort Beträge auszugeben, die seinem offiziellen Monatssold entsprachen. Woraus sich schließen lässt, dass er über weitere Einkommensquellen verfügte, die bislang nicht öffentlich gemacht wurden, die im US-Geheimdienstmilieu zu vermuten allerdings naheliegt. Als *Marine* erhielt Oswald auch eine Scharfschützenausbildung und legte 1959 die entsprechende Prüfung mit gutem Ergebnis ab. Während seiner Dienstzeit hatte er kleinere Schwierigkeiten mit der Militärpolizei, was aber keine ernsthaften Folgen nach sich zog. Gibt das schon Anlass zur Verwunderung, verstärkt sich diese noch durch einen anderen Umstand. Denn Oswald wurde trotz der antikommunistischen Hysterie in der amerikanischen Gesellschaft, und noch viel mehr im Militär, nie für seinen »Philokommunismus« belangt oder gar bestraft. Im Gegenteil: Er machte weiter Karriere. Der mittelgroße Oswald wurde in seiner Personalakte als intelligenter, kompetenter Teamleiter und Ausbilder beschrieben. Schon während seiner Militärzeit erhielt Oswald auch Russischunterricht – was damals wie heute nur gemacht wird, um die Absolventen dieser Kurse (also die Empfänger dieser Investition, die dann irgendwann auch Profite beziehungsweise Rendite abwerfen soll) auf das Zielland anzusetzen, also im Hinblick auf eine künftige Verwendung in den die Sowjetunion bearbeitenden Geheimdienst-Einheiten der USA. Im August 1959 verließ der fast 20-jährige Oswald das Militär wieder, er meldete sich dienstunfähig, da er sich um »seine erkrankte Mutter« kümmern müsse. Das Marine-Corps genehmigte auch diese neuerliche Eskapade Oswalds ohne Murren – man kann daher getrost annehmen, dass dieser Teil der Aktion ebenfalls höheren Orts im Hinblick auf Weiterungen abgesprochen war (siehe unten).

Denn nun folgte die dramatische »Emigration« – Oswald reiste Anfang Oktober desselben Jahres über Finnland in die Sowjetunion. Die Reise führte ihn zunächst nach London und dann weiter nach Helsinki. Zu diesem Zeitpunkt gab es keine Linienflüge zwischen London und Helsinki. Trotzdem tauchte Oswald am Morgen nach seiner Landung in London in der finnischen Hauptstadt auf – man muss wohl nicht lange herumrätseln, welche freundliche Organisation ihn per Privatflugzeug nach Helsinki brachte. Doch das größte Rätsel dieser Reise ist die Motivation seiner »Flucht«. Die verschiedentlich geäußerte Vermutung liegt nahe, dass es sich um eine verdeckte Operation der US-Dienste (CIA o. ä.) handelte. Lief zu diesem Zeitpunkt doch die großangelegte und streng geheime Aktion LCIMPROVE der CIA, ein Programm zur massenweisen Einschleusung von »Überläufern« in die Sowjetunion. Dazu nutzten verschiedene US-Geheimdienste, die in dieser Aktion zusammenarbeiteten, eine vom Office of Naval Intelligence (ONI) im idyllischen Küstenstädtchen Nags Head (North Carolina) betriebene Unterkunft, um im Rahmen eines streng geheimen Programms »falsche Überläufer« auszubilden. Diese sollten zum Schein in die Sowjetunion überlaufen und dort sowohl geheimdienstlich interessante Daten sammeln als auch sich möglichst vom KGB zur Spionage in den USA anwerben lassen und so die Gegenspionage der USA in Form der CIA (James Jesus »Mother« Angleton) bei ihrer Suche nach »Maulwürfen« in den eigenen Reihen unterstützen.

Oswald traf am 16. Oktober 1959 mit dem planmäßigen Zug aus Helsinki als Tourist in Moskau ein. Der ihm zugeteilten Reiseleiterin von Intourist teilte Oswald programmgemäß mit, er wolle Bürger der Sowjetunion werden. Zahlreiche sowjetische Dienststellen (auch KGB-Einheiten) begannen, ihm auf den Zahn zu fühlen. Er berief sich immer wieder darauf, dass er Kommunist sei und pries in seinen Verhören die Sowjetunion. Da sein Gesuch jedoch nach einigen Tagen abgelehnt wurde, fügte er sich am 21. Oktober 1959 in seinem Hotelzimmer eine blutende Wunde zu, die seine geplante Ausweisung am nächsten Tag verhinderte. Er blieb bis 28. Oktober 1959 in einem Moskauer Krankenhaus, wo er auch psychologisch begutachtet wurde. Am 31. Oktober 1959 erschien Oswald in der US-Botschaft in Moskau und gab an, seine US-Staatsbürgerschaft aufgeben zu wollen (was er aber nie vollzog). Zudem gab er dort seinen Pass ab (statt ihn den sowjetischen Behörden zu geben). Er kündigte zudem an, den Sowjets Details seiner Ausbildung, des US-Radarsystems und militärische Geheimnisse, von denen er erfahren habe, mitzuteilen. Auch das eine weitere Merkwürdigkeit, dieser »Verrat mit Ankündigung«.

Eine US-Nachrichtenagentur bekam von dem Vorgang Wind, und Oswald wurde als Überläufer in der US-Presse aufs Übelste beschimpft (offenbar Teil einer Tarnaktion zur Verbesserung seiner nachrichtendienstlichen »Legende« gegenüber den sowjetischen Diensten). Die von Oswald angekündigte Übergabe militärischer Geheimnisse an die sowjetische Seite ist vermutlich eine Art Lockmittel gewesen, um die sowjetischen Dienste anzulocken und sie dazu zu bringen, sich mit Oswald zu beschäftigen und ihn im Idealfall als Mitarbeiter anzustellen. Was dann aber nicht passierte – entweder hatten die sowjetischen Dienste alles, was Oswald zu bieten hatte, längst auf anderen Wegen erhalten, oder sie waren mittlerweile durch die Vielzahl angeblich kommunistischer Idealisten aus

US-Militärkreisen, die in Moskau anklopften und um Asyl baten, misstrauisch geworden. Oswald hatte den sowjetischen Behörden gegenüber den Wunsch geäußert, an der Lomonossow-Universität in Moskau zu studieren. Stattdessen wurde er nach Minsk geschickt, wo man ihn als Arbeiter dem bis heute existierenden Elektro-Kombinat »Horizont« (Sophie-Kowalewski-Straße 62, BY-220014 Minsk, Weißrussland) zuteilte und ihn entsprechend seinen elektronischen Fachkenntnissen einsetzte. Der spätere weißrussische Staatspräsident Stanislaw Schuschkewitsch war dort sein Vorgesetzter und gab ihm auch Russisch-Unterricht. Untergebracht war der »Flüchtling« Oswald in einem für die dortigen Verhältnisse luxuriösen, zentral gelegenen Wohnhaus. Oswald hatte zu diesem Zeitpunkt ein Einjahresvisum für den Aufenthalt in der UdSSR erhalten, mit der Aussicht, später eingebürgert zu werden.

An diesem angeblich rein ideologisch motivierten »Überlaufen« ins Werktätigenparadies sind mehrere Dinge auffällig. Zum einen erhielt Oswald kurz nach seiner Ankunft in Moskau – vom Roten Kreuz – die erstaunliche Summe von 5.000 Rubel überreicht (eine Wohnung kostete zu diesem Zeitpunkt ganze 70 Rubel Monatsmiete). Zu seinem Fabrikarbeiterlohn von ohnehin schon über dem sowjetischen Lohnniveau liegenden 700 Rubeln erhielt er Monat für Monat noch zusätzlich weitere 500 Rubel vom Roten Kreuz (das auch in diesem Fall offenbar als Hilfsorganisation für die CIA agierte). Gleichzeitig stand er – die misstrauischen sowjetischen Dienste hatten ja auch allen Grund, während der Blockkonfrontation auf dem Höhepunkt des Kalten Krieges diesen seltsamen Besucher mit Vorsicht zu genießen – unter permanenter Überwachung des KGB. Man kümmerte sich ferner um sein Liebesleben. Nachdem er schon über ein Jahr in der

Sowjetunion gelebt hatte, lernte Oswald eine 22-jährige jüdische Arbeitskollegin namens Ella German kennen, mit der er dann für einige Monate ein Verhältnis hatte. Anfang 1961 machte er ihr einen Heiratsantrag, den sie allerdings ablehnte und sich wenig später von ihm »wegen Untreue« trennte. Besonders interessante Informationen konnte Oswald offenbar während seines Aufenthalts in der Sowjetunion nicht beschaffen, auch wurde er vom KGB nicht als Spion in den USA angeworben, daher beschloss man in den Oswald führenden US-Behörden offenbar nach anderthalb Jahren, ihn wieder abzuziehen.

In ein ostentativ geführtes Tagebuch (als Beleg für die Nachwelt bezüglich seiner »Motivationen«?) trug Oswald im Januar 1961 ein, dass ihn das Leben in der Sowjetunion anöde und dass er dabei sei, seine Zukunftsplanung drastisch zu verändern. Etwa zur selben Zeit bot ihm die sowjetische Verwaltung die langersehnte Einbürgerung an, die Oswald nun jedoch ablehnte und stattdessen die Verlängerung seines Einjahresvisums verlangte. Offenbar war er zu diesem Zeitpunkt nicht mehr an einem dauerhaften Aufenthalt in der UdSSR interessiert. Wenig später ging in der US-Botschaft in Moskau ein Brief ein, in dem Oswald darum bat, seinen US-Pass zurückzuerhalten (seine Staatsbürgerschaft hatte er ja, wie gesagt, niemals offiziell beendet). Außerdem erkundigte er sich, ob er straffrei in die USA zurückkehren könne. Zwischendurch traf Oswald Mitte März 1961 bei einer Tanzveranstaltung seine künftige Ehefrau, Marina Prusakowa, damals 19 Jahre alt und Pharmaziestudentin. Sechs Wochen später heirateten sie. Ihr erstes gemeinsames Kind, June, wurde am 15. Februar 1962 geboren. Im Mai 1962 beantragten Oswald und seine Ehefrau die Einwanderungsdokumente für die USA und erhielten zu diesem Zweck auch ein Darlehen der US-Botschaft in Höhe von 500 Dollar für die Rückreise. Zu dritt reisten sie in die USA zurück, wo sie ankamen, ohne dass die Presse davon Notiz nahm. Erstaunlicherweise – weiteres Rätsel – wurde dem »Überläufer«, entgegen der US-Gewohnheit, tatsächliche und vermeintliche kommunistische Parteigänger oder »Verräter« streng zu bestrafen, wenn man ihrer habhaft wurde, zu keinem Zeitpunkt ein Hochverratsprozess gemacht, bis zu seinem Tod 1963 auch keine Anklage gegen ihn erhoben. Man tat offenbar ganz einfach so, als habe es die Sowjet-Episode in seinem Leben nie gegeben. Stattdessen sollte er nun offenbar philobolschewistische beziehungsweise Pro-Castro-Kreise in den USA beschnüffeln. Gleichzeitig stand Oswald von nun an bis zu seinem Tod unter engmaschiger Überwachung durch US-Regierungsstellen inklusive der CIA.

Anfang Juni 1962 ließen sich Oswald und seine Frau in der Region Dallas/Fort Worth nieder, wo seine Mutter und sein Bruder lebten. Oswald begann, seine Erlebnisse in der Sowjetunion aufzuschreiben, gab das Projekt aber bald wieder auf. In der folgenden Zeit kamen sie in Kontakt mit antikommunistischen Emigranten aus Osteuropa, die ebenfalls in oder um Dallas wohnten. Oswald freundete sich mit dem 51-jährigen Exilrussen George de Mohrenschildt an, einem Geologen mit internationalen Kontakten im Erdöl-Business, darunter zu George H. W. Bush, dem späteren CIA-Direktor und US-Präsidenten, damals Leiter der Ölbohrgesellschaft »Zapata«. Mohrenschildt gilt als CIA-Zuträger, der verschiedentlich – schon vor seiner Bekanntschaft mit Oswald – Aufträge der CIA ausführte beziehungsweise Informationen beschaffte, speziell im Lager der militanten Exilkubaner, und war offenbar Teil der »engmaschigen« Überwachung Oswalds, die wiederum nicht so auffällig sein sollte, um mögliche KGB-Beschatter Oswalds aufmerksam werden zu lassen. De Mohrenschildt sagte später aus, Oswald habe bemerkenswert gut Russisch gesprochen. Marina fand Anschluss an ein Ehepaar namens Paine. Ruth Paine nahm bei ihr Russischunterricht, Ruths Mann Michael arbeitete in der Rüstungsindustrie, genauer gesagt für Bell Helicopters – die Firma gehörte seinem Stiefvater. Ruth Paine gilt Teilen der Wissenschaft als ebenfalls dem Geheimdienstmilieu zugehörig.

Bekannt ist, dass Vater und Bruder von ihr bei der von Kennedy 1961 gegründeten und dem US-Außenministerium nahestehenden Entwicklungshilfeagentur USAID arbeiteten, der *United States Agency for International Development*, die ebenfalls als geheimdienstnah gilt, wenn sie nicht ohnehin als Tarnfirma der CIA angesehen wird. Zur USAID gehörte das 1957 gegründete (und 1974 wieder aufgelöste) *Office of Public Safety* (OPS), das »befreundeten Staaten« bei der Ausbildung von Polizeikräften helfen sollte, tatsächlich aber dem CIA unterstand und der Ausbildung von Antiterror- beziehungsweise Foltereinheiten in den jeweiligen Zielländern diente. USAID finanziert auch Organisationen von in den USA befindlichen Exilanten aus wichtigen »Zielländern«, wie beispielsweise der Ukraine, Polen, Kroatien, dem Kosovo und Albanien. Damit werden den USA gewogene beziehungsweise beeinflussbare Eliten geschaffen, die dann wieder in die Zielländer zurück »exportiert« werden, um dort Pro-US-Politik zu betreiben. Nach jahrelangen, massiven Einmischungen in die Innenpolitik wurde USAID 2012 von Russland des Landes verwiesen, die Zusammenarbeit mit USAID offiziell untersagt.

In der Ukraine ist USAID seit 1992 tätig und gab seitdem im Land rund drei Milliarden US-Dollar aus. Für die Verteilung der Gelder vor Ort ist hauptsächlich der *Western Newly Independent States Enterprise Fund* (Entwicklungsfonds der westlichen GUS-Länder) zuständig, der von USAID finanziert wird und Investitionen in der Privatwirtschaft der Ukraine vornimmt. Die inzwischen größtenteils dank Misswirtschaft verlorengegangenen Einlagen von USAID und anderen US-Institutionen in Höhe von 160 Millionen US-Dollar (also Bestechungsgelder) wurden vor Ort gegen üppige Gebührenentgelte von der privaten *Horizon Capital Fund* verwaltet. Dessen Geschäftsführerin wurde 2006 die in den USA als Kind ukrainischer Emigranten aufgewachsene Investmentbankerin Natalie Jaresko, seit 1992 für das US-Außenministerium in der Ukraine tätig und von 2014 bis 2016 sogar Finanzministerin der Ukraine. 2014 wurde sie in die Ukraine eingebürgert (weil offiziell nur Staatsbürger Minister werden können). Nach ihrer Entlassung als Ministerin im April 2016 fiel sie weich, in solchen Kreisen wird man natürlich nie ganz fallengelassen: Sie tauchte – wenig überraschend – bereits einen Monat später wieder auf, diesmal als Chefin des neugegründeten Aspen-Instituts Kiew, das zur Reihe der weltweit tätigen US-Propagandainstitute gleichen Namens gehört. USAID förderte auch gezielt Parteien und US-kompatible Personen in der Ukraine, so die Stiftung *Open Ukraine* von Arsenij Jazenjuk, der zum Dank Jaresko dann zur Finanzministerin seines Kabinetts machte, als er nach dem illegalen EU-Putsch in Kiew als Regierungschef in der Ukraine eingesetzt wurde.

Dass in Paines Haus bei einer Durchsuchung nach dem Kennedy-Attentat kistenweise Unterlagen über prokubanische Aktivisten in der Region gefunden wurden, belegt einmal mehr, dass sie »in höherem Auftrag« tätig war. Oswald wechselte nach seiner Rückkehr in die USA 1962 häufig seine Arbeitsstellen. Meistens geriet er wegen Kleinigkeiten mit Arbeitskollegen aneinander und wurde wegen seiner Cholerik gefürchtet. Langsam »radikalisierte« er sich beziehungsweise unternahm Dinge, die es so aussehen lassen sollten. Besonders merkwürdig: Im März

1963 erwarb Oswald ein Gewehr der für US-Verhältnisse recht exotischen italienischen Marke Mannlicher-Carcano mit dem Kaliber 6,5x52 Millimeter und einem Magazin für sechs Schuss. Er bezahlte dafür knapp zwölf Dollar sowie weitere sieben Dollar für ein einfaches japanisches Zielfernrohr 4x18. Die Waffe hatte er bei einem Versand per Post bestellt, an eine Tarnadresse, unter dem Tarnnamen Alek Hidell. Zusätzlich erwarb er ebenfalls im Versandhandel – aber bei einer anderen Firma – noch einen Revolver Smith & Wesson Model 10. Hätte er die Waffen bei einem der zahlreichen Waffengeschäfte im Stadtzentrum von Dallas erworben, hätte es nach damaligen Gesetzen keinen Anhaltspunkt gegeben, da Waffenkäufe damals nicht dokumentiert wurden, man keine Adresse oder ähnliche Daten hinterlassen musste. Durch die briefliche Bestellung ergab sich, wie gewünscht, eine nachvollziehbare, später »empört« aufdeckbare Dokumentation der Aktionen Oswalds, ein Dokumentenbestand, ein *paper trail*, der es leichter machen würde, ihn als »Sündenbock« für das Kennedy-Attentat zu opfern, um die wahren Täter vor Strafverfolgung zu verschonen.

Die Mannlicher-Carcano Gewehre galten zudem als notorisch unzuverlässig, es handelte sich also um eine alte, ziemlich schrottige Waffe, die sich der Scharfschütze Oswald da angeblich bestellt hatte. Laut offiziellen Angaben weist das von »Oswald« erworbene »Fucile di Fanteria Modello 91/38« die Seriennummer C2766 auf, und wurde demnach 1940 in der Niederlassung Terni hergestellt – es handelte sich also um ein über zwanzig Jahre altes Gewehr, basierend auf einem veralteten Modell, das in dieser Form seit 1890 hergestellt worden war. Speziell die Munition 6,5x52 Millimeter galt in Militärkreisen als völlig veraltet und vom Durchschlagsvermögen wie von der Flugstabilität her als zu schwach für den Einsatz auf dem Schlachtfeld. Laut Werksangaben hatte das Gewehr im Idealfall eine Kadenz (schnellstmögliche Abfolge einzelner Schüsse) von 12 Schüssen pro Minute, das heißt von alle fünf Sekunden ein Schuss. Laut Zapruder-Film (jedenfalls in der bisher öffentlich zugänglichen Fassung) ist die Zeitspanne für alle drei Schüsse nur knapp 9 Sekunden lang. Das heißt, aus der Carcano hätten selbst im Idealfall, bei idealer Funktionsweise des Gewehrs (das bei Tests bei jedem vierten Schuss blockierte), maximal zwei Schüsse in neun Sekunden abgegeben werden können. Für drei Schüsse hätte der Schütze – wer auch immer er war – mindestens zehn Sekunden benötigt. Anders sieht die Sache mit einem Mauser-Karabiner aus (und die Tatwaffe wurde von der Polizei – ! – zunächst als Mauser identifiziert, bevor man sich auf eine Carcano einigte). Dieser hat eine Kadenz von 15 Schuss pro Minute, also alle vier Sekunden ein Schuss. Mit einem Karabiner Marke Mauser hätte man also sogar in nur acht Sekunden drei Schüsse abgeben können.

»Oswald«, oder jemand in Oswalds Namen, bestellte also ein Gewehr, von dem bekannt war, dass es für den gedachten Zweck – das Attentat auf Kennedy – so gut wie überhaupt nicht geeignet war. Andererseits konnte »Oswald«, wollte er nicht seine sorgsam aufgebaute Legende als arbeitsloser, ewig klammer Tunichtgut gefährden, auch keine teure, moderne, zuverlässige Hochleistungswaffe kaufen, die nicht ins Bild gepasst hätte. Und zusätzlich war gerade das Carcano Gegenstand einer kurz zuvor begonnen parlamentarischen Untersuchung des US-Repräsentantenhauses bezüglich des unkontrollierten Waffenhandels in den USA, passte von dieser Seite her wieder perfekt in die »Landschaft«. Mit dem frisch erworbenen Gewehr verübte Oswald angeblich am 10. April 1963 einen Anschlag auf den pensionierten Generalmajor Edwin Walker.

Fest steht dabei nur, dass »jemand« aus rund 30 Metern Entfernung auf den angeblich in seinem Wohnzimmer in Dallas sitzenden Walker schoss (nach anderen Berichten war er gar nicht im Raum, als auf das Haus geschossen wurde), ihn aber verfehlte – soviel zum Thema Scharfschütze, beziehungsweise zur Raffinesse der Intrige, die mit diesem untauglichen Versuch Oswalds, der seine angebliche Unfähigkeit als Scharfschütze belegen sollte, Verwirrung zu stiften suchte. Denn wenn jemand aus 30 Metern einen ruhig dasitzenden Mann nicht zu treffen vermag, wie sollte der dann aus einer deutlich größeren Distanz dreimal hintereinander innerhalb weniger Sekunden ein sich bewegendes Ziel in einem fahrenden Auto tödlich treffen, ein Ziel, das zudem von einer Baumgruppe halb verdeckt war?

Mit dem »Anschlag« auf Walker wollte Oswald aber offenbar diesem nur einen Gefallen tun. Und das ging so: Die für Walker gedachte Kugel durchbohrte den Fensterrahmen seines Wohnzimmers und hinterließ bei ihm nur eine harmlose Streifschusswunde. Kein Augen- beziehungsweise Ohrenzeuge konnte Oswald als Täter identifizieren, stattdessen wurde auf das kubanische Aussehen von zwei Männern hingewiesen, die vor und nach dem Schuss in der Nähe von Walkers Haus gesehen worden waren. Zudem hätte Oswald, der keinen Führerschein besaß und erst recht kein Auto, ein Fahrzeug gebraucht, um unauffällig samt Waffe zum Tatort zu kommen und wieder nach Hause zurückzukehren. Der zuletzt unter öffentlicher Missachtung leidende Walker aber brauchte zu diesem Zeitpunkt dringend etwas, um ihm wieder Aufmerksamkeit zu verschaffen, und auf seinen Status als bedrohte Persönlichkeit aufmerksam zu machen, deren Leben durch fanatische Castro-Anhänger bedroht werde. Da kam der von »Oswald« beziehungsweise zumindest an-

geblich mit dem Gewehr Oswalds ausgeführte »Anschlag«
gerade recht. Walker machte anderthalb Jahrzehnte später
nochmal Schlagzeilen, als er ausgerechnet einem Polizeibeamten in Zivil schwule Avancen machte, die ihn umgehend hinter Gittern brachten – der fanatische Kämpfer für
die Überlegenheit der weißen Rasse hatte sein ganzes Leben eine Doppelexistenz geführt, um seine Homosexualität zu verbergen (ebenso wie ein andere Protagonist in
diesem »Spiel«, FBI-Chef J. Edgar Hoover).

Wer war dieser Generalmajor Walker überhaupt? Warum hatte Oswald ihn ausgesucht, falls er ihn überhaupt
selbst ausgesucht hatte (was mit gutem Grund stark bezweifelt werden kann)? Walker war ein rechtsradikaler
Antikommunist, ein Vertreter der reaktionären Rassentrennung, sowie Mitglied der ultrarechten John Birch Society. 1961 war Walker seines Kommandos über die
24. US-Division in der BRD enthoben worden, weil er
rechtsradikale Schriften unter seinen Soldaten verteilen
ließ. Seitdem hatte Walker mit weiteren provokativen Aktionen gegen die Aufhebung der Rassentrennung von sich
reden gemacht. Er war sogar zeitweise in die Psychiatrie
eingewiesen worden, und zwar auf Anweisung von Justizminister Robert Kennedy. Der Beschluss wurde jedoch
gerichtlich erfolgreich angefochten, Walker kam wieder
frei. Marina Oswald sagte unter Eid aus, dass ihr Mann ihr
erzählt habe, wie er mit dem Bus zu Walkers Haus fuhr
und dann mit dem Gewehr auf ihn geschossen habe – wofür ihr die US-Dienste sehr dankbar waren, dass sie auf
diese Weise die gestrickte »Legende« einmal mehr bestätigte (allerdings ist sie in den letzten Lebensjahren vom
Lager der Alleintätersthesenvertreter ins Lager der Verschwörungstheoretiker gewechselt und bezeichnet Oswald jetzt auch als Opfer einer Intrige). Oswald, so Marina
weiter, habe Walker als Anführer einer »faschistischen

Organisation« bezeichnet. Erst zehn Tage *nach* dem Kennedy-Attentat wurde bei einer neuerlichen Hausdurchsuchung im Anwesen Oswald seine schriftliche Notiz »gefunden«, in der er Marina aufgeschrieben hatte, was sie tun solle, falls er nicht zurückkehre. Zunächst hatte die Polizei von Dallas nach dem Anschlag auf Walker vergeblich nach Spuren oder einem Verdächtigen gesucht. Nach dem Anschlag auf Kennedy rutschte Oswald automatisch in den Kreis der Verdächtigen. Eine Neutronenanalyse der Kugel, die auf Walker abgefeuert worden war, ergab eine 99prozentige Übereinstimmung mit den Geschossen, die auf Kennedy abgefeuert worden waren.

Sechs Wochen später, am 26. Mai 1963, schrieb Oswald an das in New York ansässige Hauptquartier des *Fair Play for Cuba*-Komitees (FPFC), und schlug vor, auf eigene Kosten ein Büro in New Orleans anzumieten, um eine Ortsgruppe des FPFC zu gründen. Drei Tage später lehnte das FPFC ab und wies darauf hin, dass dies zumindest nicht ganz am Anfang einer möglichen Zusammenarbeit geschehen solle. Oswald mietete das Büro dennoch wie von ihm geplant an – wobei sich natürlich die Frage stellt, woher er als Arbeitsloser das Geld dafür hatte, im Stadtzentrum von New Orleans ein Büro anzumieten, zusätzlich zu den anderen Lebenshaltungskosten für seine kleine Familie. Das »riecht« nach einem weiteren Bestandteil der geheimdienstlich aufgezogenen »Legende«, also einer Tarnung unter falscher Flagge, deren Kosten vom Steuerzahler aufgebracht wurde (in Form von Kostenübernahme durch einen der Geheimdienste der USA, etwa die CIA). Und Oswald trieb die angeblich von ihm ganz allein bestrittenen Kosten seines neuen »Unternehmens«, seines privaten Pro-Kuba-Projekts, weiter munter in die Höhe. Am 29. Mai 1963 bestellte er bei einer örtlichen Druckerei 500 Aufnahmeanträge, 300 Mitgliedskarten und 1.000

Flugblätter mit der Überschrift »Hände weg von Kuba«. Er wies seine Frau an, als »A. J. Hidell« auf seiner Mitgliedskarte als Ortsvereinsvorsitzender zu unterschreiben. Was zu der Frage führt, warum er den Ortsverein unter einem Aliasnamen zu führen gedacht. Was war der Plan? Warum hat er das nicht unter seinem echten Namen gemacht? Spätestens ab dieser Etappe »stinkt« die Geschichte von Lee Harvey Oswald. Weiter unten werden wir ein paar Stichpunkte zusammentragen, wann die Zusammenarbeit mit den US-Geheimdiensten begonnen haben könnte. Oswald wohnte zu diesem Zeitpunkt auch in New Orleans, und zwar bei seinem Onkel Murret, der für den bekannten Mafioso Carlos Marcello das illegale Wettgeschäft betreute.

Anfang August 1963 besucht Oswald das Büro des militanten Castrogegners Carlos Bringuier in New Orleans, und bot diesem an, kleine Gruppen der DRE für Anschläge in Kuba auszubilden. Bringuier führte die örtliche Niederlassung des antikommunistischen »Studentischen Revolutionsdirektorats« (*Directorio Revolucionario Estudantil* /DRE, seltsamer Name für eine rechtsextreme Organisation), einer 2.000 Mann starken Organisation, die von der CIA mit erstaunlichen 25.000 Dollar pro Monat (!) finanziert wurde (während der Untersuchungen des HSCA zum Kennedyattentat und möglicher Verwicklung exilkubanischer Kreise darin wurde von der CIA ausgerechnet George Ioannidis, der frühere Chef für Psychologische Kriegsführung der mit der gesamten Kuba- Operation beauftragten CIA-Niederlassung in Miami – JMWAVE – und Führungsoffizier des DRE, damit beauftragt, die entsprechenden Dokumente herauszusuchen, ohne dass seine frühere Rolle bei JMWAVE und als Verbindungsmann zum DER dem HSCA mitgeteilt worden wäre; Ioannidis war logischerweise dazu da, dafür zu sorgen, dass »kritische« Dokumente, die die CIA belasten könnten, keinesfalls zum HSCA gelangten).

Bringuier sagte später vor der Warren Kommission aus, dass er Oswalds Besuche als Versuch wertete, seine Gruppierung zu unterwandern, und strickte somit an der Legende des »linken« Oswald weiter. Am 9. August 1963 verteilte Oswald im Stadtzentrum von New Orleans Pro-Castro Flugblätter. Bringuier traf ihn dabei auf der Straße und beschimpfte ihn deswegen. Es kam zu einem Handgemenge, woraufhin Oswald und Bringuier wegen Ruhestörung verhaftet wurden. Auf dem Polizeirevier verlangte Oswald, einen Vertreter des FBI zu sprechen. Er sei Mitglied der 35 Mitglieder starken Ortsgruppe des FPFC unter der Leitung von »Hidell« (sollte der Name an Hitler erinnern?). Tatsächlich war Oswald bis zum Ende der kurzlebigen Ortsgruppe ihr einziges Mitglied. Eine Woche später trat Oswald mit zwei bezahlten Helfern auf, als er diesmal vor dem Messegelände von New Orleans erneut Pro-Kuba-Flugblätter verteilte. Ein zufällig anwesendes Kamerateam des örtlichen Fernsehsenders WDSU filmte ihn dabei. Am nächsten Tag wurde Oswald sogar zu einem Interview mit WDSU-Radiokommentator William Stuckey eingeladen, der mit Oswald über dessen Motivation für seinen Philokommunismus sprach. Anschließend lud Stuckey ihn ein, einige Tage später an einem Streitgespräch mit Carlos Bringuier und Edward Scannell Butler teilzunehmen, dem Chef des rechtsextremen Information Council of the Americas (INCA), in dessen Verlauf beide Oswald nach Kräften rhetorisch niedermachten.

Ruth Paine holte die hochschwangere Marina und ihre Tochter Ende September 1963 zu sich nach Irving bei Dallas. Später wurden Gerüchte laut, Paine habe als Lesbierin sexuelles Interesse an Marina Oswald gehabt, die beiden hätten sogar zeitweise eine Beziehung geführt. Um die Ehe der Oswalds stand es damals nicht zum Besten, Marina wollte sich trennen. Oswald hatte andere Pläne. Er blieb zunächst noch einige Tage in New Orleans, um sein Arbeitslosengeld von 33 Dollar in Empfang zu nehmen. Am 26. September bestieg er in Houston einen Bus, der ihn zur mexikanischen Grenze brachte. Mitreisenden erzählte Oswald, er plane über Mexico nach Kuba zu emigrieren. Auch dies klingt erneut nach einer demonstrativen Bekräftigung seiner vorgetäuschten »linken« Haltung. Er kam am 27. September in Mexico-City an und beantragte in der kubanischen Botschaft umgehend ein Einreisevisum. Er gab an, er wolle in Kuba Urlaub machen und anschließend in die Sowjetunion weiterreisen. Die kubanische Botschaft verwies ihn an die sowjetische Botschaft, um dort ebenfalls ein Einreisevisum zu bekommen. Nur mit dem sowjetischen würde er ein kubanisches erhalten. Nach fünf Tagen im Pendelverkehr zwischen beiden Konsulaten (einmal rastete er in der kubanischen Botschaft aus und brüllte herum, dann verlangte er wiederum in der Sowjetbotschaft mit einem KGB-Mitarbeiter zu sprechen, während der ganzen Zeit stand er unter Beobachtung durch die CIA) lehnte die kubanische Botschaft seinen Einreiseantrag ab, da jemand wie er trotz seiner angeblich philokubanischen Haltung der Revolution dort nur schaden würde. Er hinterließ dennoch einen erneuten Einreiseantrag, dem schließliche Mitte Oktober 1963 stattgegeben wurde, doch zu diesem Zeitpunkt war Oswald bereits wieder in die USA zurückgekehrt.

Er hatte seine »Pläne«, in Kuba und der Sowjetunion Urlaub zu machen, angeblich wieder aufgegeben. Tatsächlich gehörte dieser Teil der Legende zu dem vermeintlichen Plan, der Oswald offenbar vermittelt wurde, dass er nach Kuba eingeschleust werden sollte, um Castro zu töten. Der Anschlag in Dallas sollte nur fingiert werden, beziehungsweise sollte fehlschlagen, um dann die öffentliche Zustimmung in den USA für einen Anschlag auf Castro – den vermeintlichen Drahtzieher des misslungenen Attentats auf Kennedy – herzustellen. Doch wie sich wenig später herausstellte, wurde dann ein ganz anderer Plan umgesetzt (Kennedy zu töten), und Oswalds Rolle änderte sich vom Attentäter zum Sündenbock. Doch noch sind wir nicht so weit. Anfang November schrieb Oswald einen wohl offenbar als Bestandteil der Legende vom »Kommunisten« und »KGB-Spion« Oswald gedachten Brief an die sowjetische Botschaft in Washington, D.C., hätte die Botschaft in Mexico sich nicht so dumm angestellt, wäre er jetzt mit seinem »Vorhaben« schon weiter.

Während die Warren-Kommission davon ausging, dass Oswald tatsächlich, wie behauptet, selbst in Mexico war und dort die kubanische und die sowjetische Botschaft aufgesucht habe, beschäftigte sich das spätere *House Select Committee on Assassinations* (HSCA) mit der Frage, ob Oswald tatsächlich dort gewesen war, oder ob es jemand war, der sich für ihn ausgab. Es befand abschließend, man könne nicht ausschließen, dass in der Mexico-Nummer jemand anderes für Oswald posiert habe. Die beiden kommunistischen Botschaften waren lückenlos von der CIA überwacht worden, jeder Besucher fotografiert worden. Der als »Oswald« auftretende Besucher sah ihm nicht im Mindesten ähnlich. Dieser »Oswald« verließ Mexico jedenfalls am 2. Oktober 1963. Am nächsten Tag tauchte der echte Oswald wieder in Dallas auf. Die CIA-Zuträgerin Ruth Paine informierte ihn weisungsgemäß, dass für Mitte Oktober eine Arbeitsstelle im Texas School Book Depository (Schulbuchlager des Bundesstaates Texas, damals gab es noch kostenlose Schulbücher in den USA, mittlerweile längst abgeschafft) ausgeschrieben sei. Oswald bewarb sich, hinterließ im Vorstellungsgespräch einen guten

Eindruck und wurde am 16. Oktober für einen Stunden-lohn von 1,25 Dollar in der Auftragsannahme angestellt. Oswalds Vorgesetzter sagte später, Oswald habe sehr en-gagiert gearbeitet und zu den Spitzenkräften im Schul-buchlager gehört. Während der Arbeitswoche schlief Os-wald in einer Unterkunft in Dallas (unter dem Namen »O. H. Lee«), verbrachte die Wochenenden aber bei Marina im Haus der Paines in Irving. Dort wurde am 20. Oktober 1963 die zweite Tochter der Oswalds geboren, ein Mäd-chen namens Audrey. Anfang November klingelten zwei FBI Agenten am Haus der Paines und sprachen mit Mari-na und Ruth Paine über Oswald. Marina wurde zu diesem Zeitpunkt vom FBI angeblich verdächtigt, eine sowjetische Agentin zu sein. Oswald ging zwei Wochen später zum Büro des FBI in Dallas und verlangte Special Agent James P. Hosty zu sprechen. Als man ihm sagte, dieser sei nicht da, habe Oswald geschrien, wenn Hosty seine Frau nicht in Ruhe lasse, werde er sich höheren Orts beschweren. Hosty bekam eine entsprechende Notiz auf den Tisch, die er auf Anweisung seiner Vorgesetzten kurz nach dem Kennedy-Attentat vernichtete.

Schon einige Tage vor dem Besuch Kennedys in Dallas beschrieben die Zeitungen, welche Route die Autokolonne des Präsidenten vom Flughafen Love Field bis zum Mes-segelände nehmen werde, direkt am Schulbuchlager vor-bei. Einen Tag vor dem Attentat, am Donnerstag den 21. November 1963, bat Oswald einen Arbeitskollegen, der ein Auto hatte, ob er ihn von Dallas nach New Orleans bringen könne, er müsse Vorhangstangen abholen. Am nächsten Morgen fuhr er mit dem Kollegen wieder nach Dallas zurück. Auf dem heimischen Küchentisch lagen 170 Dollar und sein Ehering. Bei der Rückfahrt hatte Os-wald nach Aussage des Kollegen die in Packpapier gehüll-ten »Vorhangstangen« dabei. Unstimmigkeiten gibt es über die letzten Stunden vor dem Attentat. Ein Kollege sagte aus, er habe Oswald eine halbe Stunde vor dem Attentat zuletzt auf dem fünften Stockwerk (US-Zählung inklusive EG: sechstes Stockwerk) gesehen. Ein zweiter Kollege sagte aus, der habe Oswald zu diesem Zeitpunkt auf dem ersten Stock gesehen, wie er telefonierte. Ein weiterer Kollege, der auf dem fünften Stock um 12 Uhr sein Mittagessen einnahm, sagte, er habe Oswald während dieser Zeit dort nicht gesehen. Als Kennedys Autokolonne die Dealey Plaza um genau 12.30 Uhr passierte, feuerte – so die offizielle Darstellung – Oswald drei Gewehrschüsse auf das Fahrzeug des Präsidenten ab. Er stand dabei im fünften Stock des Schulbuchlagers am äußersten rechten, östlichen Fenster der dem Platz zugewandten Gebäudeseite. Ein Schuss ging fehl, die beiden anderen trafen. Kennedy wurde durch einen Kopfschuss getötet, Gouverneur Connally schwer verletzt. Ein knapp fünfzig Meter weiter weg stehender Zeuge, James Tague, wurde im Gesicht von Betonsplittern verletzt, die von einem Querschläger stammten. Howard Brennan, der zum Zeitpunkt des Attentats gegenüber des Schulbuchlagers auf der Verkehrsinsel im Gras saß, sagte aus, er habe deutlich gehört, dass die Schüsse vom Schulbuchlager kamen, und er habe auch einen Mann mit einem Gewehr am Fenster des sechsten Stockwerks gesehen. Brennan beschrieb den Schützen, die Polizei gab diese Beschreibung eine Viertelstunde nach dem Attentat an alle Streifenbeamten der Stadt.

Laut offizieller Darstellung versteckte Oswald das Gewehr unmittelbar nach dem Attentat hinter einigen Kisten und nutzte die hintere Treppe, um ins Erdgeschoss zu gelangen. Etwa anderthalb Minuten nach dem Attentat lief er in der Kantine des Schulbuchlagers im zweiten Stock dem Polizeibeamten Marrion Baker in die Arme. Da Oswalds Vorgesetzter, der ebenfalls im Raum war, bestätigte, dass Oswald ein regulärer Angestellter sei, ließ der Polizist ihn gehen. Baker sagte später aus, Oswald habe ganz entspannt auf ihn gewirkt. Eine weitere Angestellte sagte aus, sie habe Oswald zwei Minuten nach dem Attentat ganz entspannt am Getränkeautomaten im zweiten Stock gesehen. Sie habe ihm gesagt, dass auf den Präsidenten geschossen worden sei, er habe nur etwas Unverständliches gemurmelt. Kurz bevor die Polizei das Gebäude abriegelte, soll Oswald es durch den Vordereingang verlassen haben. Als die Angestellten danach überprüft wurden, war Oswald angeblich der einzige, der fehlte. Etwa zehn Minuten nach dem Attentat soll Oswald einen städtischen Linienbus Richtung Dealey Plaza (!) bestiegen haben, diesen jedoch aufgrund des Verkehrsstaus durch die Absperrungen für die Autokolonne des Präsidenten zwei Blocks weiter wieder verlassen haben. Anschließend habe er ein Taxi genommen, um in seine Unterkunft zu kommen, 1026 North Beckley Avenue, wo er um 13 Uhr eingetroffen sei. Bereits wenige Minuten später habe er das Haus anders gekleidet wieder verlassen und an der nahegelegenen Haltestelle auf den nächsten Bus gewartet.

Laut dem Bericht der Warren Kommission fuhr der Polizeibeamte JD Tippit in seinem Streifenwagen gegen 13.15 Uhr an Oswald vorbei, hielt an, möglicherweise, um den der Täterbeschreibung ähnelnden Oswald zu überprüfen. Ort der Begegnung sei die Ecke East 10th Street und North Patton Avenue gewesen, eine ruhige Vorortgegend einige hundert Meter südlich von Oswalds Unterkunft. Tippit habe angehalten und Oswald durch das geöffnete Beifahrerfenster angesprochen. Anschließend sei er ausgestiegen und um das Polizeifahrzeug herum auf Oswald zugegangen. Daraufhin habe Oswald einen Revolver gezogen und vier Mal auf Tippit geschossen, der tödlich getroffen wurde. Neun Zeugen identifizierten Oswald später als den Täter. Dann gab es eine auffällige Merkwürdigkeit. Am Tatort seien vier Patronenhülsen zurückgeblieben. Die Waffe in Oswalds Besitz war allerdings ein *Revolver* (der die Patronenhülsen nicht auswirft, dieser verbleiben nach Schussabgabe in der Trommel, nur eine *Pistole* wirft in der Regel die Hülsen aus). Die vier am Tatort warum auch immer gefundenen Patronenhülsen passten laut Expertenangaben zu Oswalds Revolver. Allerdings konnte dies für die in Tippits Leiche vorgefundenen vier Projektile nicht bestätigt werden. Was wiederum auf eine Tarnaktion hindeutet, um falsche Spuren zu legen.

Oswald floh angeblich zu Fuß vom Tatort, und ging den Jefferson Boulevard in westlicher Richtung hinunter, versteckte sich dann im Kino »Texas Theatre« (231, West Jefferson Boulevard). Das habe der Angestellte eines gegenüberliegenden Ladens beobachtet und deswegen gegen 13.40 Uhr die Polizei alarmiert. Als die Streifenwagen eintrafen, wurde die laufende Vorstellung unterbrochen und das Saallicht angemacht. Zeugen zeigten auf den in der letzten Reihe sitzenden Oswald als den Verdächtigen. Oswald habe noch versucht, seine Waffe zu ziehen und abzufeuern, sei allerdings von den Polizisten daran gehindert worden, die ihm die Waffe entrangen und ihn festnahmen. Oswald habe dann um sich geschlagen und sei daraufhin von Polizisten ebenfalls geschlagen worden. Als er aus dem Kino abgeführt wurde, schrie Oswald, er sei ein Opfer der Polizeiwillkür und Gewalt. Die Beamten trafen mit Oswald gegen 14 Uhr im Polizeihauptquartier ein, wo Oswald ein erstes Mal vernommen wurde. Dabei ging es zunächst um den Mord an Polizist Tippit. Ein anderer Beamter hörte den Namen Oswalds und erinnerte sich, dass der fehlende Angestellte des Schulbuchlagers ebenfalls Oswald hieß. Oswald wurde jetzt auch des Attentats auf Kennedy beschuldigt. Auf dem Weg in die Untersuchungshaft kam Oswald an Reportern der Lokalmedien vorbei und schrie »Ich hab niemanden erschossen«, und »Sie haben mich verhaftet, weil ich mal in der Sowjetunion war. Ich bin nur ein Sündenbock.« Bei einer improvisierten Pressekonferenz fragte ein Journalist Oswald später, ob er den Präsidenten getötet habe. Oswald verneinte, er werde dessen nicht beschuldigt. Er habe vom Attentat erstmals durch die Reporter gehört. Auf die Frage, wieso er ein blaues Auge habe, sagte Oswald, Polizisten hätten ihn geschlagen.

Das erste Verhör führte der schon bekannte FBI-Special Agent James P. Hosty (der einige Tage zuvor Oswalds Frau nachgestellt hatte) und der Leiter der Mordkommission von Dallas, Will Fritz. Oswald gab zu, vom Schulbuchlager zu seiner Unterkunft gegangen zu sein, dort die Kleidung gewechselt und seinen Revolver Smith & Wesson Model 10 eingesteckt zu haben, um anschließend ins Kino zu gehen. Er bestritt jedoch, ein Gewehr zu besitzen, oder gar Kennedy und Tippit getötet zu haben. Fotos, auf denen er mit Gewehr und Revolver zu sehen sei, seien eine Fälschung. Während des Attentats habe er in der Kantine im ersten Stock des Schulbuchlagers zu Mittag gegessen. Anschließend sei er zum Getränkeautomaten im zweiten Stock gegangen, um dort ein Erfrischungsgetränk zu kaufen. Dort habe er auch den Polizisten Marrion L. Baker getroffen, der das Schulbuchlager mit gezogener Pistole durchsuchte. Oswald sagte als Beweis aus, er habe durch die Tür der Kantine zwei afroamerikanische Kollegen vorbei gehen sehen, einen namens »Junior« und einen kleineren, an dessen Namen er sich nicht erinnere. Tatsächlich bestätigten zwei Angestellte des Schulbuchlagers namens Junior Jarman und Harold Norman zum Zeitpunkt des Attentats an der Kantine vorbeigegangen zu sein.

Oswald fragte während seiner Vernehmungen mehrfach nach einem Rechtsbeistand. Einen Tag nach dem Attentat suchte ihn der Leiter der Rechtsanwaltsvereinigung von Dallas auf, um ihm seine Dienste anzubieten, aber Oswald lehnte ab. Er wolle ausschließlich von John Abt vertreten werden, dem Chefjustitiar der KPU (Kommunistische Partei der USA), oder von einem Anwalt der ACLU (American Civil Liberties Union). Oswald und Ruth Paine versuchten mehrfach, Abt telefonisch zu erreichen, aber vergeblich – er war schon ins Wochenende aufgebrochen (und in der Vor-Mobilfunkzeit war man somit unerreichbar, im Gegensatz zu heute). Oswald lehnte auch das Angebot seines Bruders Robert ab, einen örtlichen Anwalt mit seiner Verteidigung zu beauftragen. Während der Vernehmungen wurde Oswald gefragt, ob er Kommunist sei. Nein, sagte er, er sei Marxist. Zwei Tage nach dem Attentat, am Sonntag, den 24. November 1963 wurde Oswald gegen halb zwölf vormittags durch die Tiefgarage des Polizeigebäudes von Dallas geführt, auf dem Weg zu einem gepanzerten Fahrzeug (es hatte mehrere Morddrohungen gegen Oswald gegeben), das ihn zum nahegelegenen Gerichtsgebäude bringen sollte. In diesem Augenblick trat der örtliche Mafioso und Nachtclubbesitzer Jack Ruby aus der Menge der Zuschauer nach vorne und gab aus nächster Nähe einen Schuss auf Oswald ab, der diesen im Bauchraum traf. Kurze Zeit später schon bewusstlos, wurde Oswald mit einem Krankenwagen zum Parkland Memorial Hospital gebracht (wo zwei Tage zuvor nach dem Attentat auf Kennedy versucht worden war, die tödlichen Wunden Präsidenten zu behandeln). Oswald starb um 13.07 Uhr. Sein Tod wurde während einer improvisierten Pressekonferenz vom örtlichen Polizeichef Jesse Curry verkündet.

Zwei Stunden später wurde Oswalds Leichnam obduziert. Der Chef der Gerichtsmedizin von Dallas verkündete anschließend: Todesursache seien innere Blutungen in

Folge der Schusswunde gewesen. Ansonsten sei Oswald physisch gesund gewesen. Die tödliche Kugel habe Oswald auf der vorderen linken Seite seines Bauches getroffen, das Dumdum-Geschoss habe Oswalds Milz, Magen, Aorta, Vene, Nieren, Leber und eine Rippe durchschlagen. Da der Transport Oswalds ins Gerichtsgebäude für eine TV-Übertragung freigegeben worden war, wurden Millionen Fernsehzuschauer live Zeuge des Anschlags auf den vermeintlichen Kennedy-Mörder. Ruby hatte in den 48 Stunden nach dem Mordanschlag auf Kennedy mindestens drei Mal versucht, in die Nähe von Oswald zu gelangen – was gegen die verbreitete These spricht, dass Ruby völlig spontan handelte. Es sieht eher danach aus, dass er mehrfach versuchte, einen präzise vorbereiteten Plan auszuführen, inklusive der Dumdum-Munition in seinem Revolver, um sicherzugehen, dass der eine Schuss (es war zu erwarten, dass er angesichts der massiven Polizeipräsenz nicht mehr als einen Schuss würde abgeben können) auch wirklich tödlich sein würden.

Der Leichnam des 24-jährigen Oswald wurde am 25. November auf dem Shannon Rose Hill Memorial Burial Park in Fort Worth begraben. Ein erster Grabstein mit seinen kompletten Angaben wurde wenig später gestohlen, seitdem ziert nur ein einfacher Schriftzug »Oswald« sein Grab. Seine Mutter wurde 1981 neben ihm begraben. Da die Gerüchte, dass statt dem wirklichen Oswald ein Doppelgänger, ein sowjetischer Spion, dort begraben worden sei, nicht verstummen wollten, wurde Oswalds Leiche 18 Jahre nach dem Attentat im Oktober 1981 exhumiert. Eine anschließend durchgeführte Analyse des Gebisses ergab, dass der dort begrabene Leichnam wirklich Lee Harvey Oswald war. Der Leichnam wurde anschließend in einem neuen Sarg wieder beigesetzt. Der ursprüngliche Sarg, der in einem Bestattungsinstitut von Fort Worth gelagert worden war, wurde 2010 für rund 90.000 Dollar an einen unbekannten Bieter versteigert. 2015 wurde der Käufer gerichtlich dazu gezwungen, den Sarg Oswalds Bruder Robert auszuhändigen, der ihn seinerzeit vor der ersten Beerdigung gekauft habe. Roberts Anwalt erklärte, der Sarg werde umgehend zerstört, um keinerlei Spekulation damit mehr zuzulassen.

Betrachten wir die fundamentalen Unstimmigkeiten in Oswalds Lebenslauf noch einmal. Da ist zum einen seine demonstrative »linke Überzeugung«, die ihn aber nicht davon abhielt, seinen Militärdienst ausgerechnet bei den Marines, einer US-Eliteeinheit abzuleisten – nicht gerade naheliegend für einen »Kommunisten«, zumal es sich bei den Marines nicht um einen Komsomolzenverband der USA handelt. Es liegt nahe anzunehmen, dass er während seiner militärischen Eliteausbildung bei den Marines im Zusammenhang mit wiederholten Sicherheitsüberprüfungen mit US-Geheimdienstkreisen in Kontakt kam. Offen ist bislang die Frage, ob er dort als idealer Lockvogel beziehungsweise Sündenbock ausgewählt und konditioniert wurde, oder ob er Mitarbeiter der CIA wurde (mit Festanstellung und Lohnabrechnung). Klar ist, dass er ab hier seine »linke Überzeugung« weiter beibehalten sollte, um mögliche versteckte Kommunistensympathisanten innerhalb und außerhalb des US-Militärs aus der Deckung zu locken (ähnliche Strategien wendete und wendet beispielsweise der BND in der BRD an, so während der Studentenunruhen um 1968, als in mehreren Tages- und Wochenzeitungen falsche Anzeigen für eine neue marxistische Zeitschrift platziert wurden – die Naivlinge, die sich daraufhin meldeten, um ein Abonnement zu bestellen, landeten automatisch auf der Staatsfeinde-Liste, erhielten aber zu ihrer Verwunderung nie auch nur ein Exemplar der angekündigten Zeitschrift).

Ob Oswald umfassend über die Verschwörung gegen Kennedy informiert war, dass Kennedy für die Aktion in der »Schweinebucht« und in der Kuba-Krise »bestraft« beziehungsweise »getötet« werden sollte, ist eher unwahrscheinlich. Viel spricht für ein Szenario, demzufolge Oswald weiterhin im Glauben gelassen wurde, seine Aufgabe sei es, Kryptokommunisten aufzuspüren beziehungsweise diesen ein geplantes (aber niemals ausgeführtes) Attentat in Dallas in die Schuhe zu schieben. Vermutlich war niemand mehr überrascht als Oswald, als Kennedy tatsächlich erschossen wurde. Ihm wurde vermutlich sofort klar, dass die für ihn vorgesehene Rolle offenbar eine ganze andere war als bisher gedacht. Nämlich dass er als vermeintlicher prokubanischer, kryptokommunistischer »Täter« geopfert werden sollte, während die tödlichen Schüssen von ganz anderen Leuten abgegeben wurden (die niemals bestraft wurden). So konnte man auch seinen dank LCIMPROVE um einen knapp zweijährigen Aufenthalt in der Sowjetunion bereicherten Lebenslauf nutzen, um seine »linke Gesinnung« zu beweisen. Denkfehler hierbei: Ein glühender Kommunist hätte wohl kaum schon nach zwei Jahren aufgegeben, zumal er gerade eine Russin geheiratet hatte. Zu seiner in den Monaten vor dem Attentat nochmals deutlich angereicherten »Legende« gehörte nun, dass er angeblich eine Persönlichkeit sei, die von Größenwahn und Narzissmus bestimmt sei, mit einem unstillbaren Drang, weltberühmt zu werden, als jemand, der seiner Zeit voraus war, und der den Lauf der Geschichte änderte. Zu dieser Intensivierung gehörte auch das mit ziemlicher Wahrscheinlichkeit nicht auf Oswalds Mist gewachsene Projekt, mitten im extrem konservativen Süden der USA eine Pro-Castro-Gruppe zu gründen. Für die Finanzierung dieser Tarnaktion, die seine »linke« Legende glaubhafter machen sollte, muss er finanzielle Unterstützung erhalten haben, da ihm als Dauerarbeitslosem, der nur ab und zu einen Job ergatterte, um ihn bald wieder los zu sein, eigentlich nicht die Mittel zur Verfügung standen, um solche Aktionen zu finanzieren.

Ins direkt an der Präsidentenroute gelegene Schulbuchlager hatte man ihn offenbar gezielt eingeschleust (was einmal mehr die Vermutung belegt, das Ehepaar Paine als geheimdienstnah anzusehen), und hier präsentierte er sich ganz anders als der sonst so streitwütige und cholerische Oswald. Er war nett, hilfsbereit und legte sich wirklich ins Zeug. Er spielte offenbar einmal mehr eine (diesmal andere) Rolle. Denn hier sollte er es zumindest so lange aushalten, bis das Attentat, für das man ihn als »Sündenbock« brauchte, über die Bühne gegangen war. Auch das lächerliche »Attentat« auf den rechtsextremen Ex-General Walker gehört ins Reich dieser speziellen »Legende«, mit der Oswalds Tarnung als vermeintlicher »Attentäter« perfektioniert werden sollte. Denn nach einer militärischen Scharfschützenausbildung einen ruhig sitzenden Mann aus 30 Metern Entfernung zu verfehlen ist ungefähr so wahrscheinlich wie eine Konversion des Papstes zum Protestantismus. Zumal er ja dann andererseits beim Anschlag auf Kennedy angeblich aus deutlich größerer Distanz durch eine Baumgruppe hindurch drei Mal ein Ziel traf, das sich auch noch bewegte, so dass man als Schütze nicht nur – wie bei einem ruhenden Ziel – die gekrümmte Geschossbahn sowie Wind etc. als Faktoren einberechnen musste, die die Kugel ablenken könnten, sondern auch noch einen von der Geschwindigkeit des Zielobjekts abhängigen »Vorhalt«. Höchst komplex. Und deshalb so unwahrscheinlich. Alles in allem liegt der Glaubwürdigkeitsfaktor für die Legende vom »Attentäter« Oswald also bei Null.

Speziell die angeblich von Marina Oswald aufgenommenen »Hinterhof-Fotos«, vermutlich vom März 1963, sind umstritten. Oswald posiert darauf mit einem Gewehr, jeweils einer Ausgabe der linksextremen Zeitschriften *The Militant* und *The Worker* sowie mit einem Revolver im Gürtelholster. Oswald beharrte während seiner Verhöre nach dem Attentat darauf, dass es sich um Fälschungen handle, aber Marina bestätigte 1964, dass sie die Fotos auf Bitten Oswalds aufgenommen habe. Dieser habe eines der Fotos an George de Mohrenschildt verschickt. Mohrenschildt übergab den Ermittlungsbehörden tatsächlich einen Abzug dieser Fotos aus seinem Besitz, auf dessen Rückseite auf Russisch stand: »Faschistenjäger – hahaha!«, und daneben auf Englisch: »für meinen Freund George, Lee Oswald, 5. April 1963«. Ein Handschriftenvergleich ergab, dass es sich bei der englischen Aufschrift mit 99-prozentiger Wahrscheinlichkeit um Oswalds Handschrift handelt. Doch hier war den Arrangeuren ein dicker Fehler passiert: Die eine Zeitung (*The Militant*) wird bis heute von einem trotzkistischen, die andere (*The Worker*) von einem kommunistischen Verlag herausgegeben. Hier wollte offenbar der US-Geheimdienst auf Nummer sicher gehen, schoss aber einen gewaltigen Bock: Im linken Lager ist es kaum vorstellbar, dass jemand gleichzeitig eine trotzkistische und eine kommunistische Zeitung abonnieren sollte – entweder oder.

Auch Oswalds Ehefrau verdient einen genaueren Blick auf ihre Biographie. Marina Nikolajewna Prusakowa, verheiratete Oswald Porter, wurde am 17. Juli 1941 geboren (war also zwei Jahre jünger als Oswald). Sie wuchs in Sewerodwinsk auf, im äußersten Norden Russlands, nahe Archangelsk. Sie lebte bei ihrem Mutter und ihrem Stiefvater, bis sie 1957 im Alter 16 Jahren nach Minsk umzog, um dort bei ihrem Onkel Ilja Prusakow zu leben, einem Major im sowjetischen Innenministerium (mit dem Holzhandel befasst, nicht mit dem KGB) und Pharmazie zu studieren. Porter traf Oswald bei einer Tanzveranstaltung im Gewerkschaftshaus von Minsk am 17. März 1961. Sie heirateten sechs Wochen später am 30. April 1961. Die kurze Frist zwischen ihrem Kennenlernen und ihrer Hochzeit legte später die Vermutung nahe, es habe sich um eine vom KGB arrangierte Begegnung gehandelt. Allerdings konnten Marina später keinerlei Geheimdienstkontakte zu sowjetischen Diensten nachgewiesen werden – entweder es gab keine, oder sie waren zu raffiniert getarnt. Die erste gemeinsame Tochter June Lee wurde am 15. Februar 1962 geboren. Im Juni 1962 emigrierte die kleine Familie in die USA und ließ sich in Dallas nieder. Anfang Februar 1963 trafen sie auf einer Party Ruth Paine und George de Mohrenschildt.

Im April 1963 war die junge Ehe der Oswalds schon so gut wie vorbei, Grund einmal mehr »häusliche Gewalt«. Marina zog mit ihrer Tochter zu Ruth Paine nach Irving, einem wenige Kilometer entfernten Nachbarort von Dallas. Paine hatte sich gerade von ihrem Mann getrennt. Ob es tatsächlich eine lesbische Liebesbeziehung zwischen Marina und Ruth Paine gab, konnte bis heute nicht nachgewiesen werden. Oswald mietete sich in einer Unterkunft in Dallas ein, zog aber im Sommer 1963 für kurze Zeit nach New Orleans, um dort die Ortsgruppe der Pro-Kuba-Bewegung zu gründen. Er kehrte Anfang Oktober nach Dallas zurück, mietete sich eine Unterkunft im südwestlichen Vorort Oak Cliff, jenseits des Trinity Rivers, und trat am 16. Oktober die von Paine vermittelte neue Arbeitsstelle beim Schulbuchlager an, die er etwas mehr als einen Monat innehaben sollte, bis zum Attentat. Am 20. Oktober gebar Marina ihre zweite Tochter, Audrey Marina Rachel Oswald. Oswald schlief unter der Woche in Oak Cliff, kam aber über die Wochenenden nach Irving, ins Haus von Ruth Paine. Marina erfuhr am 22. November 1963 erst im

Lauf des Nachmittags aus den Medien vom Mordanschlag auf Kennedy. Dann kam auch schon bald die Nachricht von der Verhaftung ihres Mannes. Polizei traf am Haus von Ruth Paine ein und fragte Marina, ob Oswald ein Gewehr besitze, sie zeigte auf die Garage, doch dort war kein Gewehr zu finden. Sie wurde noch mehrfach befragt, auch im Polizeihauptquartier von Dallas. Nach der Verhaftung ihres Mannes wurden Marina und ihre Kinder wegen zahlreicher Morddrohungen unter Polizeischutz des Secret Service gestellt. Beobachter sprachen davon, dass der Secret Service Marina und die Kinder »weggesperrt« habe. Erst nach ihrer letzten Aussage vor der Warren Kommission wurde sie wieder freigelassen. Dort sagte sie unter anderem aus, Oswald habe auch einen Anschlag auf Richard Nixon geplant. Sie gab an, dass sie glaube, dass ihr Mann das Attentat auf Kennedy begangen habe, was sie später auch noch häufiger wiederholte (und damit vermutlich ihr Leben und das ihrer Kinder rettete). Erst in den letzten Jahren ist sie dazu übergegangen, Oswald zum Opfer einer Verschwörung zu erklären.

Nach dem Tod Oswalds und dem Ende der Vernehmungen blieb sie zunächst in Dallas, und lebte von den Spenden, die ihr reichlich zuflossen – insgesamt 70.000 Dollar (nach heutigem Wert fast eine Million Dollar). Sie verkaufte die Rechte am russischen Tagebuch ihres Mannes für weitere 20.000 Dollar, die Rechte an dem Hinterhofbild mit dem angeblichen Anschlagsgewehr für 5.000 Dollar. Sie beantragte auch die Rückgabe des Gewehrs aus dem Bestand der Beweismittel. Ein Ölmagnat aus Denver hatte ihr bereits 10.000 Dollar angezahlt für einen künftigen Verkauf des Gewehrs an ihn. Sie ging jedoch leer aus – der Oberste Gerichtshof der USA erließ einen Beschluss, dass das Gewehr unverkäuflich sei und in archivalischem Gewahrsam bleiben müsse als historisches Artefakt. Ihren Ehering aus der Verbindung mit Oswald ließ Marina für über 100.000 Dollar versteigern. Doch sie hatte Probleme, mit dem unverhofften Reichtum umzugehen. Als erstes kaufte sie ein Haus mit Klimaanlage (damals ein unerhörter Luxus), leistete sich Kleidung aus dem Nobelkaufhaus Neiman-Marcus, wurde zur Kettenraucherin, und gab als Lieblingsgetränk Wodka an. Sie hatte eine ganze Reihe von Liebhabern, bevor sie im Juni 1965 in einem texanischen Provinzstädtchen erneut den Bund der Ehe einging. Sie heiratete Kenneth Jess Porter, einen zweimal geschiedenen Mann, Ex-Rennfahrer, der auch schon ein paar Wochen hinter Gittern verbracht hatte, also einen Tunichtgut. Sie wurde wieder schwanger und gebar einen Sohn. Anschließend reichte sie gerichtliche Klage gegen ihren Mann ein wegen häuslicher Gewalt. 1989 bekam sie endlich die US-Staatsbürgerschaft, auf die sie 27 Jahre lang gewartet hatte. Unermüdlich ließ sie sich für alle möglichen Dokumentarfilme über den Kennedy-Mord befragen. Zuletzt änderte sie ihre Meinung dahingehend, dass sie nun sagt, Oswald sei unschuldig gewesen und habe nichts mit dem Anschlag zu tun gehabt.

Auch Oswalds Mörder Jack Ruby verdient eine etwas intensivere Betrachtung. Nur wenige Mitmenschen wissen, dass sein Geburtsname Jacob Leonard Rubenstein war. Geboren im Jahr 1911, wuchs Jacob in Chicago auf, als Sohn eines aus Polen eingewanderten orthodox-jüdischen Ehepaars. Er hatte insgesamt neun Geschwister. Seine Jugend in einem Elendsviertel der Stadt verlief ziemlich wechselhaft, er geriet öfter mit der Polizei und anderen Behörden in Konflikt, kam in Kinderheime und »Besserungsanstalten«. Wegen notorischen Schulschwänzens wurde er mit 11 Jahren erstmals verhaftet. Seinen Lebensunterhalt verdiente er schon damals mit dem Verkauf von Wettscheinen für Pferderennen. Bald darauf arbeitete er in der Verwaltung der Müllmännergewerkschaft, die sich später dem berüchtigten, mafiösen US-Gewerkschaftsverband der Transportarbeiter namens *International Brotherhood of Teamsters* (IBT) anschloss. Diese größte US-Einzelgewerkschaft hatte weniger das Wohl ihrer Mitglieder als vielmehr jenes der Mafia-Familien im Hintergrund zum Ziel, und wurde auch von den US-Geheimdiensten infiltriert. Rubenstein blieb seiner Liebe zu Pferderennen und dem (illegalen) Wettgeschäft zunächst treu, bis er 1943 im Alter von 32 Jahren zur US-Armee eingezogen wurde, wo er zum Flugzeugmechaniker ausgebildet wurde. Sein Bruder Sam diente bei der Army Air Force Intelligence, einem Armee-Nachrichtendienst. 1946 demobilisiert, kehrte der 25-jährige Jack, genannt »Sparky«, nach Chicago zurück. Ein Jahr später zog er nach Dallas, und änderte – gemeinsam mit seinen Brüdern – seinen Nachnamen zu »Ruby«. Er verlegte sich jetzt auf das Unterhaltungsgeschäft und war im Management verschiedener Bars, Nachtclubs und Stripschuppen beschäftigt. Zu den Attraktionen seiner Clubs gehörte auch der damalige Stripperstar »Candy Barr« alias Juanita Dale Slusher.

Ruby baute in dieser Zeit gezielt Verbindungen zu leitenden Angestellten der Polizei von Dallas auf – kamen diese in ihrer Freizeit in einen der Clubs von Ruby, so gab es dort kostenlos Alkoholika, Prostituierte und andere Gefälligkeiten, was sich natürlich bald herumsprach und zu seiner Beliebtheit bei den Polizisten beitrug. Für 1959 ist eine Reise ins vorrevolutionäre Kuba nachgewiesen, wo Ruby den Profikartenspieler Lewis McWillie traf, einen engen Vertrauten des Mafia-Capos Santos Trafficante. Möglicherweise traf Ruby den Mafiaboss auch selbst bei diesen Reisen auf die Insel. Trafficante gehörten einige der größten Casinos auf Kuba. Schon 1956 erhielt das FBI Hinweise, dass Ruby in größere Drogenschmuggelaktionen der Mafia involviert war. Am Donnerstag, den 21. November 1963, einen Tag vor dem Attentat, war Ruby in dem ihm gehörenden Carousel Club auf der Commerce Street im Stadtzentrum von Dallas, nachmittags und abends hielt er sich in seinem anderen Stripschuppen namens »Vegas Club« auf.

Zum Zeitpunkt des Attentats, Freitag, 22. November 1963, 12.30 Uhr, war Ruby in der Anzeigenannahme der Lokalzeitung *Dallas Morning News*, um die Wochenend-Anzeigen aufzugeben. Das Zeitungsgebäude liegt fünf Blocks von der Dealey Plaza entfernt. Der über das Weiße Haus berichtende Journalist Seth Kantor aus Washington, der in der Autokolonne des Präsidenten mitgefahren war und sich nach dem Anschlag im Parkland Memorial Hospital aufhielt, sagte später aus, dort habe ihn Ruby angesprochen. Die beiden kannten sich aus Kantors Zeit bei der *Dallas Morning News* einige Jahre zuvor. Andere Zeugen bestritten, dass Ruby zu diesem Zeitpunkt im Krankenhaus war, auch ist er auf keinem der dort aufgenommenen Fernsehaufnahmen zu sehen. Gegen 14 Uhr traf Ruby im Carousel Club ein und teilte den Angestellten mit, dass der Club aufgrund des Anschlags an diesem Tag geschlossen bleibe. Nach der Verhaftung Oswalds am frühen Nachmittag desselben Tages wurde Ruby bei mehreren Gelegenheiten im Polizeipräsidium von Dallas gesehen. Er war dort auch ausweislich von Foto- und Fernsehaufnahmen bei einer der Pressekonferenzen zum Attentat anwesend.

Am Sonntag, den 24. November 1963 gelangte Ruby über einen Hintereingang erneut ins Gebäude, just zu dem Zeitpunkt, als Oswald von seiner Arrestzelle ins Gerichtsgebäude gebracht werden sollte. Als Oswald um 11.21 Uhr durch die Gänge zur Tiefgarage des Gebäudes geführt wurde, trat Ruby aus der Menge der wartenden Polizisten und Journalisten vor, stellte sich Oswald in den Weg und schoss ihm mit seinem Revolver Kaliber .38 in den Bauch.

Hier ist noch eine Auffälligkeit festzustellen: Die Kugel, die Ruby auf Oswald abgeschossen hatte, traf diesen zunächst am in Abwehr hochgerissenen linken Oberarm, durchschlug diesen und trat dann am unteren Rippenbogen in den Bauchraum ein. Es gibt aber keine Austrittswunde. Das Geschoss verblieb im Körper. Das lässt mehrere Schlüsse zu. Offenbar hatte Ruby Hohlspitzmunition verwendet, bei der an der Spitze des Geschosses eine konkave Einkerbung angebracht ist (Hohlmantelgeschoss). Der freiliegende oder von einem Mantelkranz umgebene Bleikern pilzt nun beim Eintreten in den Körper auf. Das war offenbar schon im Arm der Fall, da die zweite Eintrittswunde am unteren linken Rippenbogen ausweislich der Obduktionsfotos von Oswald schon etwa handtellergroß war. Das hat wieder zwei Folgen: das Geschoss zerstört entlang der Geschossbahn eine maximale Menge von Weichteilen (Verdauungsorgane im Bauch sowie Blutgefäße) und verliert dabei gleichzeitig massiv an Geschwindigkeit, so dass es schon nach kurzer Zeit keine ausreichende Durchschlagskraft mehr hat, um den Körper auf der anderen Seite zu verlassen. Die Verwendung von Hohlspitzmunition lässt wiederum zwei Schlüsse zu: Ruby wollte zum einen sicherstellen, Oswald notfalls auch mit einem einzigen Schuss zu töten (falls die Umstände – wie es dann auch war – die Abgabe mehrerer Schüsse nicht zulassen würden). Gleichzeitig wollte er das Risiko für die umstehenden Polizisten minimieren, von einem Durchschuss oder Querschläger verletzt zu werden. Daher zielte er nicht auf den Kopf, sondern auf den Bauch seines Opfers, und stellte durch die verwendete Munitionsart sicher, dass die Kugel Oswalds Körper nicht durchschlagen und keinen der Umstehenden verletzen würde. Die Tatausführung geschah ruhig und zielstrebig, was den Schluss zulässt, dass es wohl nicht das erste Mal war, dass Ruby jemanden auf diese Art aus dem Weg räumte. Vermutlich hatte er im Lauf seiner Mafiakarriere schon mehrere »Hits« (Morde) auf diese Weise begangen, die allerdings bisher keinen Eingang in seine Kriminalakte fanden beziehungsweise ihm nicht nachgewiesen werden konnten.

Umstehende Polizeibeamte überwältigten und verhafteten Ruby nach dem ersten Schuss. Der tödliche Schuss, die Festnahme Rubys und der Abtransport des binnen kürzester Zeit ins Koma gefallenen Oswald wurden live im Fernsehen übertragen und von Millionen Fernsehzuschauern mitverfolgt. Kurz zuvor waren die Polizeiwachen von den Außentüren und den Treppenhäusern abgezogen worden. Ruby begann sofort die verabredete »Legende« zu verbreiten, er habe der Witwe von Präsident Kennedy den schmerzlichen Prozess gegen den Mörder ihres Mannes ersparen und die Ehre der Stadt Dallas wiederherstellen wollen, die von Oswald beschmutzt worden sei. Später wurde bekannt, dass Rubys erster Anwalt ihm zu der Geschichte mit der Präsidentenwitwe und der »Ehre der Stadt« als Verteidigungsstrategie und Motivation geraten habe. Ruby arbeitete in der Zeit vor dem Attentat mit dem Waffenschmuggler und Söldner Thomas Eli Davis zusammen, der auch öfter Aufträge für die CIA ausführte (es ging um Einsätze gegen Kuba beziehungsweise Castro). Am 14. März 1963 wurde Ruby wegen vorsätzlichen Mordes an Oswald zur Todesstrafe verurteilt. Allerdings legte er Berufung ein, und wartete die nächsten Jahre hinter Gittern auf die Wiederaufnahme seines Prozesses.

Für die Warren-Kommission waren sowohl Oswald als auch Ruby Einzeltäter, Anzeichen für eine wie auch immer angelegte Verschwörung seien nicht zu erkennen, wurde damals (wunschgemäß) befunden. 1965 erhielt Ruby Gelegenheit, bei einer Pressekonferenz zu sprechen. Er behauptete, die Hintergründe zum Geschehen in Dallas Ende November 1963 seien bis jetzt nicht ans Licht der Öffentlichkeit gelangt. Die Welt werde nie die wahren Motive erfahren. Es gebe Personen, die durch die Anschläge viele Vorteile erlangt hätten, und diese würden niemals zulassen, dass die Wahrheit zutage trete. Diese Personen würden hochrangige Positionen bekleiden. Zuletzt sagte er einem Gerichtspsychiater, es habe sich um einen Staatsstreich gehandelt, organisiert von höchsten Polit-, Militär- und Geheimdienstkreisen. Er sei reingelegt worden. Der Berufungsprozess wurde für Februar 1967 in Wichita Falls festgelegt. Im Dezember erhielt Ruby nach eigenen Angaben eine Spritze »gegen Erkältungen«, tatsächlich habe man ihm aber Krebszellen gespritzt. Am 9. Dezember 1966 wurde er erneut ins Parkland Memorial Krankenhaus eingeliefert, zunächst nur wegen einer Lungenentzündung. Bei einer weiteren Untersuchung wurde festgestellt, dass er Lungenkrebs hatte, der bereits in die Leber und ins Gehirn gestreut hatte. Drei Wochen später war er tot.

Die gängigste Theorie zu Rubys Rolle im Geschehen in Dallas besagt, dass der Auftrag, Kennedy umzubringen, von den Mafiabossen Carlos Marcello und Santo Trafficante kam, in Zusammenarbeit mit Gewerkschaftsboss Jimmy Hoffa. Alle drei waren kurz zuvor mit der Regierung beziehungsweise mit den Kennedys aneinandergerasselt, die Mafiabosse wegen aufgeflogenen Drogenschmuggelaktionen, der Gewerkschaftsboss wegen der Verbindungen der Transportarbeitergewerkschaft mit der Mafia und seiner eigenen Bestechlichkeit. In den Monaten vor dem Attentat habe Ruby auffallend viele Ferngespräche mit Zuträgern und Vertrauten dieser Bosse geführt. Ruby habe auch Kontakt zum Mafiaboss von Chicago, Sam Giancana gehabt. Auch die beiden Mafia-Bosse der Rotlichtszene von Dallas, Sam und Joe Campisi, waren Ruby wohlvertraut. Die Campisis wiederum gehörten zur Truppe des Mafiabosses Carlos Marcello. Am Tag vor dem Anschlag auf Kennedy war Ruby in Joe Campisis Restaurant gesehen worden. Nach dem Mord an Oswald und seiner Verhaftung bat Ruby die Campisis, ihm bei der Organisation seiner Verteidigung behilflich zu sein. Joe Campisi besuchte Ruby sogar kurz nach seiner Verhaftung in seiner Zelle. Einer der Kernfiguren der Warren-Kommission, der Assistenzstaatsanwalt Howard P. Willens gehörte ebenfalls zu den Personen mit Kontakten ins Mafiamilieu, war er doch im Haus seiner Eltern als direkter Nachbar von Mafiaboss Tony Accardo aufgewachsen. Accardo wiederum hatte Ruby 1946 damit beauftragt, in Dallas neue mafiöse Strukturen (Nachtclubs, Bars, Restaurants etc.) aufzubauen. Ruby habe auch Gewehre und Munition von Galveston (Texas) aus nach Kuba geschmuggelt – zunächst für Castro Guerillas, und nach deren Sieg für ihre Gegner. Ruby habe auch illegale Waffentransporte nach Kuba per Flugzeug organisiert.

Ruby wurde neben seinen Eltern auf dem Westlawn Cemetery in Norridge, Illinois (nahe Chicago) beigesetzt. Kleidungsstücke, die er während des Mordes an Oswald trug (sein Hut, sein Anzug, seine Schuhe) wurden im *Historic Auto Attractions Museum* in Roscoe, Illinois ausgestellt. Ruby und Oswald sind naturgemäß zentrale Bestandteile der unzähligen Verschwörungstheorien rund um den Anschlag auf Kennedy. Hatte die Warren-Kommission noch nonchalant auf Einzeltäterschaft für Oswald und Ruby befunden, so kamen in den Monaten, Jahren und Jahrzehnten nach dem Anschlag eine stetig steigende Zahl an Verschwörungstheorien in Umlauf, die teilweise eigene akademische Forschungsrichtungen begründeten, aber auch eine Vielzahl privater Vereinigungen und esoterisch angehauchter Zirkel. Insgesamt wurden bisher 43 Gruppierungen, 89 bekannte Verbrecher und 217 sonstige Personen in den unterschiedlichen Verschwörungstheorie der Täterschaft beschuldigt. Schon allein die Tatsache, dass Oswald weniger als 48 Stunden nach dem Mord an Kennedy nun selbst – und das vor laufenden Fernsehkameras – erschossen wurde, rief umgehend die ersten Verdachtsmomente hervor, dass es sich bei Oswald nicht um den durchgeknallten Einzelgänger gehandelt habe. Denn warum sollte er dann auf diese brutale, öffentliche Art und Weise so kurz nach dem Präsidentenmord für immer zum Schweigen gebracht werden? Mitte Dezember 1963 erschien der erste größere Zeitungsartikel zum Thema Verschwörung, im Mai 1964 das erste Buch, das sich mit angeblichen Hintermännern beider Anschläge befasste.

Offiziell wurde die Einzeltäterthese ein erstes Mal durch den 1969 in New Orleans stattfindenden Prozess gegen Clay Shaw erschüttert, in dessen Verlauf Staatsanwalt Jim Garrison nachweisen wollte, dass es sich bei dem Anschlag auf Kennedy und der Ermordung von Oswald um eine Verschwörung gehandelt habe. Doch die Anklage brach in sich zusammen, Angeklagte und Zeugen starben vorzeitig. 1979 kam das *House Select Committee on Assassinations* (HSCA) zu dem Schluss, dass eine Verschwörung nicht auszuschließen sei, da es laut Tonbandaufzeichnungen einen vierten Schuss gegeben habe (was später wissenschaftlich bestritten wurde). Mittlerweile gilt das Geschehen rund um den Mordanschlag auf Kennedy als die »Mutter aller Verschwörungen«. Die beiden Lager – Einzeltäterthesen-Anhänger auf der einen, Verschwörungstheoretiker auf der anderen Seite – beharken sich erbittert. Anhänger der Verschwörungsthese versuchen seit nunmehr über fünf Jahrzehnten Anhaltspunkte dafür zusammenzutragen, dass die offizielle Darstellung vom Ablauf und den Hintergründen des Geschehens (Warren-Kommission) nicht der Wahrheit entspricht. Es gebe Unstimmigkeiten, die Ermittlungen seien schlampig geführt worden, Beweisstücke seien verschwunden, Befunde seien auf der Grundlage unvollständiger Würdigung aller Sachverhalte vorgenommen worden und so weiter. Beispielsweise sei die Zeugin Jean Hill, die dem Präsidentenfahrzeug auf dem Gras der Verkehrsinsel in der Mitte der Dealey Plaza am nächsten stand, als der tödliche Schuss fiel, von den Untersuchungsbeamten der Warren Kommission gedemütigt, unglaubwürdig gemacht und eingeschüchtert worden – nur weil sie darauf bestand, dass sie einen Mann unmittelbar nach dem letzten Schuss vom Schulbuchlager Richtung Grassy Knoll habe laufen sehen. Zudem habe sie Todesdrohungen erhalten. Zahlreiche weitere Zeugen haben ähnliches berichtet, wenn sie Sachverhalte zu Protokoll gaben, die nicht zur Einzeltätethese passten.

Der Verschwörungstheoretiker Jim Marrs veröffentlichte eine Liste mit 103 Namen von Zeugen, die angeblich im Zuge der Ermittlungen zum Kennedyattentat aus heiterem Himmel zu Tode kamen. Er geht davon aus, dass diese Menschen aus dem Weg geräumt wurden, um die Hintergründe der Verschwörung zu tarnen. Einer der prominenteste Fälle war die Journalistin Dorothy Kilgallen, die im Alter von 52 Jahren starb, kurz nachdem sie einen lange verhandelten Interviewtermin mit Jack Ruby (vor seinem Tod) erhalten hatte. Zwei Tage später starb eine ihrer engsten Freundinnen, Florence Pritchett Smith, Langzeitgeliebte von Kennedy, überraschend im Alter von 45 Jahren. Aber auch Mafiosi wie Sam Giancana, John Roselli, Carlos Prio, Jimmy Hoffa, Charles Nicoletti, Leo Moceri, Richard Cain, Salvatore Granello und Dave Yaras wurden offenbar umgebracht, möglicherweise, um sie daran zu hindern, ihr Wissen um die Kennedyverschwörung einzusetzen. Aus dem Kreise der unmittelbar mit dem Attentat verbundenen Zeitgenossen fiel das vorzeitige Ableben von Lee Bowers, Gary Underhill, William Sullivan, David Ferrie, Clay Shaw und George de Mohrenschildt auf. Neben Oswald-Mörder Jack Ruby kamen auch vier seiner Showgirls unter merkwürdigen Umständen ums Leben. So der Tod von Stripperin Rose Cheramie. Zwei Tage vor dem Anschlag auf Kennedy, am 20. November 1963 wurde sie nach einem Unfall (ein Wagen hatte sie angefahren) ins Krankenhaus von Eunice (Louisiana) eingeliefert. Gegenüber den Ärzten sagte Cheramie, dass sie eigentlich aus Florida stamme. Zwei italienisch aussehende Männer hätten sie bis Eunice mitgenommen und ihr gesagt, sie müssten nach Dallas, um Geld einzutreiben und Kennedy abzuknallen. Cheramie wurde im Krankenhaus zusätzlich zu ihren Verletzungen auch wegen einer Überdosis Alkohol und Heroin behandelt. Cheramie sagte später noch aus, dass sie selbst für Jack Ruby als Stripperin gearbeitet habe. Die Polizei ging ihren Aussagen nicht weiter nach. Cheramie wurde knapp zwei Jahre später tot in der Nähe eines Highways bei Big Sandy (Texas) aufgefunden – ein Lkw hatte sie überfahren.

Ungewöhnlich war auch die Todesart von Joseph Milteer, einem örtlichen Anführer des KuKluxKlan in Georgia. Milteer war seinerzeit vom FBI abgehört worden und hatte dreizehn Tage vor dem Kennedy-Attentat am Telefon gesagt, die Vorbereitungen für den Mord an Kennedy seien so gut wie abgeschlossen. Milteer starb einige Jahre später, als der Heizofen in seinem Haus mitten im Sommer explodierte. Merkwürdigerweise wurde auf seine Aussage hin 1963 die Sicherheitsmaßnahmen für Kennedys Besuch in Miami (einige Tage vor Dallas) drastisch verstärkt, die für Dallas aber unverändert (niedrig) gelassen. Zu den

Vorwürfen, die man der Warren-Kommission machte, gehörte auch, dass sie wichtige Zeugenaussagen unberücksichtigt gelassen und nicht in den offiziellen Dokumentenbestand aufgenommen habe. So etwa fast alle Aussagen, denen zufolge Pulverdampf über dem Holzlattenzaun auf dem Grassy Knoll im Augenblick der Schüsse zu sehen gewesen war und der typische Pulvergeruch dort zu riechen gewesen sei. Auch Augenzeugen, die am Tag des Attentats auf der Eisenbahnunterführung am westlichen Ende der Dealey Plaza standen, mit direkter Sicht auf Kennedys Fahrzeug zum Zeitpunkt des Attentats, und die ausgesagt hatten, jemand habe vom Grassy Knoll aus geschossen, wurden nicht vernommen. Auffällig ist auch die Zahl der Zeugen, denen die Polizei und/oder das FBI die auf der Dealey Plaza gemachten Foto- und Filmaufnahmen abnahm, ohne sie jemals wieder zurückzugeben. So etwa im Fall von Gordon Arnold und Beverly Oliver (der angeblichen »Babuschka-Lady«).

Viele der Dokumente, die im Bericht der Warren Kommission, des HSCA und des Church Komitees erwähnt wurden, sind nach wie vor als geheim eingestuft und nicht zugänglich. Zudem wurden veröffentlichte Dokumente vor der Freigabe stark bearbeitet, Namen und Daten entfernt. Die CIA hat ganz offiziell zugegeben, dass sie in ihrem Archiv noch über tausend Dokumente mit Bezug auf die Ermordung Kennedys hat (mit insgesamt 2.000 Seiten), die aus Gründen der nationalen Sicherheit auf absehbare Zeit nicht veröffentlicht werden. Zu den Beweismitteln, die manipuliert oder auf sonstige Art verändert worden sein sollen, gehört das auf einer Trage (also auf wundersame Weise) des Parkland Memorial Hospitals gefundene Projektil, das für die Wunden von Kennedy und Connally im Rahmen der »Wunderkugel-Theorie« verantwortlich sein soll, aber entgegen den Erwartungen, die man an ein solcherart besonderes Projektil mit »Geschichte« hat, nahezu fabrikneu aussieht und keinerlei sichtbare Abnutzungsspuren aufwies. Gleiches gilt für weitere Projektilfragmente, die (erhaltene) Frontscheibe des Präsidentencabriolets, die Papiertüte, in der Oswald angeblich sein Gewehr versteckte, die »Hinterhof-Fotos« von Oswald mit Gewehr, Revolver und zwei Kommunistenblättchen, der Zapruder-Film, die Fotografien und Röntgenaufnahmen von Kennedys Autopsie und schließlich Kennedys Leichnam selbst.

Speziell der Zapruder-Film gilt mittlerweile vielen Beobachtern als hochklassige Fälschung, diese nennen ihn den größten Betrug des 20. Jahrhunderts. Angeblich sei der Film in der Nacht nach dem Attentat ins *National Photographic Interpretation Center* der CIA gebracht worden. Die dort vorgenommenen Veränderungen am Film würden die Anomalien des Zapruder-Films erklären, etwa Sprünge im Bewegungsablauf oder Schärfenänderungen in bestimmten Einzelbildern. Ähnliche Vorwürfe richten sich auch gegen die Art und Weise, wie mit dem Leichnam des Präsidenten umgegangen worden sei, auf dem Weg vom Parkland Memorial Hospital bis zu dem mit Waffengewalt vom Secret Service (unter Bruch texanischer Gesetze) erzwungenen Transport der Leiche ins Marinehospital Bethesda bei Washington, wo dann eine zweite, endgültige Autopsie vorgenommen wurde. Änderungen, die alle dazu dienten, die Einzeltäterthese und die These von den drei Schüssen zu stützen. Auch die ursprüngliche Aussage von zwei Beamten der Polizei von Dallas, es handle sich bei der Mordwaffe um einen Karabiner der Marke *Mauser* vom Kaliber 7,65 Millimeter, wird als Beleg herangezogen, dass dies die eigentliche Tatwaffe war (was von der Kadenz her auch besser passt, siehe oben), und nicht die später verkündete 6,5 Millimeter Mannlicher-Carcano Waffe. Die Polizisten gaben noch Jahre später an, sie hätten den Namen Mauser und das abweichende Kaliber an der seinerzeit im Schulbuchlager sichergestellten Waffe abgelesen (diese hätte demzufolge zu einem späteren Zeitpunkt gegen »Oswalds« Waffe ausgetauscht worden sein müssen). Auch in der ersten Pressekonferenz des Bezirksstaatsanwaltes Henry Wade spricht dieser noch – neben vielen anderen sachlichen Fehlern, die er hier macht – von einem Gewehr Marke Mauser. Falls zunächst tatsächlich eine Mauser-Waffe gefunden wurde, war diese vermutlich die Tatwaffe und wurde erst später gegen die Billigwaffe Marke Carcano ausgewechselt. Dann hätte man aber auch die Filmaufnahmen von der Auffindung des Tatgewehrs fälschen müssen, auf denen angeblich ganz klar der Carcano-Karabiner zu erkennen war.

Zur Einzeltäterthese gehört die korrespondierende These, dass es nicht mehr als drei Schüsse gab, die auf Kennedy abgefeuert wurden. Ein Schuss habe das Fahrzeug verfehlt, der nächste sei ein glatter Durchschuss von Kennedys Hals gewesen, der anschließend Gouverneur Connally traf, und der dritte sei dann der tödliche Schuss gewesen, der Kennedys Kopf traf und die verheerenden Verletzungen am Gehirn verursachte, wobei ein Teil des Schädeldaches durch die Wucht des Geschosseinschlags im Kopf förmlich weggesprengt wurde. Geschosspartikel verblieben im Körper des nach einigen Wochen wieder genesenen Connally. Als dieser 1993 starb, beantragten einige Wissenschaftler, die verbliebenen Geschossfragmente vor der Bestattung zu extrahieren. Ziel war es, festzustellen, welches Gesamtgewicht die Geschosssplitter ausmachen, um darüber Klärung herbeizuführen, ob sie alle von einer Patrone stammen können (Gesamtgewicht Splitter = Patronengewicht) oder ob das Gewicht der zusammengesammelten Splitter größer sei als eine Patrone der verwendeten Marke, was dann automatisch bewiesen hätte, dass mehr als drei Schüsse auf das Fahrzeug des Präsidenten abgefeuert worden sind. Da die Familie Connallys eine solche Obduktion der Leiche ablehnte, konnte die Frage nicht geklärt werden. Am Fundort der »Tatwaffe« (Mauser oder Carcano) wurden drei Patronenhülsen gefunden – was scheinbar eindeutig die These belegte, dass nur drei Schüsse abgegeben worden waren. Allerdings nur unter der Annahme, dass ausschließlich vom Schulbuchlager, und zwar von dessen fünften Stock aus geschossen worden war. Viele Forscher gingen und gehen davon aus, dass weitere Schützen von anderen Stellen auf der Dealey Plaza aus ebenfalls auf das Präsidentenfahrzeug feuerten. Die Augenzeugin Mary Moorman beharrte zeitlebens darauf, dass sie – in unmittelbarer Nähe gegenüber des Grassy Knoll stehend – vier Schüsse gehört habe. Auch Connallys Frau Nellie sagte aus, ihren Mann habe ein separater Schuss getroffen, nicht der Durchschuss, der Kennedys Hals durchschlagen hatte.

Der offizielle Untersuchungsbericht der Warren Kommission legte sich frühzeitig auf die Zahl von maximal drei Schüssen fest, die alle vom fünften Stock des Schulbuchlagers abgegeben worden seien. Die meisten abweichenden Darstellungen gehen davon aus, dass es weitere Schüsse gab, die vom »Grassy Knoll«, einem grasbewachsenen Hügel am Südrand des Platzes abgefeuert worden sein sollen. Der kleine Hügel, baumbestanden, war von einem Holzlattenzaun gegen den dahinterliegenden riesigen Parkplatz abgetrennt. Der Holzlattenzaun wurde von einigen Gebüschen überwuchert und von einigen hohen Bäumen beschattet, wäre also ein ideales Versteck für einen weiteren Schützen gewesen. Zudem gab es auf dem Hügel eine halbkreisförmige Pergola aus Stein, die ebenfalls Deckung für mögliche weitere Attentäter bot. Augenzeuge Lee Bowers saß auf einem Beobachtungsturm der Eisenbahngesellschaft, von dem aus das angrenzende Güterbahnhofsgelände, aber auch der Parkplatz überblickt werden konnte. Er arbeitete als Zugkoordinator, und sagte aus, dass er zwei Männer gesehen habe, die sich auf der Parkplatzseite hinter dem Holzlattenzaun versteckt hätten, und durch ihn hindurch die Dealey Plaza beobachtet hätten.

Nach dem Anschlag habe einer der Männer weiter das Geschehen auf der Plaza beobachtet, während der andere sich im Gebüsch davongeschlichen habe. Als die Schüsse fielen, habe er aus Richtung des Grassy Knoll einen Lichtblitz wahrgenommen oder eine Pulverdampfwolke aufsteigen sehen. Insgesamt habe er drei Schüsse gehört, die letzten beiden dicht nacheinander. Sie seien so dicht beieinander gewesen, dass es nicht derselbe Schütze sein konnte, der sie abfeuerte, da sie fast gleichzeitig waren. Bowers ergänzte später, er habe gesehen, wie einer der Männer auf dem Parkplatz so etwas wie ein Gewehr in den Kofferraum eines Autos warf. Auch ein weiterer Augenzeuge, der auf der gegenüberliegenden Platzseite (gegenüber des Grassy Knoll auf der Südseite des Platzes) auf dem Dach eines Gebäudes zu tun hatte, sagte, er habe aufgrund der Schüsse zum Grassy Knoll geschaut und gesehen, wie Schüsse vom Holzlattenzaun aus abgegeben wurden. Einige Verschwörungstheoretiker gehen davon aus, dass mindestens ein weiterer Schütze vom Dal-Tex Building, neben dem Schulbuchlager, aus auf den Präsidenten schoss. Auf Fotos der Präsidentenlimousine, die nach dem Anschlag entstanden, wollten Beobachter ein Einschussloch (von vorne) oberhalb des Rückspiegels entdeckt haben sowie einen Sprung daneben. Auf Nachfrage sagten FBI-Beamte, dieser Schaden sei bereits zuvor entstanden. Repariert wurde die Präsidentenlimousine nach dem Anschlag in der Ford Rouge Plant in Detroit. Arbeiter beschrieben, dass die Frontscheibe einen frontalen Durchschuss (also vom Grassy Knoll oder der Unterführung aus) aufgewiesen habe. Die Scheibe wurde entfernt, eine neue eingebaut, und die beschädigte angeblich vernichtet. Andererseits steht im Verzeichnis der Archivalien des National Archives, dass dort die Originalfrontscheibe aufbewahrt werde – eine Frage, die Fachleute klären müssten.

Die zahlreichen Film- und Fotoaufnahmen des Geschehens auf dem Platz werden sowohl von Befürwortern wie von Gegnern der Einzeltätertheorie für ihre Zwecke interpretiert. Im Fokus steht dabei der Bewegungsablauf, wie der Körper des Präsidenten auf die beiden ihn offiziell treffenden Schüsse reagiert. Besonders der tödliche letzte Schuss, der den Schädel zum Platzen brachte, ist umstritten. Da Kopf und Körper sich nach dem Einschlag nach hinten (in Richtung Fahrzeugheck) und nach links (in Fahrtrichtung) bewegen, sehen sich hier die Vertreter der These bestätigt, dass dies nur durch einen Schuss von rechts vorne, vom Grassy Knoll aus verursacht worden sein könnte. Damit wäre die Einzeltäterthese endgültig vom Tisch, will man nicht davon ausgehen, dass alle Schüsse von einem einzelnen Täter vom Grassy Knoll aus abgegeben wurde (diese These wurde soweit erkennbar bisher noch nicht geäußert). Ballistikexperten wiesen allerdings darauf hin, dass die Gesetzmäßigkeit, mit der sich flüssigkeitsgefüllte Hohlkörper (wie beispielsweise ein Kopf) beim Aufschlag einer Gewehrkugel verhalten, dem widerspricht. Diese Gesetzmäßigkeit besagt, dass die Flüssigkeit (also in diesem Fall Kennedys Gehirn) im Inneren des Hohlkörpers von der Bewegungsenergie des von hinten auftreffenden Geschosses nach vorne und nach außen beschleunigt wird. Damit lassen sich zwei Dinge erklären. Es wäre dann der plötzlich entstehende Überdruck im Inneren des Schädels gewesen, der dafür ursächlich war, dass ein Teil des Schädeldachs weggesprengt und Gehirnmasse herausgeschleudert wurde. Andererseits wäre demzufolge durch die vordere Austrittswunde Flüssigkeit (Gehirnmasse) in Richtung der Geschossbahn (nach vorn, in Fahrtrichtung) beschleunigt worden, gleich einer Fontäne, einem Düsenausstoß, was die »träge Masse« des umgebenden Schädelknochens zu einer Bewegung in die entgegengesetzte Richtung gebracht habe, nach hinten, Richtung Fahrzeugheck, wie im Fall des Zapruder-Films in aller Deutlichkeit erkennbar. Allerdings – auch das war bereits geäußert worden – spricht die heftige Bewegung des Präsidentenkopfes samt der Absprengung des Schädeldachs gegen die Verwendung eines »lahmen« Carcano-Karabiners (mit einer Geschossgeschwindigkeit V_0 von etwa 700 Metern pro Sekunde), sondern eher für ein Hochgeschwindigkeitsgewehr, wie es heute etwa das Steyr Mannlicher IWS 2000 darstellt (mit einer Geschossgeschwindigkeit V_0 von 1.450 Metern pro Sekunde).

Auch die Autopsie des Präsidenten ergab Interpretationsschwierigkeiten, zumal einige der anwesenden Mediziner hinterher die veröffentlichten Autopsiefotos der Warren-Kommission als falsch bezeichneten, ihnen zufolge hatte der »echte Schädel« Kennedys am Hinterkopf eine Austrittswunde (was für einen Einschuss von vorne sprechen würde), während die veröffentlichten Fotos die seitliche Schädelwunde (rechts) belegen, mit einer Einschusswunde am Hinterschädel. Der größte Streit entwickelte sich allerdings um die Schießkünste des vermeintlichen Attentäters Oswald. Dabei wurde zunächst der Mannlicher-Carcano-Karabiner verschiedenen Schussversuchen unterzogen, um herauszufinden, ob man mit diesem unter den gegebenen Bedingungen vom obersten Stockwerk des Schulbuchlagers tatsächlich die drei Schüsse auf das Prä-

sidentenfahrzeug abgeben konnte. Ein erfahrener Scharfschütze der US-Army konnte dabei im Zeitraum von
5,6 Sekunden tatsächlich drei Schüsse abgeben. Insgesamt
wurden 47 Schüsse aus der vermeintlichen Tatwaffe abgegeben, und diese dabei als recht zuverlässig beurteilt.

Die Rolle von Oswald selbst im Tatablauf wird von den
meisten nichtoffiziellen Beobachtern mit der von ihm
selbst formulierten Funktion als Sündenbock interpretiert.
Speziell sein Undercover-Einsatz in der Sowjetunion samt
straffreier Rückkehr in die USA und Erhalt eines Wieder-
einbürgerungsdarlehens von 500 Dollar, haben immer
wieder Vermutungen angeheizt, Oswald könne selbst direkt für die CIA gearbeitet haben, oder sei von der CIA als
»Quelle«, als V-Mann, als Spitzel, Lockvogel und freier
Mitarbeiter beschäftigt worden. Immerhin gab es seit seiner »Emigration« in die Sowjetunion 1959 eine »201-
Akte« in der Abteilung Gegenspionage der CIA, die in der
Regel nur für solche Agenten beziehungsweise freie Mitarbeiter angelegt wurde, die aus den unterschiedlichsten
Gründen erhöhter Aufmerksamkeit bedurften. Zwei ehemalige Mitarbeiter der CIA-Niederlassung in Tokio gaben
1978 zu Protokoll, dass es im dortigen CIA-Außenposten
ein offenes Geheimnis war, dass der junge Marine Oswald
für die CIA arbeitete. Auch sein damaliger Zimmergenos-
se aus der US-Kaserne in Atsugi bestätigte, dass für Oswalds Bekannte in Tokio – obwohl Oswald befehlsgemäß
nie darüber gesprochen habe – ganz unzweifelhaft klar
gewesen sei, dass er zu einem Einsatz in die Sowjetunion
abkommandiert wurde.

Oswalds Verbindungen zur CIA sind heute unter Historikern nicht länger umstritten. Zu groß ist die Zahl an
Indizien, zu massiv die Motivations- und Intentionsüber-
einstimmung zwischen dem Privatmann Oswald und der
damaligen CIA-Führung. Die Frage, wer ihm vom festan-

gestellten CIA-Personal beim Anschlag in Dallas assistiert haben könnte, führte zu einer im Lauf der Zeit auf 26 Personen angewachsenen Liste von Agents, die ebenfalls als Schützen auf der Dealey Plaza in Frage kämen. Zu ihnen gehören auch der Vater von Schauspieler Woody Harrelson, Charles Harrelson (ein Auftragskiller mit Verbindungen zur CIA), Howard Hunt und Frank Sturgis (beide hauptamtliche CIA-Agenten). Speziell Howard Hunt sorgte später noch für einige Aufregung, etwa als der sowjetische Überläufer Wassili Mitrochin behauptete, der KGB habe die ganzen Geschichte um Hunt u.w. in die Welt gesetzt, um die CIA zu diskreditieren. Hunt selber verklagte eine kleine Zeitschrift, die über seine angebliche Mitwirkung am Attentat berichtet hatte, auf enorm hohen Schadenersatz, der das aus für die Zeitung bedeutet hätte. Allerdings gewann diese den Berufungsprozess und behielt somit recht. Hunt hat dann angeblich auf dem Sterbebett ein umfassendes Geständnis über seine zentrale Rolle bei der Vorbereitung und Durchführung des Kennedyattentats verfasst, die zwei seiner Söhne veröffentlichten. Nun geschah allerdings etwas Merkwürdiges (wie so oft bei dieser Berufsgruppe): Die übrigen Kinder Hunts und seine Witwe widersprachen dieser Darstellung aufs Energischste und gaben an, Hunt habe an Alzheimer gelitten und sei zum Zeitpunkt der Aufnahme schon nicht mehr zurechnungsfähig gewesen.

Auch der angeblich von Oswald 45 Minuten nach dem Kennedyattentat erschossene Streifenpolizist JD Tippit steht im Zentrum verschiedener Verschwörungstheorien. Einmal soll er CIA-Mitarbeiter gewesen, dessen Aufgabe es war, aufmüpfige Mitarbeiter für immer zum Schweigen zu bringen (Oswald wäre ihm aus dieser Sicht einfach zuvor gekommen). Oder Tippit sei sogar aktives Mitglied der Verschwörung gewesen und habe selbst vom Grassy Knoll aus auf Kennedy geschossen, nur um wenige Minuten später (der wegrennende Mann!) wieder mit dem Streifenwagen auf seiner Stammstrecke in seinem Stammviertel unterwegs zu sein. Für andere Verschwörungstheoretiker wurde Tippit nicht von Oswald, sondern von zwei bislang Unbekannten erschossen, deren Aufgabe es offenbar war, den »Sündenbock« Oswald als krankhaften Polizistenkiller dastehen zu lassen. Einige sehen Tippit als im rechten Sumpf verankert, und mit Verbindungen zur Mafia. Oswald habe dieser Theorie zufolge während der Schüsse auf Tippit bereits im Kino »Texas Theatre« gesessen, und auf seinen CIA-Kontaktmann gewartet (der dann nicht kam, sondern die Polizei schickte, um den ab sofort als »Kennedy-Mörder« geltenden Oswald zu verhaften), anders sei angesichts der kurzen Zeitspanne zwischen der Ermordung Tippits und der Verhaftung Oswalds im Kino nicht zu erklären, wie Oswald vom Tippit-Tatort rechtzeitig ins Kino habe kommen können. Oswald wollte seinen CIA-Kontaktmann treffen, damit der ihn »ausschleuse«, also aus dem ganzen Trubel heraushole, wie vermutlicherweise vorab so besprochen (Oswald habe die Tatwaffe auftragsgemäß auf dem fünften Stock des Schulbuchlagers hinterlegt, damit seinen Part erledigt, und mit der eigentlichen Ermordung Kennedys überhaupt nichts zu tun gehabt). Er habe also einige der im Kino sitzenden Männer mit dem verabredeten Codewort angesprochen, aber keine Antwort bekommen (weil der Kontaktmann gar nicht im Kino war). Ab diesem Augenblick sei Oswald klar gewesen, dass er reingelegt worden sei, dass er von nun als Sündenbock, als Bauernopfer für die wahren Täter herhalten sollte.

Noch ein anderer Gesichtspunkt im Geschehen rund um das Attentat verdient Aufmerksamkeit. Am Morgen des Attentatstages, dem 22. November 1963, erschien in der Lokalzeitung *Dallas Morning News eine ganzseitige*

Anzeige, die vom »American Fact-Finding Committee«
unterschrieben war beziehungsweise von dessen »Vorsitzenden« Bernard Weissman, und in der Kennedy umfassendes politisches Versagen vorgeworfen worden war. Bei
den polizeilichen Ermittlungen, die auch die Hintergründe dieser Anzeige betrafen, wurde befunden, dass es ein
solches Komitee gar nicht gab, dass die vier Männer hinter
der Anzeige keinerlei Verbindung zu Oswald oder Ruby
aufwiesen. Allerdings stellte sich später heraus, dass
Weissman und seine Kumpels zum rechtsextremen Umfeld von General Walker gehörten, auf den Oswald bekanntlich das »erste Attentat« verübte, rund ein halbes
Jahr vor dem Anschlag auf Kennedy (siehe oben). Weissman kam auf Einladung seines Kumpels Schmidt, dessen
Bruder als Fahrer von Walker arbeitete, Anfang November, also rund drei Wochen vor dem Attentat, nach Dallas
(er wohnte eigentlich bei seinen Eltern in New York). Sie
beschlossen auf Anregung der rechten John Birch Society,
die Kennedy verhöhnende Anzeige am Tag des Kenne-
dy-Besuchs in Dallas zu platzieren. Die Kosten von rund
1.500 Dollar für die ganzseitige Anzeige steuerte angeblich
die Birch-Society bei. Angeblich versuchte Ruby direkt
nach der Ermordung Oswalds erfolglos, Weissman telefonisch zu erreichen. Unmittelbar nach dem Anschlag auf
Oswald vermittelte Rubys damaliger Geliebter George
Cantor drei Journalisten, Rubys Wohnung zu besichtigen.
Allerdings erschien nie ein Bericht, was die drei dort vor-
fanden. Alle drei kamen jedoch bald darauf unter merkwürdigen Umständen ums Leben. Einer wurde von einem
Polizisten »aus Versehen« im April 1964 erschossen, der
zweite wurde im September 1964 von einem Einbrecher
totgeschlagen, und der dritte starb Anfang 1965 mit
48 Jahren an einem »Herzinfarkt«. Zudem gibt es Gerüchte, dass sich Weismann acht Tage vor dem Attentat mit

Ruby und Tippit in Rubys »Carousel Club« getroffen habe. Gemäß derselben Quelle sollen sich auch Oswald und Ruby im Vorfeld des Attentats getroffen haben.

Auch der Mord an Tippit steckt voller Merkwürdigkeiten. Die Augenzeugen sahen einen Mann mit einem Revolver in der Hand fliehen – wie sollten dann die Patronenhülsen am Tatort liegen bleiben, wenn sie eigentlich im Revolver steckten, den der Flüchtende bei sich hatte? Die Patronenhülsen waren von zwei verschiedenen Herstellermarken (auch schon etwas merkwürdig), die im Körper von Tippits Leichnam gefundenen aber von drei verschiedenen. Zudem sei eine Jacke aus Oswalds Besitz auf dem Fluchtweg des mutmaßlichen Mörders gefunden worden. Oswald hatte bei seiner Verhaftung aber seine Jacke an, wie die vor dem Kino aufgenommenen Fotos belegen. Der Mord an ihrem Kollegen machte die Polizisten in Dallas natürlich wütend, und erhöhten die Chancen, dass diese ihn selbst erschossen, was weitere Unternehmungen, um Oswald zum Schweigen zu bringen, erübrigt hätte. Auch die Beschreibung des Tippit-Mörders durch die Augenzeugen passt nicht wirklich zum echten Oswald. In den letzten Jahren zirkulierte eine Geschichte, dass der Mord an Tippit überhaupt nichts mit Oswald zu tun hatte – Tippit habe seinerzeit die Frau eines Kollegen geschwängert und dann sitzengelassen, daher sei es zum Schusswechsel zwischen dem gehörnten Ehemann und Tippit gekommen, und das Ganze dann Oswald in die Schuhe geschoben worden, weil es sich so schön anbot.

Das auf der Dealey-Plaza versammelte Publikum verhielt sich zum größten Teil normal, es stand da und schaute zu, wie der Autotross vorbefuhr. Doch einige der Anwesenden wichen in ihrem Verhalten davon deutlich ab. Und während die meisten ZuschauerInnen vom FBI namentlich ermittelt werden konnten (wenn sie auch merkwürdigerweise nicht alle befragt wurden), so wurden gerade die auffälligen Gestalten, die auf vielen Foto- und Filmaufnahmen zu sehen sind, und wegen ihres merkwürdigen Verhaltens Fragen aufwerfen, nie identifiziert geschweige denn offiziell befragt. So zum Beispiel der »Regenschirm-Mann«. Er stand zusammen mit einem dunkelhäutigen Mann im weißen Pullover etwas unterhalb von Zapruder auf der nördlichen Platzseite (am Fuß des Grassy Knoll) neben dem großen Verkehrszeichen direkt am Straßenrand. Obwohl die Sonne schien, hielt er einen geöffneten schwarzen Regenschirm über seinen Kopf, während die Präsidentenlimousine unmittelbar vor ihm vorbeifuhr. Hierzu gibt es verschiedene Thesen. Eine besagt, dass es sich um einen Gehilfen der Scharfschützenteams innerhalb und außerhalb des Schulbuchlagers handelte. Demzufolge hätten die Schützen ihre Gewehre und Zielvorrichtungen auf das Verkehrszeichen kalibriert (von der Schussdistanz her), und auf das Signal des »Regenschirm-Manns« (erhobener aufgespannter Regenschirm), dass die Präsidentenlimousine auf Höhe des Verkehrszeichens ist, geschossen, und nach den ersten Fehlschüssen (weiter erhobener aufgespannter Regenschirm) nochmals geschossen.

Nach dem »erfolgreichen« Kopfschuss habe der Regenschirm-Mann dann den Schirm zusammengefaltet, für die Attentäter das Signal, dass die Mission erfolgreich war und sie sich jetzt zurückziehen könnten. Eine andere These besagt, bei dem Regenschirm habe es sich um eine Waffe gehandelt, von der aus Betäubungspfeile abgefeuert werden konnten. Der Regenschirm-Mann habe den Schirm hoch über den Kopf halten müssen, um die im Schirmdach innen untergebracht Zielvorrichtung zu sehen, und den Schirm entsprechend ausrichten zu können. Er habe dann, als der Präsident direkt vor ihm vorbeifuhr, auf diesen Betäubungspfeile abgeschossen, von denen einer den Präsidenten traf und in seinen Bewegungen einschränkte, so dass der Gewehrattentäter ihn »bequem« in den Kopf treffen konnte. Nachgewiesen ist, dass zu diesem Zeitpunkt die CIA über solche Abschussvorrichtungen in Regenschirmen verfügte. In den siebziger Jahren meldete sich dann ein Mann namens Louis Steven Witte bei Presse und Behörden, und gab an der »Regenschirm-Mann« gewesen zu sein. Er habe mit dem Attentat nichts zu tun (wies auch einen »harmlosen« schwarzen Regenschirm vor auf Befragung), sondern habe mit dem Regenschirm gegen die »Appeasement-Politik« Kennedys gegenüber Kuba und den andere kommunistischen Staaten protestieren wollen, in dem er an den Regenschirm erinnerte, den Neville Chamberlain während der Münchner Verhandlungen über die von Hitler verlangte Aufteilung der Tschechoslowakei dabei hatte. Das ist sehr weit hergeholt, zu weit, für die meisten misstrauischen Beobachter, die diese Geschichte ins Reich der Märchen verwiesen. Neben dem Regenschirm-Mann ist auf vielen Fotos ein dunkelhäutiger Mann im weißen Pullover zu sehen, der die ganze Zeit beim Regenschirm-Mann blieb, und nach dem erfolgreichen letzten Schuss mit diesem zusammen Richtung Grassy Knoll beziehungsweise Parkplatz verschwand. Dabei ist auf einem Foto zu sehen, wie er etwas hinten in den Gürtel seiner Hose steckt und dann seinen Pullover darüber zieht, was von einigen Attentatsforschern als Funkgerät bezeichnet wird, mit dem er dem Schützenteam Anweisungen gegeben habe während der Schüsse. Eine weitere Vermutung gilt dem »Polizisten«, einem Mann in Polizeiuniform, der hinter dem Holzlattenzaun auf dem Grassy Knoll gestanden, und ebenfalls auf Kennedy geschossen haben soll. Bei der Polizeiuniform habe es sich demzufolge dann entweder um eine Tarnung gehandelt, oder um den Beweis für eine Verwicklung der Polizei von Dallas ins Attentatsgeschehen.

Die Frage, welche Organisation, oder welcher Plan genau hinter einer möglichen Verschwörung gesteckt haben könnte, beschäftigt die Attentatsforscher ebenfalls schon lange Zeit. Zur langen Liste möglicher Auftraggeber beziehungsweise Initiatoren gehören die CIA, der militärisch-industrielle Komplex an sich, das organisierte Verbrechen, die Regierung Kubas beziehungsweise Exilkubaner sowie von US-Seite Kennedys Nachfolger Lyndon B. Johnson, George H. W. Bush, J. Edgar Hoover vom FBI, Earl Warren, das FBI an sich, der mit dem Personenschutz beauftragte Secret Service, die John Birch Society und andere rechtsextreme Texaner, sowie natürlich der KGB, Nikita Chruschtschow, Aristoteles Onassis (der schon damals verrückt nach Jacky Kennedy gewesen sein soll), die Regierung Südvietnams, internationale Drogenkartelle beziehungsweise die »French Connection« im Speziellen sowie Mafiaboss Sam Giancana.

Dabei kam auch die Rolle des Privatdetektivs Guy Banister aus New Orleans zur Sprache. Einer seiner Mitarbeiter beschuldigte ihn, an der Verschwörung zur Ermordung Kennedys beteiligt gewesen zu sein. Ein weiterer Mitarbeiter Banisters, David Ferrie, kannte Oswald aus den Zeiten bei der Civil Air Patrol in New Orleans 1955, der Ferrie ebenfalls angehörte. Oswald mietete ja bekanntlich im Frühjahr 1963 ein Büro in New Orleans für die von ihm gegründete »Ortsgruppe« des Fair Play for Cuba-Komitees. Das Büro befand sich im selben Gebäude wie die Privatdetektei von Guy Banister (und hatte 1962 bereits Unterkunft für eine Anti-Castro-Bewegung namens Kubanischer Revolutionsrat gegeben). Guy Banister starb 1964 an einem »Herzschlag«. Im Umfeld von Banister betrieb dann Staatsanwalt Jim Garrison seine letztlich gescheiterten Bemühungen zur Aufklärung des Kennedymordes. Nach der Warren-Kommission war das HSCA die nächste Station der offiziellen Aufklärungsbemühungen, allerdings wurde dort ein weiteres Mal befunden, dass es keinen Beweis für eine Zusammenarbeit zwischen Oswald und der CIA gab. Einer der Rechercheure für das HSCA, Gaeton Fonzi, wies nach Abschluss der Arbeiten darauf hin, dass er und andere angehalten worden waren, nicht allzu intensiv nach CIA-Spuren in Oswalds Lebenslauf zu suchen. Speziell der CIA-Agentenführer David Atlee Phillips, der sich unter dem Pseudonym »Maurice Bishop« wiederholt in Dallas aufhielt vor dem Attentat, habe die Verbindung zwischen Oswald und den Anti-Castro-Gruppen hergestellt und überwacht.

1995 veröffentliche der ehemalige U.S. Army Nachrichtendienst-Offizier und National Security Agency-Vorstandsassistent John M. Newman Beweise für die Manipulation der Oswald-Akten aus den Beständen von CIA und FBI. Er fand heraus, dass beide Institutionen Informationen zu Oswald zu einem Zeitpunkt zurückhielten, als diese der Polizei von Dallas geholfen hätten, das Attentat möglicherweise zu verhindern. Für Newman war der Gegenspionage-Chef der CIA, der paranoide James Jesus Angleton die Schlüsselfigur des Attentats. Laut Newman hatte ausschließlich Angleton die Voraussetzungen, die Autorität, und das »diabolische Vorstellungsvermögen«, um diesen sorgfältig geplanten Anschlag zu organisieren. Zusätzlich zum eigentlichen Anschlag sei eine aufwendige Tarn-Operation der CIA durchgeführt worden, die von Allen Dulles (dem ehemaligen CIA Chef und späteren Mitglied der das Attentat untersuchenden Warren Kommission) geleitet worden sei, den Kennedy nach der von der CIA vorbereiteten, jedoch gescheiterten Kuba-Invasion in der Schweinebucht entlassen hatte.

Schon dem HSCA war aufgefallen, dass die Sicherheitsvorkehrungen des Secret Service in Dallas von denen in anderen Städten, die Kennedy zuvor besucht hatte, abwich. Sie waren deutlich schwächer. Präsident Kennedy sei in Dallas nicht ausreichend beschützt worden, zudem habe der Secret Service vorliegende Informationen über Bedrohungsszenarien nicht benutzt beziehungsweise nicht berücksichtigt, darüber hinaus sei die Autokolonne des Präsidenten in Dallas unzureichend gegen Scharfschützen geschützt gewesen. Der auf dem rechten Beifahrersitz der Präsidentenlimousine befindliche Secret Service Agent Roy Kellerman habe während des Attentats nichts unternommen, um den Präsidenten mit seinem Körper zu schützen, obwohl dies zu den Kernaufgaben und Vorgehensweisen des Secret Service gehörte. Zwar habe Kennedy selbst darum gebeten, die zusätzlichen Secret Service-Agenten von seiner Präsidentenlimousine abzuziehen, damit das Publikum ihn besser sehen könne, dies wird jedoch von einigen Agenten, die für Kennedy zuständig waren, bestritten. Auch der Fahrer der Präsidentenlimousine, Secret Service Agent Sam Kinney habe ausgesagt, dass Kennedy dies nicht verlangt habe. Abraham Bolden, der erste Afroamerikaner im Secret Service, sagte später aus, er habe gehört, wie Kennedys Personenschützer damit geprahlt hätten, sie würden jemanden wie den »Schweinehund« Kennedy nicht gegen Attentate verteidigen. Zudem hat der Secret Service entgegen den geltenden Vorschriften 1995 die internen Berichte über die Kennedyreisen zwischen 24. September und 8. November 1963 vernichtet.

Eine weitere Gruppe, die ein Motiv gehabt haben könnte, Kennedy zu ermorden, waren natürlich die Exilkubaner, die nach dem Scheitern der von der CIA vorbereiteten Invasion in der Schweinebucht auf Kennedy wütend waren, der die angeforderte Luftunterstützung und Bombardierung Kubas verweigert hatte. Militante Exilkubaner hätten demzufolge das Attentat vorbereitet und durchgeführt. Dieselben Exilkubaner hätten eng mit dem CIA zusammengearbeitet im Hinblick auf geplante Attentate auf Fidel Castro, der aus dem Weg geschafft werden sollte, um die Insel wieder der kapitalistischen Welt zuzuführen. Kurz vor dem Attentat war ein Treffen von Exilkubanern vom FBI abgehört worden, in dem die Anführer erklärten, Kennedy gehöre umgebracht. Die deutsche Doppelagentin Marita Lorenz, zeitweilige Geliebte von Fidel Castro und des abgesetzten rechtsextremen Diktators von Venezuela, Marcos Perez Jimenez, gab an, sie habe von CIA-Agent Frank Sturgis Giftpillen erhalten, um Castro umzubringen. Zudem habe sie Oswald in einer im Herbst 1963 in einer Unterkunft in Miami getroffen, die von einer exilkubanischen Gruppe genutzt wurde, welche die CIA im Rahmen der Operation 40 führte. Sie habe in dem Zusammenhang auch Guillermo Novo kennengelernt, der eine Panzerfaust auf das UN-Gebäude abschoss, während Fidel Castro dort eine Rede hielt. Novo sei mit Oswald und Sturgis befreundet gewesen und habe die Waffen für das Attentat nach Dallas geschafft.

Eine weitere Gruppe, die ausreichende Motive gehabt hätte, auf Kennedy sauer zu sein, war die Mafia, speziell der Boss Carlos Marcello. Er hatte mit der CIA zusammengearbeitet, um verschiedene Attentatsversuche auf Castro vorzubereiten. Damals sei auch der Vertreter der Mafia von Chicago an der Westküste, Johnny Roselli von der CIA kontaktiert worden. Die CIA habe 150.000 Dollar für ein erfolgreiches Attentat auf Castro geboten. Roselli habe der CIA Kontakt zu Sam Giancana und Santo Trafficante Junior in Tampa (Florida) verschafft, zwei der einflussreichsten Mafiabosse im Kuba der Vor-Castro-Zeit. Die Mafia verlor durch Castro die extrem lukrativen Casinos auf Kuba sowie die Einnahmen aus dem Drogen-

und Menschenhandel und der Prostitution. Auch habe der Versuch Robert Kennedys, der Justizminister im Kabinett seines Bruders, die Mafia in ihrem Wirkungskreis zu beschneiden, die Mafia wütend gemacht. Und das, nachdem einige wichtige Mafiafamilien auf Bitten von Kennedys Vater diesem geholfen hatten, die Wahl 1960 zu gewinnen. Ein Beweis für die Beteiligung höchster Mafiakreise an der Ermordung Kennedys sei der Mord an Oswald durch Ruby gewesen, der bekanntermaßen zu den Leuten von Sam Giancana gehört habe, dem Mafiaboss von Chicago, wo Ruby bekanntlich aufgewachsen sei. Zudem gebe es Überschneidungen zwischen den Anti-Castro-Attentaten der CIA, der Mafia und der Exilkubaner. Und natürlich konnte auch nicht ausbleiben, dass selbst dem armen Fidel Castro noch die Schuld am Tod Kennedys gegeben wurde, wiewohl diese Anschuldigungen zu den unglaubwürdigsten im Umkreis des Anschlags gehören.

Auch die korsische Mafia gehört zu den Organisationen, denen man eine Mitwirkung an der Ermordung Kennedys nachsagt. Motivation sei auch hier die Störung ihrer Drogengeschäfte durch Kennedy gewesen. Damals sei eine hohe Summe auf Kennedys Kopf ausgesetzt worden, und einige der besten Leute der korsischen Mafia, darunter Meisterschütze Lucien Sarti und zwei weitere Korsen hätten den Auftrag übernommen. Und natürlich auch der Mann, der am direktesten vom Attentat profitierte: Kennedys Amtsnachfolger Lyndon B. Johnson. Ihm wurde schon früh nachgesagt, an der Organisation des Anschlags beteiligt gewesen zu sein. Grund sei in diesem Fall gewesen, dass Johnson Kennedy hasste, und fürchtete, dieser würde ihn bei der Wahl 1964 nicht mehr als Vizepräsidenten aufstellen. Angeblich gab es auch Briefe von Jack Ruby, die dieser aus dem Gefängnis schrieb, in denen der Johnson beschuldigte. Anderen Anschuldigungen zufolge habe Johnson als Vertreter der Dallas-Oligarchie und der örtlichen Ableger von CIA, FBI und Secret Service gehandelt. Denn am 19. November 1963 habe Kennedy in einer privaten Unterredung angekündigt, statt Johnson den Gouverneur von North Carolina, Terry Sanford, als Vizepräsidenten für die nächste Amtszeit zu nominieren. Zudem habe Johnson einige Skandale an der Backe gehabt, die er mit dem Mord an Kennedy alle loswerden konnte. Johnson sei sein alter Kumpel Edward Clark, ein Anwalt im texanischen Austin, behilflich gewesen. Ein weiterer »Freund« Johnsons, Malcolm Wallace, habe sogar Fingerabdrücke auf dem fünften Stock des Schulbuchlagers hinterlassen. Letztlich hätten die Ölmagnaten Murchison und Hunt für die Ermordung bezahlt. Johnson habe sich mit niedrigen Steuern auf Ölverarbeitungsgewinne revanchiert, die den Ölbossen 100 Millionen Dollar eingebracht hätten (heute über eine Milliarde Dollar). Auch eine angebliche Geliebte Johnsons, Madeleine Brown, sagte in diesem Sinne aus. FBI-Chef J. Edgar Hoover persönlich sei in der Nacht vor dem Attentat bei einem Fest von Murchison in Dallas gewesen. Johnson, der ebenfalls an der Party teilnahm, habe ihr versichert, das Kennedy-Problem sei so gut wie gelöst.

Und natürlich darf in diesem Zusammenhang auch eine dubiose Figur wie die »Journalistin« und »Buchautorin« Clare Boothe Luce, Lautsprecherin der CIA genannt, nicht fehlen. Die Ehefrau des einflussreichen Verlegers Henry Luce (Time-Life) förderte persönlich militante Anti-Castro-Gruppierungen im Exilkubaner-Milieu. Sie pöbelte hinterher herum, ihr hätten zuverlässige Quellen aus dem Exilkubaner-Lager versichert, dass Oswald ein Kommunist sei, ein Castro-Freund, der plötzlich zu viel Geld gekommen sei und der dann als Teil eines kubanischen Killerteams im Auftrag Castros auf Kennedy angesetzt worden sei – eine Geschichte, so haarsträubend falsch, dass selbst die westblockpropagandistische Westblockpresse nicht darauf ansprang, und nur vereinzelte Irrläufer daran nochmal anknüpften in dem verzweifelten Bemühen, eine Geschichte zu platzieren und sich ihr Stück vom lukrativen Medienkuchen zu sichern. Sowohl das Church-Komitee als auch das HSCA sahen sich außerstande, auch nur einen Bruchteil dieser Behauptungen zu verifizieren.

Es dauerte auch nicht lange, bis die Sowjetunion – der Hort alles Bösen – auch der Urheberschaft am Attentat auf Kennedy bezichtigt wurde. Obwohl natürlich nichts abwegiger sein konnte. Grund sei die sowjetische »Niederlage« in der Kuba-Krise gewesen – obwohl die Sowjetunion ja einen sehr vorteilhaften Deal ausgehandelt hatte, dass sich die USA nach dem Abzug der sowjetischen Raketen von der Karibikinsel im Gegenzug verpflichteten, ihre atomaren Mittelstreckenraketen aus der Türkei abzuziehen. Das FBI berichtete dagegen 1966 wahrheitsgemäß, dass die für die USA zuständigen Stellen im KGB davon ausgingen, dass es sich um eine Verschwörung der ultrarechten Szene in den USA gehandelt habe. Dagegen verstummten im Lauf der Jahre und Jahrzehnte Gerüchte nicht, dass offizielle Stellen den Leichnam Kennedys so manipuliert hätten, dass die These vom Einzeltäter, der von hinten schoss, passte. Dabei sei auf dem Rückflug von Dallas nach Washington Kennedys Leiche aus dem pompösen, von den Foto- und Filmaufnahmen bekannten Sarg herausgenommen und in eine unauffällige Kiste gepackt worden. Während vor laufenden Kameras der – leere – pompöse Sarg aus dem Flugzeug gehievt wurde, sei auf der Rückseite des Flugzeugs die Kiste mit dem Leichnam Kennedys zu einem Army Hospital gefahren worden, wo die entsprechenden »Wunden« an Kennedys Leiche chirurgisch hergestellt worden seien. Es steht jedoch fest, dass das Gehirn

Kennedys schon entfernt war, als die Leiche im Marine-Hostpital Bethesda ankam zur zweiten Obduktion, obwohl das in den Obduktionsberichten vom Parkland Memorial Hospital in Dallas nicht vermerkt worden war.

Vor allem in der arabischen Welt halten sich bis heute Gerüchte, dass es sich bei der Ermordung Kennedys um eine israelische Verschwörung handelte. Kennedy habe durch seinen Widerstand gegen die Entwicklung von Atombomben in Israel den alttestamentarischen Zorn der israelischen Regierung auf sich gezogen, und dass der Mörder im Auftrag der israelischen Geheimdienste gehandelt habe. Und nicht zuletzt gab es noch die These, dass Oswald in geistiger Umnachtung handelte aufgrund des langjährigen massenweisen Genusses von Coca-Cola. Norman Mailer bot in seinem Buch *Oswalds Geschichte* die Theorie auf, dass der zweite Schütze auf dem Grassy Knoll nicht notwendigerweise in Verbindung mit Oswald gestanden habe, sondern ganz eigenständig gehandelt haben könne, und dass es purer Zufall war, dass beide am selben Tag zur selben Uhrzeit am selben Ort ein Attentat auf den Präsidenten durchführten – was natürlich einigermaßen unwahrscheinlich ist. Dagegen wurde die These, dass mit Roscoe White ein Angehöriger der Polizei von Dallas (der Badge-Man am Grassy Knoll?) das Attentat auf Kennedy und den Mord an Tippit verübten, von der Öffentlichkeit nicht weiterverfolgt, obwohl Witwe und Sohn des Polizisten aussagten, ihr Vater habe ihnen das auf dem Sterbebett gestanden. Eine der merkwürdigsten Geschichten im Umfeld des Kennedy-Attentats handelt von dem US-Soldaten Eugene Dinkin, der als Decodierer einer geheimdienstlichen Einheit in Metz (Frankreich) stationiert war, der Anfang November 1963 desertierte, und einige Tage später in Genf bei der Pressestelle der Vereinten Nationen auftauchte, und erklärte, dass hochrangige Regierungsangehörige der USA ein Attentat auf Präsident Kennedy vorbereiteten. Dieses Attentat werde in Texas stattfinden. Dinkin wurde neun Tage vor dem Attentat verhaftet und in einer psychiatrischen Klinik untergebracht, einem probaten Mittel, um unliebsame Zeugen loszuwerden. Über den Vorfall wurde der Warren-Kommission berichtet, die jedoch auf eine Aufnahme des Sachverhalts in ihren Bericht merkwürdigerweise beziehungsweise auffälligerweise verzichtete. Dinkin kehrte einige Tage später »freiwillig« zu seiner Einheit in Metz zurück und wurde von US-Behörden in eine psychiatrische Anstalt in den USA gebracht. Dort blieb er vier Monate, bevor er aus der Armee und der Psychiatrie entlassen wurde. Zu seinen späteren Lebensumständen ist bis jetzt nichts bekannt.

Was man auch immer über das Kennedy-Attentat denken mag: unzweifelhaft ist, dass Oswald spätestens seit seinem Eintritt in die US-Streitkräfte im Alter von 17 Jahren in sehr engem Kontakt zur CIA stand, was von offizieller Seite immer abgestritten wurde und wird. Diesen Kontakt gilt es weiter aufzuklären im Hinblick auf das Attentat und seine Vor- und Nachgeschichte. Da Akten aus dem Kennedy-Bestand 2017 vorzeitig öffentlich zugänglich gemacht werden sollen, besteht zumindest ansatzweise Hoffnung, dass weitere Hinweise zu finden sein werden, wenn diese Papiere zugänglich sind. Allerdings werden auch danach noch Tausende von Dokumenten aufgrund »nationaler Sicherheitsbedenken« geheim bleiben. Wenn sich kein Whistleblower des Themas annimmt, werden wir wohl erst in einigen Jahrhunderten die Wahrheit erfahren.

Nachwort

Ach, es gäbe noch so vieles zu berichten aus der großen, weiten Welt der umfassend angelegten Täuschungen und der damit häufig verbundenen Enttäuschungen – das Thema kann in einem einzelnen Buch kaum erschöpfend behandelt werden. Sollte das vorliegende Werk jedoch auf das Interesse der geneigten Leserschaft stoßen, würden in einem Fortsetzungsband Themen wie der Tod des BRD-Politikers Barschel, das Verhältnis der BRD beziehungsweise des Westblocks (und des Ostblocks) zur DDR insgesamt, das Oktoberfest-Attentat in München, ein BRD-Phänomen wie die RAF samt zugehörigen Rätseln wie dem Mordfall Schmücker, und in einem erweiterten europäischen Rahmen auch der Mord am schwedischen Ministerpräsidenten Olof Palme, aber auch Dinge wie der mit dem Namen von Elisabeth Kopp verbundene »Fichenskandal« samt »P-26« in der Schweiz, die Zerschlagung Jugoslawiens nach dem »Jubeljahr« 1989, die damit zusammenhängenden Vorgänge rund um den Kosovo (»Die Mafia bekommt einen Staat geschenkt«) zur Sprache kommen.

Gewürdigt würden dann selbstverständlich auch der bis heute in Teilen rätselhafte Zusammenbruch der Sowjetunion, die Rolle, die ein Michail Gorbatschow darin spielte, und natürlich das nahezu unerschöpfliche Thema der großangelegten Täuschungen in der US-Politik. Die verschiedenen, ganz offensichtlich großangelegten Täuschungsmanöver rund um den Mord an John F. Kennedy wurden im vorliegenden Buch bereits beleuchtet. In einem nächsten Band könnten dann die Rolle eines Bill Clinton zwischen »Friedenspräsident« und Kriegsverbrecher betrachtet werden und natürlich der Gesamtkomplex des

»11. September 2001« samt den nachfolgenden weltweiten US-Kriegszügen, etwa im Irak, in Afghanistan, Libyen, Syrien und im Jemen, sowie der »Regierungswechsel« in der Ukraine 2013/14. Der als »Nobelpreisträger« mit vielen Vorschusslorbeeren angetretene und als »lahme Ente« geendete Barack Obama müsste in seinem politischen Werdegang daraufhin untersucht werden, was die dahinterliegende Geschichte ist. Seine einzige Chance, noch einen halbwegs positiven Eintrag in den Geschichtsbüchern zu bekommen, statt als Fußnote zu enden, ließ er verstreichen, als er sich nicht dazu durchringen konnte, Edward Snowden mit dem probaten Mittel der »Präsidialbegnadigung«, mittels derer US-Präsidenten zum Ende ihrer zweiten und letzten Amtszeit in der Regel Parteigänger und Finanzförderer, auch gern aus der Grauzone zwischen Legalität und Illegalität, zu begnadigen pflegen, von seinem erzwungenen Exil in Moskau heimzuholen. Doch einmal mehr bewies Obama keine historische Größe, sondern nur einen großen Haufen Kleinmut, und so blieb das Signal aus Washington aus, und die Obama-»Ära« endete, so wie sie begonnen hatte: als riesige Enttäuschung, die darauf beruhte, dass er und seine Berater-Kamarilla zuvor zweimal die amerikanische Wählerschaft und die Weltöffentlichkeit erfolgreich getäuscht hatten. Wikileaks samt dem mittlerweile langjährigen »Exil« eines Julian Assange in der ecuadorianischen Botschaft in London, aber auch der Themenkomplex »Guantanamo« müssten dann in den Blick genommen werden.

Die politische Karriere einer Angela Kasner, geschiedene Merkel, könnte man in diesem Zusammenhang auf ihre im Dunkeln gehaltenen Bestandteile hin beleuchten, ebenso wie die wirtschaftlich-»wissenschaftliche« »Karriere« ihres jetzigen Mannes. Die »Elitenrevolte« vom 20. Juli 1944 müsste daraufhin überprüft werden, was die von der Westblockpresse und -politik unermüdlich hochgepriesenen Attentäter eigentlich vorhatten, welche Regierungsform, welche Politik ihnen wirklich vorschwebte, falls der Anschlag gelungen wäre. Die »Währungsreform« von 1948 auf dem Gebiet der späteren BRD, mit der das »einfache Volk« erfolgreich um sämtliche Ersparnisse und gleichzeitig Großindustrie, Aktienbesitzer und Immobilienspekulanten zu einem unglaublichen Vermögenszuwachs gebracht wurden, wäre ein weiteres lohnendes Thema, ebenso wie die Vorgänge rund um Leben und Tod des bayerischen »Märchenkönigs« Ludwig II.

Generell ist es geradezu natürlich, dass in Zeiten verschärfter Blockkonfrontation wie der jetzigen der Anteil an »Lügengeschichten«, an großangelegten Täuschungsmanövern steil ansteigt. Das ist nicht verwunderlich, gehören solche Manöver doch zum üblichen Maßnahmenpaket, zur Begleitmusik in solchen Konfrontationsperioden, Manöver, die von professionellen Teams für Psychologische Kriegsführung im militärisch-industriellen Komplex, aber auch in den zugehörigen Massenmedien, der Westblockpresse, sowie der gesamten PR- und Marketingindustrie ausgeführt werden, die sich in solchen Zeiten über prall gefüllte Auftragsbücher und Milliardenumsätze freuen können. Schon der »Krieg gegen Drogen« war zu Reagan-Zeiten wohlfeile Hülle für unverhohlene geopolitische Machtpolitik der USA. Das übliche Rezept: Mit legitimer »Begründung« wurden illegitime Ziele verfolgt. Und gerade wurde bekannt, dass die britische PR-Firma Bell Pottinger im Auftrag des Pentagon für über eine halbe Milliarde Dollar falsche ISIS-Propaganda-Videos herstellte. Das seit einigen Jahren deutlich intensivierte Russland-Bashing zählt ebenfalls zu solchen »Maßnahmen«. Vorläufiger Tiefpunkt: Russland »Kriegsverbrechen« in Syrien vorzuwerfen, aber gleichzeitig mit Milliarden Dol-

lar »Freiheitskämpfer« genannte Terroristengruppen auf-
zurüsten, die in Syrien das Westblock-genehme Regime
herbeibomben und -morden sollen. Innerhalb der deutschen Geschichte zählt der NSU-Komplex sowie das gesamte »Flüchtlingsthema« zum Komplex der mutmaßlichen Täuschungsmanöver.

Eine ganz anders angelegte Täuschung betrifft die Generation der »Millennials« (und folgende), die man auch
als »Generation Plastik« bezeichnen könnte. Tatsächlich
ist es die erste Generation der westlichen beziehungsweise
industrialisierten Weltteile, die komplett in Plastik aufwächst, jetzt noch zusätzlich verstrahlt von den häufig
schon an Klein- und Vorschulkinder ausgegebenen Smart-
phones, die eine kaum beherrschbare Anziehungskraft auf
kindliche Gemüter ausüben. Auch hier wäre die entsprechende Täuschung, die uns dazu bringt, die daraus er-
wachsenden Gefahren einfach zu ignorieren, dass sie aus
Plastikgefäßen in Plastik verpackte »Lebensmittel« essen,
zumeist aus Plastikflaschen trinken, beim Kaugummi auf
reinem Plastik herumkauen, in vielen Pflegemitteln Nano-
partikel enthalten sind, Partikel, die uns auf anderem
Wege auch über Hochseefische erreichen, die die in den
Weltmeeren mittlerweile herumschwirrenden Myriaden
von zermahlenen Plastikabfällen in ihrem Körpergewebe
speichern und so weiter, einmal kritisch zu beleuchten.
Das soll in einem der Folgebände dieses Buches passieren.
Versprochen!